Olaf Baale

Die Verwaltungsarmee

Wie Beamte den Staat ruinieren

Deutscher Taschenbuch Verlag

Originalausgabe
April 2004
2. Auflage August 2004
©2004 Deutscher Taschenbuch Verlag GmbH & Co. KG,
München
www.dtv.de
Umschlagkonzept: Balk & Brumshagen
Umschlagbild: Stephanie Weischer unter Verwendung
einer Fotografie von © Getty Images/Justin Pumfrey
Satz: Greiner & Reichel, Köln
Gesetzt aus der Slimbach 9,8/12,6˙ und der FF Meta
Druck und Bindung: Kösel, Kempten
Gedruckt auf säurefreiem, chlorfrei gebleichtem Papier
Printed in Germany · ISBN 3-423-24412-7

Inhalt

Teil Drei
Die preußische Verwaltungsarmee

Teil Vier
Staatsdienerfreie Parlamente

TEIL EINS

Die Schuldenfalle

Ein Blick von oben

An manchen Tagen, besonders bei schönem Wetter, stehen die Wartenden die große Freitreppe hinunter, schlängeln sich in breiter Reihe über den Platz der Republik und weiter bis zum Tiergarten. Die Letzten warten Stunden, ehe sie an der Freitreppe ankommen, die Stufen hinaufsteigen und zwischen den Säulen des Eingangsportals hindurchkommen. Im Vorraum werden sie zu Gruppen von etwa 70 Besuchern gesammelt, und nach einer Leibesvisite fahren alle mit dem Fahrstuhl hinauf zum Dach des Parlamentsgebäudes.

Bis zu 10 000 Besucher kommen an schönen Tagen, zwei Millionen im Jahr, und das Interesse ist ungebrochen. Jahr für Jahr zählt der Einlassdienst des Bundestages mehr Besucher. Ihr erster Weg führt unter die gewaltige Glaskuppel, die nicht nur nach oben, sondern auch nach unten durchsichtig ist und einen Blick in den Parlamentssaal gestattet. Eine Bildergalerie dokumentiert die wechselvolle Geschichte des Deutschen Reichstages. An der Innenseite der Glaskuppel windet sich ein Weg hinauf zur Aussichtsplattform. Der Ausblick ist atemberaubend. Wer hier oben steht, den kann Stolz erfüllen, dass sein Parlament zurückgekehrt ist an diesen historischen Ort, völlig erneuert als höchstes Gremium einer Freiheit liebenden Gesellschaft mit demokratischen Tugenden und einem soliden wirtschaftlichen Fundament. Dieses Land exportiert Waren und Dienstleistungen in jeden Winkel der Erde, gibt einen Teil seines Bruttosozialprodukts für Entwicklungshilfe aus, zahlt die weitaus größten Summen in den Topf der Europäischen Gemeinschaft und leistet sich ein kostspieliges Sozialsystem.

Und so manchem, der an das Geländer herantritt, die Unterarme aufstützt und über die Spree schaut zum neu erbauten Regierungsviertel und zum Kanzleramt, dem kommt der Verdacht: Ist das alles nicht ein bisschen teuer?

Unterm Glasdach

Eine Kuppel aus Glas symbolisiert die durchsichtigen Entscheidungsprozesse der parlamentarischen Demokratie, das hatten die Architekten mit ihrer Schöpfung im Sinn. Sie orientierten sich damit an dem Ideal, nach dem die demokratische Gesellschaft strebt, wenn sie es auch nie ganz erreicht. Das Parlament hat weit reichende Befugnisse, doch nicht immer nutzen die Abgeordneten ihre Möglichkeiten. Sie können einen Nachtragshaushalt, der neue Schulden verheißt, ablehnen. Sie können die Regierungsvorlage für das Haushaltsgesetz vollständig umgestalten, neue Schulden und höhere Steuern von vornherein ausschließen, ohne dass ihnen jemand hineinreden darf. Und die Regierung müsste die Parlamentsentscheidung ohne Wenn und Aber in die Tat umsetzen.

Auf so ein Parlament würde die Bevölkerung schauen. Doch es erweist sich als problematisch, wenn alle zusehen. Der Bundestag wird zu einer Bühne. In politischen Debatten geht es weniger um Problemdiskussionen, sondern um Selbstdarstellung. Sitzverteilung, Parteidisziplin und die Verquickung von Amt und Mandat machen das Stimmverhalten der Volksvertreter vorhersehbar.

Besonders deutlich wird das beim Haushaltsgesetz, bei Nachtragshaushalten und den damit verbundenen Steuererhöhungsgesetzen. Hier hat sich ein beunruhigendes Prozedere eingeschliffen, das sich in jeder Legislaturperiode wiederholt, unabhängig von der politischen Couleur. Nach dem Wahlsieg konstituiert sich die Regierung, zieht sich an einen stillen Ort zurück und überlegt erst einmal, wie sie an mehr Geld herankommt. Unterstützung und Rückhalt bekommen die Politiker aus dem Regierungsviertel, wo Tausende Beamte ihre Arbeit verrichten. Doch es ist schwer geworden, neue Geldquellen aufzutun. Gute Ideen sind rar. Die Finanzbeamten sitzen mit sauren Gesichtern vor einer ausgequetschten Zitrone. Es gibt wohl keine gängige Steuer, deren Erhöhung nicht hundertmal erwogen, keine Form der Besteuerung, deren Einführung und möglicher Ertrag nicht unzählige Male durchgerechnet wurde. Und was die Bundesbeamten übriglassen, darauf stürzen sich die Kollegen in den Ländern und den Kommunen.

Mittlerweile fließt schon mehr als jeder zweite Euro, der hierzulande verdient wird, in die Staatskasse. Und es ist immer noch nicht genug. Der Staat ist ständig in Geldnot. Gut 4,8 Millionen Beamte, Angestellte und Arbeiter stehen auf seinen Gehaltslisten, weitere 1,2 Millionen arbeiten in Unternehmen, an denen Bund, Länder und Kommunen die Mehrheit halten oder die ihnen zu 100 Prozent gehören. Früher ließ sich der Finanzhunger des Staates aus wirtschaftlichen Zuwächsen stillen, doch seit einiger Zeit ist nichts mehr so, wie es einmal war. Die Staatsausgaben wachsen schneller als die Wirtschaft, und das schon seit Jahren. Während die Wirtschaft sich mit einer Null vor dem Komma begnügen muss, will der Staat Jahr für Jahr möglichst zwei Prozent mehr Geld. Das sind die Vorgaben, die er sich im so genannten Finanzplanungsrat selbst gemacht hat. Und weil ihm – ausgenommen die Europäische Union – niemand recht auf die Finger klopft, überschreitet er immer wieder das selbst gesetzte Finanzlimit.

Die Regierung, die in jeder Legislaturperiode, in jedem Nachtragshaushalt ihre Bedürftigkeit anmeldet, hat letztlich nur die eine Kontrollinstanz, das Parlament. Die Bundestagsabgeordneten könnten auf ihr Haushaltsrecht pochen und die Regierenden zur Ordnung rufen. Sie könnten die Staatsausgaben eindämmen und der allgemeinen Wirtschaftssituation anpassen. Es liegt in ihrer Macht, dem Finanzminister einen Strich durch die Rechnung zu machen und festzulegen, mit wie viel Geld der Staat auskommen muss. Die Abgeordneten könnten sogar ein Gesetz erlassen, das der Regierung das Schuldenmachen untersagt. Doch es geschieht nur wenig. Die Volksvertreter, die eigentlich die staatlichen Verwaltungen kontrollieren sollen, halten sich meist an die Regierungsvorlagen. Dabei ist es wirklich nicht schön, aus dem Parlamentsgebäude auf den Bauarbeiter zu sehen, der auf dem Platz der Republik für den Mindestlohn Ost von knapp neun Euro den Presslufthammer schwingt und davon einen Großteil beim Staat abliefert. Nur ist es nicht dieses Problem, das die Volksvertreter aufregt, sondern der Lärm. Sie kennen die Spirale, die durch hohe Lohnnebenkosten in Gang gekommen ist und Unternehmen zwingt zu rationalisieren und Leute zu entlassen, die dadurch keine Steuern zahlen können, worauf der Staat wiederum die Abgabenlast erhöht und die Lohnnebenkosten noch mehr steigen. Die Abgeordneten wissen, dass die jüngste Steuerreform das Problem nicht löst und die Finanzlage des Staates weiter verschärft. Sie wissen, dass Subventionskürzungen zumindest kurzfristig nur wenig Entspannung bringen und dass noch mehr Kredite aufgenommen werden müssen, für die am Ende wieder der Steuerzahler gerade stehen muss. Und trotzdem stimmt die Mehrheit für ein Haushaltsgesetz, das noch mehr Schulden verheißt. Es ist ein Votum gegen den Willen des Volkes, eine Stimme gegen die Vernunft.

Die Volksvertreter stehen in einem Widerstreit der Interessen. Zumindest die Hälfte der Abgeordneten ist unmittelbar betroffen, wenn sie im Bundestag Entscheidungen über den Öffentlichen Dienst treffen. Sie kommen genau aus jenen staatlichen Verwaltungen, die sie als Volksvertreter eigentlich kontrollieren sollen. Noch deutlicher wird der Interessenkonflikt im Innenausschuss des Bundestages, wo der Anteil öffentlicher Bediensteter bei etwa drei Vierteln liegt. Dort, wo den Öffentlichen Dienst betreffende Gesetzesentwürfe vorbereitet werden, sind Beamte praktisch unter sich. Ein Kalauer macht die Runde: Der Öffentliche Dienst ist fest in der Hand des Öffentlichen Dienstes.

Alle spüren es, das Klima wird rauer und dieses Land ist schlecht auf ein Unwetter vorbereitet. Alle flüchten und suchen irgendwo Schutz. Die Abgeordneten des Deutschen Bundestages sind jedes Mal froh, wenn die Haushaltsdebatten endlich vorbei sind und sie wieder zur Tagesordnung übergehen können. Doch das Unbehagen lässt sie nicht mehr los. In nur einer Legislaturperiode werden sie unter der Glaskuppel mehr als 500 Gesetze beschließen, doch keines ist wie dieses, das Haushaltsgesetz.

Die Architekten wollten mit dem Bauwerk ein Sinnbild der gläsernen Demokratie schaffen, sie wollten die Durchsichtigkeit der Entscheidungsprozesse im Deutschen Parlament deutlich machen. Doch neuerdings gibt es noch eine andere Interpretation. Die Glaskuppel ist eine Käseglocke, unter der es gewaltig stinkt.

Die Regierungsbibel

Das Bundeshaushaltsgesetz bringt es mit dem Grundtext und den Zuarbeiten aus 20 Ministerien und Behörden auf gut 2600 Seiten, gedruckt auf »dünnstem Bibelpapier«. Trotz des dünnen Papiers erreicht der Packen eine Höhe von gut 15 Zentimetern. In Tausenden einzelner Posten ist akribisch aufgelistet, »welche Aktivitäten der Staat für das kommende Jahr beabsichtigt, für welche Zwecke er wie viel Geld ausgeben wird«. Das betrifft sowohl die Sachausgaben als auch den Personalhaushalt, wo genau festgelegt wird, »wie viele Beamte und Angestellte in welchen Besoldungsgruppen der Bundeskanzler beschäftigen darf«. Jedes Jahr nach der Sommerpause wird den Volksvertretern der Haushaltsentwurf vorgelegt. Die Entscheidung liegt nun bei ihnen. Die Kontrolle der Staatsfinanzen ist während ihres gesamten Abgeordnetendaseins ihre vornehmste und wichtigste Aufgabe.

Jedem Volksvertreter ist klar, dass der Staat zu viel Geld ausgibt. Alle sind bestens im Bilde und wissen sehr genau, dass die Bundesrepublik auf ein finanzielles Desaster zusteuert. Damit sich die Abgeordneten nicht durch die gesamte »Regierungsbibel« wühlen müssen, schickt ihnen ihre Fraktion eine Zusammenfassung auf den PC, eine anschauliche und übersichtlich zusammengestellte Datei im pdf-Format. Der ganze Haushalt auf wenigen Bildschirmseiten, die Ausgabenstruktur in einem Balkendiagramm, leicht verständliche Hinweise zu den »vergangenheitsbezogenen Ausgaben« – zur Alterssicherung und zum Schuldendienst –, einprägsame Informationen zu staatlichen Investitionen, Verteidigungsausgaben, Personalkosten und den Ausgaben für die soziale Sicherung. Obendrein bekommt jeder Volksvertreter von seiner Fraktion auch gleich noch »Sprachregelungen« oder Formulierungen geliefert, die ihm die Position und das Stimmverhalten der eigenen Partei deutlich machen. So stimmen die Abgeordneten, fest eingewoben in ein Geflecht von Verpflichtungen und Interessen, für das Desaster. Und auch die Opposition bringt das Problem nicht in der gebotenen Schärfe zur Sprache. Wenn es um den Haushaltsplan und um Fragen des Öffentlichen Dienstes geht, ist die Opposition genauso befangen wie die Regierungsparteien. Das Haushaltsgesetz wird im Bundestag verabschiedet, und auch der Bundesrat, die Kontrollinstanz der Länder, stimmt zu. Jedes Jahr verschärft sich die Situation ein bisschen mehr, geht den Volksvertretern die Kontrolle über ein paar weitere Prozente verloren. Es gibt keinen grundlegenden Plan, wie die Staatsfinanzen saniert werden könnten. Es gibt noch nicht einmal einen ernsthaften Lösungsansatz, sondern nur den erbittert geführten Streit um Privilegien. Da sind jene, die meinen, der Staat müsse sich weiter verschulden, und jene, die doch lieber hier ein bisschen sparen und dort ein bisschen streichen möchten. Und alle hoffen irgendwie, dass die Wirtschaft richtig in Schwung kommt und die Kassen füllt.

Anja Hajduk, Bündnis 90/Die Grünen, stellvertretende Vorsitzende im Haushaltsausschuss des Bundestages, hat die Situation in den Debatten um den Nachtragshaushalt 2003 einmal so beschrieben: »Wenn wir über das Gesamtproblem in unserem Haushalt, ich spreche jetzt mal für den Bundeshaushalt, reden, dann ist das Problem damit zu beschreiben, dass wir einen Anstieg haben bei der Altersvorsorge – das sind 105 Milliarden Euro bei einem Haushalt, der das Gesamtvolumen von 250 Milliarden Euro hat. Jetzt nehme ich noch die Zinsen dazu, dann sind wir plus 40 Milliarden Zinsen bei 145 Milliarden nur Alterssicherung und Zinsen. Und diese beiden Posten steigen mit einer Dynamik von jährlich über 4 Prozent an. Das schaffen wir mit unserem Wirtschaftswachstum nicht, diese Posten in einer Weise zu begrenzen, dass wir da den Haushalt irgendwie im Rahmen halten.«

Vergangenheitsbezogene Ausgaben

Über die Hälfte der Bundeseinnahmen können nicht zur Bewältigung der heute anstehenden Probleme verwendet werden, weil damit alte Rechnungen beglichen werden müssen. Diese Kosten wurden angehäuft, als es der Bundesrepublik noch besser ging. Die damaligen Verantwortlichen hatten keine Hemmungen, es sich gut gehen zu lassen und die Kosten für ihre Alterssicherung den nächsten Generationen aufzubürden.

Nicht anders sieht es mit den Schulden aus. Wenn die jetzige Regierung das Geld zur Verfügung hätte, das sie für den Schuldendienst aufbringen muss, dann könnte sie beinahe einen soliden Haushaltsplan vorlegen.

Angesichts so deprimierender Tatsachen wäre eine Korrektur dringend angesagt. Stattdessen lässt der Bundestag den Dingen ihren Lauf. Die vergangenheitsbezogenen Ausgaben werden weiter steigen. Selbst bei optimistischen Finanzplanungen werden es schon in wenigen Jahren über 60 Prozent der Staatseinnahmen sein, mit denen Rechnungen aus der Vergangenheit beglichen werden müssen. Wenn neue Wahlen anstehen und die nächste Bundesregierung die Staatskasse übernimmt, hinterlassen ihr die Vorgänger ein noch größeres Dilemma, als sie es selbst bei Regierungsantritt vorgefunden haben. Allein für den Schuldendienst muss der Bund schon heute fast ebenso viel Geld aufbringen wie für die Verteidigung, für sämtliche Personalkosten und für Bildung, Forschung und Kultur zusammen.

Obendrein sind die Haushalte stets sehr knapp kalkuliert und bergen große Risiken. Die Wirtschaftswachstum kann hinter den Erwartungen zurückbleiben, die Steuereinnahmen geringer ausfallen als erhofft, die Marktzinsen könnten steigen, was die Ausgaben für den Schuldendienst weiter in die Höhe treibt. Es kann passieren, dass die Regierung an Reformen scheitert, deren Ersparnisse bereits fest eingeplant sind. Und schließlich kann etwas Unvorhersehbares geschehen, eine Unwetterkatastrophe, Sturm, Hochwasser, oder es kann irgendwo auf der Erde ein Krieg ausbrechen, dessen Auswirkungen und Kosten sich auch eine friedliebende Nation nicht entziehen kann.

In Jahren wie 2001 und 2002 war den Bundestagsabgeordneten schon bei der Verabschiedung des Haushaltsplanes bewusst, dass die bewilligten Ausgaben im Folgejahr mit großer Wahrscheinlichkeit überschritten werden. Jeder Abgeordnete wurde in den fraktionsinternen Analysen darüber informiert und verfügte über eine anschauliche Auflistung möglicher Haushaltsrisiken. Sie haben trotzdem dafür gestimmt. Ein derart fahrlässiger Umgang mit den Staatsfinanzen hat für die Volksvertreter keinerlei Konsequenzen.

Wer um die Finanzmisere des Staates weiß, den lässt das nicht
unberührt. In den Aussagen der Volksvertreter und Bundes-
tagsmitarbeiter wird dieses Unbehagen schon mal deutlich,
wobei streng zwischen öffentlichen Verlautbarungen und persönlichen Gesprächen unterschieden wird. Es herrscht, wenn
es um das leidige Thema geht, eine quälende Stimmung in Berlin. Kaum jemand dort glaubt noch ernsthaft daran, dass sich
das Haushaltsproblem auf dem gewohnten parlamentarischen
Weg lösen lässt. Ein Unwort wird allmählich hoffähig, geäußert in den Fluren, an Kneipentischen, am Telefon: »Währungsschnitt«.

Es handelt sich um ein wahrlich geschichtsträchtiges Prozedere, wenn der Staat sein Schuldenproblem nicht durch eine
solide Haushaltsführung löst, sondern den Geldwert manipu-
liert. Das ist Finanzpolitik auf des Messers Schneide. Auch jetzt
findet eine stetige Geldentwertung statt, das gewohnte inflatio-
näre Grundrauschen. Das wird allgemein akzeptiert oder als
unvermeidlich hingenommen. Wenn allerdings das elementare
Vertrauen ins Geld schwindet und eine Flucht in Sachwerte
einsetzt, geraten die Dinge schnell außer Kontrolle. Eine derartige Entwicklung muss die Europäische Union vor eine unerträgliche Zerreißprobe stellen. Nicht alle Staaten haben so
schlecht gewirtschaftet wie Deutschland. Finnland beispielsweise hatte 2002 einen Haushaltsüberschuss von 4,7 Prozent,
2003 war es ein Plus von 2,4 Prozent.

Geld ist eine auf Ehrlichkeit gegründete gesellschaftliche
Übereinkunft, die jeder zu seinem persönlichen Vorteil inter-
pretiert. Den größten Interpretationsspielraum hat der Staat.
Er wird ihn nutzen, wenn er finanziell zu sehr unter Druck gerät. Der Sinn nachhaltiger Haushaltspolitik besteht darin, dass
solche Notsituationen gar nicht erst entstehen. Im Gegensatz
zu anderen, klar definierten Einheiten besitzt Geld eine rela-
tive, nicht genau zu bemessende Größe. Ein Kilogramm ist ein

Zylinder aus einer Legierung aus 90 Prozent Platin und 10 Prozent Iridium von 39 mm Höhe und Durchmesser. Ein Euro entspricht dem Gegenwert von vier Herdsemmeln beim Bäcker in der Krämerstraße. Das Kilogramm ist in zehn Jahren noch genauso schwer, was die Brötchen dann kosten, unterliegt menschlichem Handeln. Heute bekommt dieses geschichtsträchtige Thema eine neue Dimension. In Gesellschaften, in denen immer weniger Kinder heranwachsen, müssen immer mehr Menschen ihren Ruhestand durch Sparrücklagen sichern. Ein stabiler Geldwert ist die entscheidende Säule ihrer Alterssicherung.

Angesichts der enormen, immer noch steigenden Lasten, die kommenden Generationen zugeschoben werden, wird nachvollziehbar, wenn bei nachwachsenden Politikern der Wunsch nach einem »Reset«, einer Wertberichtigung des Geldes, aufkommt. Der Staat entledigt sich ein Stück weit seiner Schulden und ein Neuanfang wird möglich. Zumal der letzte große Währungsschnitt im früheren Bundesgebiet, am 20. Juni 1948, aus heutiger Sicht angenehme Assoziationen weckt und mit dem Beginn des Wirtschaftswunders gleichgesetzt wird. Noch ist es nur so ein Gedanke, der die Tragweite des Haushaltsproblems verdeutlichen hilft. Aber wer mag schon sagen, ob dieses Reizwort den ohnmächtigen Debatten nur etwas Biss geben soll oder ob bereits ein Prozess der Gewöhnung einsetzt. Noch vor wenigen Jahren war der bloße Gedanke an etwas so Unglaubliches vollkommen tabu. Und wirklich, dieses Wort ist gar nicht so leicht auszusprechen, besonders beim ersten Mal. Da klingt es noch ein wenig verschämt, fast wie ein Ausrutscher. Aber beim zweiten Mal kommt es schon viel flüssiger über die Lippen: »Ein Währungsschnitt«.

Ständig wird der Eindruck von Bedürftigkeit vermittelt, doch der Staat nagt nicht am Hungertuch. Jeden Tag nehmen Bund, Länder und Kommunen mehr als 1,45 Milliarden Euro ein. Der Löwenanteil, jährlich etwa 420 Milliarden, sind »Steuern und steuerähnliche Abgaben«. Dazu addieren sich noch Einnahmen aus wirtschaftlicher Tätigkeit, Veräußerungen von staatlichem Vermögen und ein paar kleinere Posten. Zusammen mit den Steuern macht das gut 530 Milliarden Euro. Werden dann noch die Pflichtabgaben für die Sozialversicherungen hinzugerechnet, fließen jeden Tag weitere 1,26 Milliarden Euro in die Staatskasse, das sind jährlich knapp 460 Milliarden. Alles in allem hat der deutsche Staat jedes Jahr die unvorstellbare Summe von nahezu einer Billion Euro in seinen Kassen.

Nach Berechnungen des Bundes der Steuerzahler summieren sich Steuern und Sozialabgaben mittlerweile auf mehr als 55 Prozent des Volkseinkommens, und dieser Anteil wächst noch immer. Ganz gleich, wie groß der Betrag ist, der in die Staatskasse fließt, es wird alles sofort wieder ausgegeben. Die Regierung hat sich eine seltsame Form des Wirtschaftens zu Eigen gemacht. »Der Haushalt«, beschrieb Hans Eichel einmal die Situation, »ist auf Kante genäht.«

Damit die Beamten von Bund, Ländern und Kommunen die Ausgaben für die kommenden Haushalte planen können, müssen sie in etwa wissen, wie viel Geld der Staat im Folgejahr einnimmt. Die Einnahmen, mit denen in den Haushaltsplänen kalkuliert wird, gründen sich auf eine Schätzung. So gesehen gibt der Staat im laufenden Jahr Geld aus, von dem er nicht genau weiß, ob er es überhaupt bekommen wird. Irren sich die Steuerschätzer, geht die Rechnung nicht auf. Und so geschieht es tatsächlich, die Schätzungen lagen in den letzten Jahren meist über dem tatsächlichen Steueraufkommen. Folglich fehlt zum Jahresende Geld in der Kasse. Während ein guter Kaufmann vorsichtig kalkuliert, die Folgen des denkbar schlimmsten Szenarios für sich durchrechnet und darauf seine Überlegungen gründet, schöpft der Staat aus dem Vollen. Seine Annahmen sind durch und durch optimistisch, die erhofften Einnahmen bis auf den letzten Cent verplant, und wenn sich die großen Erwartungen nicht erfüllen, reißen eben Löcher auf.

Allen ist klar, dass hier etwas falsch läuft. Das so genannte Stabilitäts- und Wachstumsgesetz aus dem Jahre 1965 fordert eine Konjunkturausgleichsrücklage. Der Staat soll in wirtschaftlich ergiebigen Zeiten Rücklagen bilden. Doch dazu ist es bisher nicht gekommen. Mehreinnahmen werden nicht für schlechte Zeiten zurückgelegt, sondern sofort wieder ausgegeben. Und mehr noch, selbst in Zeiten des wirtschaftlichen Aufschwungs hat der Staat sich weiter verschuldet.

Zum Jahresende fehlt Geld in der Kasse, doch dann liegt es nicht etwa daran, dass der Staat schlecht gewirtschaftet hat. Als Gründe nennt das Finanzministerium »weg brechende Einnahmen, unvorhergesehene Mehrausgaben und eine schwache Konjunktur«. Und wie das Kind mit gesenkten Augen vor die Eltern tritt, stellt sich der Finanzminister vor das Parlament und verkündet die »Störung des gesamtgesellschaftlichen Gleichgewichts«.

Das war's auch schon. Das staatliche Finanzgebaren kennt keine weiteren Konsequenzen. Dem Parlament wird jetzt ein Nachtragshaushalt vorgelegt. Prinzipiell bleiben drei Möglichkeiten, um die Haushaltslöcher zu schließen. Die nahe liegendste, nämlich die Ausgaben einzudämmen, wird nicht wirklich ernsthaft erwogen. Die Regierung hat noch zwei weitere Variable zur Begleichung ihrer Haushaltsrechnung. Und die werden so lange verändert, bis das Ergebnis stimmt. Wenn der auf Kante genähte Haushalt aus allen Nähten platzt, werden Kredite aufgenommen, und es werden die Steuern erhöht.

Über den Daumen

Zweimal im Jahr trifft sich der Arbeitskreis Steuerschätzung. Die Feder führt das Bundesfinanzministerium. Die sechs großen Wirtschaftsforschungsinstitute sind mit von der Partie, das Statistische Bundesamt schickt Vertreter, ebenso die Deutsche Bundesbank und der Sachverständigenrat zur Begutachtung der gesamtwirtschaftlichen Entwicklung. Die Bundesvereinigung der kommunalen Spitzenverbände darf nicht fehlen, und es sitzen sämtliche Länderfinanzministerien mit am Tisch. Es sind mal wieder alle mit dabei. Jetzt fehlen nur noch ein Psychiater und die Kindergärtnerin. Tatsächlich müssen die Herrschaften ein wenig gebändigt werden, denn sie sind ständig in euphorischer Stimmung. Dabei geht es meist nur um die Zahl hinterm Komma. Aber die hat es in sich. Ein Zehntel Prozent mehr Wirtschaftswachstum bringt 500 Millionen Euro zusätzliche Steuereinnahmen.

Zunächst stellen neun Arbeitskreismitglieder unabhängig voneinander eigene Schätzvorschläge für jede Einzelsteuer vor. Dafür gibt es, heißt es in einer Erklärung des Bundesfinanzministeriums, »kein fest installiertes Prognoseinstrumentarium. Diejenigen Mitglieder, die eigene Schätzvorschläge erstellen, erarbeiten diese mit eigenen Methoden und Modellen.« Den verschiedenen Modellen werden Wachstumsprognosen und die vermutete Preisentwicklung zugrunde gelegt. Genau das ist die Basis, auf die sich alle »Methoden und Modelle« gründen, das geschätzte Wirtschaftswachstum. So ergeben sich neun mitunter recht unterschiedliche Vorschläge für jede einzelne der zahlreichen Steuern. Diese Schätzvorschläge, heißt es im Finanzministerium, »sind Gegenstand der Diskussion. Der Arbeitskreis erörtert jede Steuer so lange, bis ein Kompromiss gefunden worden ist, der von allen mitgetragen wird.«

Dieser Kompromiss bildet die Grundlage für die Haushaltsgesetze. Wegen ihrer enormen Bedeutung für die Staatsfinanzen, und zwar nicht nur auf Bundesebene, sondern ebenso in Ländern und Kommunen, sollte man meinen, die Schätzer gehen vorsichtig zu Werk und präsentieren ein Ergebnis, das niemanden in Schwierigkeiten bringt. Denkbar wäre, die Fachleute setzen das Steueraufkommen im Zweifelsfall lieber etwas niedriger an. Sollten die Einnahmen dann höher ausfallen, wäre das ein Grund zur Freude. Mit dem Geld könnten Schulden getilgt oder zumindest weniger Kredite aufgenommen werden.

Doch die Steuerschätzer stecken in einem Dilemma. Sie wollen, und das besonders in Krisenzeiten, nicht schon durch schlechte Vorhersagen die Hoffnung dämpfen. Außerdem muss der Staat bei niedrigen Schätzungen seine Ausgaben entsprechend niedriger ansetzen, und das, meinen viele Wirtschaftsexperten, sei Gift für die Konjunktur. So gibt der Staat bei zu hoch angesetzten Schätzungen zwar zuviel Geld aus und muss sich weiter verschulden, kann aber durch seine Freigebigkeit über Krisenzeiten hinweghelfen. Dieses unterschiedliche Verhalten von Staat und Wirtschaft könnte Konjunkturschwankungen ein wenig ausgleichen, wenn die Schulden, die dabei entstehen, in besseren Zeiten wieder abgetragen werden. Jedenfalls kann sich der Arbeitskreis nicht über diese Zusammenhänge hinwegsetzen. Sie sind das Quäntchen Psychologie, das alle Steuerschätzungen begleitet. Die Auswirkungen sind erstaunlich. Je schlechter die wirtschaftliche Lage, um so optimistischer fallen die Prognosen aus.

Der Staat darf nicht sparen

Diese These ist so populär, dass ihre Anhänger im Bundestag eine klare Mehrheit stellen. Am stärksten wird das Interesse an einem freigebigen Staat von den Gewerkschaften gebündelt. Ihre Macht ist so groß, dass ihr Wort Wahlentscheidungen beeinflussen kann. Mehr als drei Viertel der SPD-Bundestagsabgeordneten sind in einer Gewerkschaft. Einige haben überhaupt nur über die Gewerkschaftskarriere den Sprung ins Parlament und in Regierungsämter geschafft. Jede Gesetzesvorlage, die Gewerkschaftsinteressen berührt, kommt auf den Prüfstein und wird so lange bearbeitet, bis sie den Vorstellungen der Funktionäre entspricht.

Dabei fällt auf, dass die Gewerkschaften ausgerechnet in den Berufsgruppen an Boden verlieren, die eine starke Interessenvertretung am nötigsten haben. In der ostdeutschen Baubranche beispielsweise fällt die Gewerkschaft Bauen–Agrar–Umwelt in die Bedeutungslosigkeit. Im Baunebengewerbe sind gewerkschaftliche Einflüsse kaum noch wahrnehmbar. Im Bauhauptgewerbe liegt der Organisationsgrad gerade noch bei etwa 20 Prozent. Und es wird nicht besser, es gelingt der Gewerkschaft immer weniger, Organisationsstrukturen in den Baubetrieben aufrecht zu erhalten. Nicht einmal den gesellschaftlichen Minimalkonsens, die Zahlung von Mindestlohn, kann die Baugewerkschaft wirkungsvoll schützen. Immer mehr Bauarbeiter verdingen sich unter dem gesetzlichen Mindestlohn. Ganz anders ist die Situation im Öffentlichen Dienst. Dort finden die Gewerkschaften mit 4,8 Millionen Beschäftigten ihre stärkste und zahlungskräftigste Klientel.

»Der Staat braucht Geld, da beißt überhaupt keine Maus den Faden ab.« Das sagte Hartmut Toelle, Landesvorsitzender des Deutschen Gewerkschaftsbundes Niedersachsen, zu Beginn der Tarifrunde 2002. »Die Gerechtigkeitslücke muss geschlossen werden – Vermögenssteuer, Erbschaftssteuer –, und dann haben wir das Geld, dass die Regierung Dinge handlungsfähig umsetzen kann.« Die Vermögenssteuer wurde erst 1997 abgeschafft. Das Bundesverfassungsgericht hatte entschieden, dass die Vermögenssteuer gegen das Grundgesetz verstößt, weil das in der Vergangenheit erfasste Vermögen niedriger bewertet und damit entsprechend geringer besteuert worden war als Vermögen aus jüngerer Zeit. Das Verfassungsgericht hat dem Gesetzgeber eine Frist zur gerechten Besteuerung der Vermögen eingeräumt. Diese Frist endete 1996. Die Regierung ließ die Zeit ungenutzt verstreichen. Es hätten 25 Millionen Vermögen, Unternehmen und Immobilien, neu bewertet werden müssen, der Personalbedarf für diese Arbeit wurde auf mindestens 5000 Stellen beziffert. So steht der hohe Aufwand für eine gerechte Vermögenssteuer in keinem vernünftigen Verhältnis zu den möglichen Einnahmen. Umstritten war diese Steuer schon immer, weil sie bei Unternehmen die Substanz und nicht den Ertrag besteuert und damit der Wirtschaftsentwicklung im Wege steht. Außerdem waren, um die fehlenden Einkünfte aus der Vermögenssteuer auszugleichen, Grunderwerbssteuer und Erbschaftssteuer seinerzeit erhöht worden.

Mit derart problematischen Vorschlägen wollen die Gewerkschaften dem Staat frisches Geld verschaffen. Und das, sagen die Funktionäre, geht nur durch »die Entlastung der Ärmeren und eine stärkere Besteuerung der Reichen«. In den Vorgesprächen zur Tarifrunde 2002 schlug der Deutsche Gewerkschaftsbund auch gleich vor, wie der Staat die Mehreinnahmen verwenden kann. »Wir wollen jetzt mindestens drei Prozent mehr Geld für die Beschäftigten im Öffentlichen Dienst und können nicht warten, bis die Konjunktur anspringt.« So sind die Gewerkschaftsfunktionäre regelmäßig die schwierigsten Gesprächsteilnehmer in den öffentlichen Debatten. Sie können sich nur schwer entspannen und glauben, von ihnen wird erwartet, dass sie ständig mit Schaum vor dem Mund reden.

Die Gewerkschaften sind mit ihrer Meinung nicht allein. Auch Prof. Elmar Altvater, Politologe und Wirtschaftswissenschaftler von der Freien Universität Berlin, wünscht sich einen freigiebigen Staat. »Wenn wir verzichten und dies dann auch gleichzeitig als Sparen bezeichnen, und in allen Bundesländern und ganz besonders in Berlin wird derzeit gespart, dann reißt man immer neue Löcher auf und am Schluss muss man noch mehr sparen und noch mehr verzichten. Wir müssen also aus dieser nach innen gerichteten, nach unten weisenden Spirale heraus, die dann auch gar keine Visionen mehr zulässt.«

Elmar Altvater steht auf den Gehaltslisten des Bundeslandes Berlin, zu seinen Visionen gehört »eine Universität, in der nicht nur Massentierhaltung betrieben wird, sondern individuelle Betreuung möglich ist«.

Nicht anders sieht dies Dr. Hans Dietrich Loeffelholz, ein Wissenschaftskollege vom Rheinisch-Westfälischen Institut für Wirtschaftsforschung in Essen. »Die Gefahr besteht natürlich schon, dass wir der Konjunktur hinterher sparen. Das, denke ich, ist die Schwierigkeit in der gegenwärtigen Situation, dass wir auf der einen Seite den Verpflichtungen des europäischen Stabilitäts- und Wachstumspaktes nachkommen müssen, nämlich unsere Haushalte konsolidieren, auf der anderen Seite aber in der wirtschaftlich sehr schwierigen Situation die Konjunktur eigentlich unterstützen müssten durch Mehrausgaben, was uns aber verwehrt ist durch den europäischen Stabilitätspakt.« Auch bei wiederholtem Nachfragen bleibt der Wirtschaftswissenschaftler dabei, dass eine nachhaltige Haushaltspolitik der Konjunktur im Wege steht.

Die Europäische Union will den deutschen Staat ganz sicher nicht foppen. Die Bundesrepublik selbst hat maßgeblich an dem Stabilitätspakt mitgewirkt. Nur eine nachhaltige Haushaltspolitik garantiert einen stabilen Euro. Geld an sich ist nur bedrucktes Papier. Erst die Einigung zwischen Menschen misst den bunt bedruckten Zetteln einen klar festgelegten Wert bei. Wer gegen den Stabilitätspakt argumentiert, stellt diese Übereinkunft und damit den Wert unseres Geldes in Frage.

Die Beispiele lassen sich fortführen. Heutzutage findet sich für nahezu jede Meinung ein Professor, der sie bereitwillig vertritt. Die Gesprächskultur leidet. Die Lernbereitschaft ist nur schwach ausgeprägt. Problemdiskussionen werden ohne Erkenntnisgewinn geführt.

Es ist eine Tatsache, dass der Fiskus die Arbeitnehmer einer der leistungsfähigsten Industrienationen bis zur Schmerzgrenze mit Steuern und Abgaben drückt und trotzdem immer mehr Schulden anhäuft. Untersuchungen der Organisation für wirtschaftliche Zusammenarbeit und Entwicklung illustrieren diese Aussage. Deutsche Arbeitnehmer müssen die zweithöchste Belastung unter den 30 führenden Industrienationen tragen. Allein Belgien macht Deutschland hier den Spitzenplatz streitig. Die OECD kommt zu dem Schluss, dass die deutsche Fiskalpolitik eine der Hauptursachen für einen Konjunkturverlauf ist, der nur noch geringes Wachstum zulässt.

Auch aus Unternehmenssicht ist die Bundesrepublik ein Hochsteuerland. Der European Tax Analyzer, eine Entwicklung des in Mannheim ansässigen Zentrums für Europäische Wirtschaftsforschung, simuliert die Steuerbelastung von Modellunternehmen aus dem verarbeitenden Gewerbe. Bei dieser Veranlagungssimulation kommt Deutschland ausgesprochen schlecht weg. Lediglich Frankreich verlangt seinen Unternehmen noch mehr ab. In den Niederlanden ist die Steuerbelastung für Unternehmen ein Viertel niedriger als hierzulande, in Großbritannien sind es sogar 35 Prozent. Kein anderes Industrieland liegt in beiden Teilbereichen, sowohl bei der Unternehmensbelastung als auch bei der Steuer- und Abgabenbelastung der Arbeitnehmer, so weit vorn wie Deutschland. Ein Volk ächzt unter den Staatskosten. Die Folgen sind allgegenwärtig. Die Schwarzarbeit treibt Blüten. Leistungsanreize sind verloren gegangen. Eine Verweigerungshaltung macht sich breit, niemand möchte ein derart maßloses Staatswesen unterstützen. Mitunter werden irrationale Entscheidungen getroffen, weil es nur noch darum geht, Einkünfte dem Zugriff des Fiskus zu entziehen.

Geradezu verheerend sind die Auswirkungen auf die Wirtschaft. Unternehmen rationalisieren um jeden Preis, senken die Beschäftigtenzahlen und bauen ihre Steuerabteilungen aus. Wer die Möglichkeit hat, verlagert die Produktion ganz oder teilweise ins Ausland. Ein Beispiel ist die Siemens AG. Von den derzeit 420000 Beschäftigten arbeiten inzwischen mehr als die Hälfte im Ausland. Dabei geht es längst nicht nur um die Präsenz auf ausländischen Märkten und um die Auslagerung besonders arbeitsintensiver Fabriktätigkeiten. Es lohnt sich für den deutschen Weltkonzern ebenso, auch die höherwertigen Tätigkeiten im Ausland erledigen zu lassen. Ob es um Forschung geht oder um die Entwicklung neuer Produkte, die Arbeiten werden außerhalb von Deutschland ebenso gut ausgeführt, und oft wird dort mit größerer Härte und Zielstrebigkeit gearbeitet. »Anstelle von 2000 deutschen Softwareentwicklern«, sagt Siemens-Chef Heinrich von Pierer, »kann ich in China zu gleichen Kosten 12000 einstellen. Der deutsche Stundensatz von vielleicht 80 Euro wird von nahezu allen Wettbewerbern unterboten. Die Österreicher sind schon 20 Prozent unter uns, in Rumänien kostet die Stunde in diesem Bereich weniger als 30 Euro, in Indien und China liegen wir noch einmal deutlich drunter.«

Obligatorisch im Minus

Im Jahre 1999 hat das Bonner Finanzministerium bei der Anderson Consulting Group ein Gutachten in Auftrag gegeben. Es ging um die Frage, wie effizient der Bund sein Schuldenproblem verwaltet und ob sich da womöglich Kosten sparen ließen. Nach einigen Monaten stellte die Firma ihr »Gutachten zur Auslagerung des Schuldenmanagements des Bundes« vor. Das Ergebnis kam nicht überraschend. Die Unternehmensberater bestätigten den Finanzbeamten, was sie schon lange vermutet hatten: Um Kosten zu sparen muss das Schuldenmanagement dringend aus den Behörden herausgelöst und in privatwirtschaftliche Strukturen überführt werden.

Noch im selben Jahr, am 19. September 2000, hat die Bundesregierung eine Firma gegründet. Die Beteiligten, nur wenig beachtet von der Öffentlichkeit, haben ihr Unternehmen »Bundesrepublik Deutschland Finanzagentur GmbH« genannt. Die Gründung war längst überfällig und folgte nur dem internationalen Trend. Die meisten westeuropäischen Staaten hatten ihr Schuldenmanagement bereits in privatwirtschaftliche Hände gelegt. Hierzulande verteilten sich die Kompetenzen noch immer in dem Behördendreieck aus Bundesfinanzministerium, Bundesbank und Bundesschuldenverwaltung. Das sollte sich nun ändern, und dabei folgten die Finanzbeamten den Empfehlungen der Unternehmensberater. Sie wollten »eine kleine, schlagkräftige Truppe« und dafür »Personal rekrutieren, das nicht nach dem Bundesangestelltentarif, sondern dem Tarif des privaten Bankgewerbes bezahlt wird.«

Im Sommer 2001 hat die Deutsche Finanzagentur in Frankfurt am Main die Arbeit aufgenommen. Die meisten der 80 Mitarbeiter wurden auf dem freien Markt angeworben, einigen werden sogar außertarifliche Gehälter gezahlt. Die wenigen zur Finanzagentur gewechselten Staatsdiener sind, damit sie nach den Tarifen des privaten Bankgewerbes bezahlt werden können, zeitweilig von ihrem Beamtenverhältnis beurlaubt. Der Altersdurchschnitt aller Mitarbeiter liegt unter 30 Jahren. Die Firma ist vollständig im Eigentum des Bundes, untersteht dem Finanzministerium, genau genommen dem Referat Steuerung und Kontrolle des Schuldenwesens. Ziel ist es, dem Bund durch geschicktes Finanzmanagement Zinszahlungen zu ersparen, 500 bis 750 Millionen Euro im Jahr.

Zum einen müssen die Geldleute regelmäßig den Bundesschuldenberg umschichten. Sie sprechen von Daueremissionen, weil die gesammelten Schulden nicht wirklich getilgt werden, sondern am Ende der Bindungsfristen sofort Anschlussfinanzierungen gefunden werden müssen. Dabei wird großer Wert auf eine vernünftige Risikostreuung gelegt, was, wie ein Mitarbeiter sagt, »gar nicht mal so einfach ist«. Doch die

Daueremissionen sind nur ein Teil des Geschäfts. Sehr viel aufregender ist die »tägliche Liquiditätsbeschaffung«. Dabei handelt es sich um so genannte »Kassenverstärkungskredite« mit Laufzeiten bis zu sechs Monaten, die nicht ins Bundesschuldbuch eingetragen werden. Hier läuft ein tägliches Prozedere ab, bei dem auf dem internationalen Geldmarkt ungeheure Kreditsummen beschafft werden müssen.

Der Staat führt sein Konto bei der Bundesbank. Einmal am Tag prüfen die Beamten im Bundesfinanzministerium die Einnahmen, die dem Bund über die Finanzkassen in allen Landesteilen zufließen. Zugleich wird über die Haushaltsbeauftragten in den Ressorts der Finanzbedarf für den nächsten Tag ermittelt. Da ist einiges zu bezahlen. Personalkosten und Pensionen, Kreditzinsen, Sozialausgaben, Neuanschaffungen für die Bundeswehr, Ausbau und Unterhaltung der Autobahnen und des Fernstraßennetzes und noch vieles mehr. So viel, dass die Steuereinkünfte bei weitem nicht ausreichen. Es ist ständig zu wenig Geld in der Staatskasse, und deshalb ergibt sich eine Differenz zwischen den Einnahmen und den Verpflichtungen des Bundes. Dieser Fehlbetrag wird im Laufe des Nachmittags an die Deutsche Finanzagentur nach Frankfurt gemeldet.

Der Arbeitstag der Geldleute beginnt früh am Morgen. Zunächst geht es nur darum, in Form zu kommen, die Zeitungen zu lesen, ins Internet zu schauen und sich einen Überblick zu verschaffen, was los ist auf dem internationalen Finanzparkett. Aber pünktlich um 9.00 Uhr, wenn die Börse öffnet, werden die ersten Transaktionen in die Wege geleitet. Dann sitzen die Geldleute vor den Monitoren und besorgen dem Staat die Überziehungskredite. Vor ihnen liegt der kleine Notizzettel mit dem am Vortag gemeldeten Kreditbedarf. Normalerweise handelt es sich um einen hohen dreistelligen Millionenbetrag, an schlechten Tagen geht die Summe schon mal in die Milliarden.

Tagsüber kann einiges passieren. Manchmal meldet sich das Bundesfinanzministerium mit Nachforderungen, dann werden schnell noch ein paar Millionen zusätzlich beschafft. Mitunter kommt es vor, dass ein Teil der Kredite nicht wie geplant ausgegeben werden kann. In diesem Fall muss das Geld sofort wieder angelegt werden. Die zuviel georderten Kredite dürfen nicht am folgenden Handelstag verrechnet werden. Nach den Festlegungen der Europäischen Union darf die Bundesbank dem Staat keinen Kredit gewähren. Das Gesetz lässt den Bankern nur einen winzigen Spielraum. Am Ende eines Handelstages darf das Guthaben auf dem Staatskonto 100 000 Euro nicht übersteigen.

Gegen 18.00 Uhr erfolgt das Schlussgeschäft. Wurde nicht alles ausgegeben, wird der überschüssige Betrag angelegt. Ist zu wenig Geld da, wird das Defizit mit einem letzten Kredit bereinigt. Am Abend ist das Staatskonto wieder auf Null.

Und so läuft es »an jedem verdammten Handelstag«. Es kommt nicht ein einziges Mal vor, dass die Steuereinnahmen so hoch sind, dass der Fiskus alle seine Verpflichtungen ohne neue Schulden erfüllen kann. »Der Staat ist obligatorisch im Minus. Selbst am 24. und am 31. Dezember müssen Kredite beschafft werden.«

Triple A

Wer Geld zu verleihen hat, der schaut erst einmal, ob sich das Geschäft nicht mit dem Staat machen lässt. Die unvorstellbaren Summen, die Tag für Tag von den Geldleuten der Deutschen Finanzagentur herbeigeschafft werden müssen, verheißen gute Geschäfte. Allerdings hat der Staat ein gehöriges Wörtchen mitzureden. Durch seinen enormen Kreditbedarf nimmt der Staat nachhaltigen Einfluss auf den internationalen Geldhandel. Allein durch die gigantischen Summen, die hier bewegt werden, weist er dem Finanzestablishment die Richtung. Die Geldleute sagen, der Staat hat Benchmark-Status. Er setzt den Maßstab, an dem sich andere messen lassen müssen.

Ganz entscheidend bei diesem Geschäft ist die Beurteilung des Kreditnehmers. Nur absolut zuverlässigen Schuldnern wird ein guter Preis gemacht. Natürlich lässt der Staat seine Kreditwürdigkeit von niemandem bewerten. Ratingagenturen nehmen ihn aber dennoch unter die Lupe. Das Ergebnis fällt aus wie erwartet, er bekommt ein Triple A (»AAA«), die höchste Bewertung überhaupt. Der deutsche Staat ist der beliebteste Schuldner der internationalen Bankwirtschaft. Ein Millionenheer fleißiger Steuerzahler verschafft ihm die nötige Bonität.

Deutschland ist Marktführer

Immer im Dezember veröffentlicht das Bundesfinanzministerium den so genannten Emissionskalender. Er ist das Weihnachtsgeschenk des Bundes an das internationale Bankgewerbe. Auf dem Emissionskalender sehen die Banker die Feiertage für ihre Geldgeschäfte und sie sehen jene jährlich wiederkehrenden Urlaubszeiten, in denen sich die Bundesrepublik vom Schuldenmachen erholt. Im Dezember erfährt die Finanzwelt für das gesamte bevorstehende Jahr, um welchen Betrag der Bund seinen Schuldenstand im Laufe des Jahres aufzustocken gedenkt, welche Kreditlinien auslaufen und getilgt werden müssen und durch welche Art von Anschlussfinanzierungen sie abgelöst werden. Dabei wird der Umfang kurzfristiger Kredite ebenso festgelegt wie Bundesanleihen mit Laufzeiten von 5, 10 und 30 Jahren, es wird vorgegeben, welche börsennotierten Papiere der Bund im Laufe des Jahres auflegt, welche Bundesschatzanweisungen unter die Leute gebracht werden und durch welche weiteren, im Haushaltsgesetz genehmigten Anlageformen sich der Staat mit Geld eindecken wird.

Alle, die Geld zu verleihen haben, heften sich den Emissionskalender an ihre Pinnwand und lassen ihn das ganze Jahr über nicht aus den Augen. Die Deutsche Finanzagentur weiß um die Sonderstellung des Staats und versucht, Kapital daraus zu schlagen. Institutionelle Anleger, die dem Bund Geld leihen wollen, müssen schon ein günstiges Angebot auf den Tisch legen, sonst sucht sich die Finanzagentur andere Geldquellen. Es wird gefeilscht um hundertstel Prozentpunkte. Konkurrenz in Sachen Finanzierungsbedarf bekommt der Bund allenfalls von anderen Ländern, zum Beispiel von Frankreich. Die Finanzagenturen beider Länder haben gute Verbindungen. Gelegentlich trifft man sich und redet miteinander. Die Franzosen behaupten, dass sie es sind, die auf dem Markt die Konditionen für langfristige Kredite bestimmen. Doch in der Deutschen Finanzagentur wird das energisch bestritten. »Bei Anleihen mit 5, 10 und 30 Jahren Laufzeit«, heißt es dort, »ist Deutschland der Marktführer. Kein anderes Land kann sich derart günstig am Kapitalmarkt finanzieren.«

Schätzchen

Nicht alle Kredite muss sich der Staat auf dem Geldmarkt oder bei institutionellen Anlegern besorgen. Er pumpt auch seine Bürger an. Es hat etwas Beruhigendes, dass es Familien gibt, die so verantwortungsbewusst mit ihrem Einkommen umgehen, dass sie sämtliche Steuern und Abgaben bezahlen, den Lebensunterhalt für sich und für ihre Kinder bestreiten, private Vorsorge für ihren Lebensabend treffen und am Ende sogar noch etwas Geld übrig behalten, mit dem sie ihrem Staat über finanzielle Engpässe hinweghelfen.

Die gefragteste Geldanlage beim deutschen Sparer sind Bundesschatzbriefe Typ A, intern wegen ihrer Beliebtheit auch »Schätzchen« genannt. Die Zinsgewinne sind eher durchschnittlich, interessant werden die Schatzbriefe durch die Schuldbuchkonten, für die keinerlei Gebühren verlangt werden. Sämtliche Aktionen wie der Kauf, das Verschicken der Kontoauszüge und die jährliche Auszahlung der Zinsgewinne, und auch die Überweisung aufs Gläubigerkonto nach Ablauf der Zinsbindung sind kostenlos. So schlagen die »Schätzchen« viele der konservativen, von der privaten Bankenwirtschaft angebotenen Sparanlagen.

Verwaltet werden sämtliche Schuldverschreibungen bei der so genannten Bundeswertpapierverwaltung. Die Behörde hat in ihrem Hauptsitz in Bad Homburg 400 Mitarbeiter und noch einmal 50 Beschäftigte in ihrer Außenstelle in Berlin. Die Bundeswertpapierverwaltung ist der Notar und Treuhänder des Bundes. Die Finanzbeamten führen das Bundesschuldbuch, in dem sämtliche »vom Bund und seinen Sondervermögen aufgenommenen Kredite, übernommene Gewährleistungen, internationale Beteiligungs- und Beitragsverpflichtungen und sonstige im Haushaltsgesetz zugelassene Finanzierungsinstrumente« beurkundet werden. Ausgenommen hiervon sind lediglich Kassenverstärkungskredite mit Laufzeiten bis zu sechs Monaten. Seit 1972 werden keine Urkunden mehr ausgegeben, das Schuldbuch wird elektronisch geführt, es genießt »öffentlichen Glauben«. Derzeit sind im Bundesschuldbuch gut eine Million Gläubiger aufgeführt.

Neben der Führung des Schuldbuchs befasst sich die Behörde mit dem Verkauf von Sammlermünzen. Und schließlich ist die Bundeswertpapierverwaltung gehalten, möglichst viele ihrer Schuldverschreibungen direkt zu vermarkten, damit dem Staat Bankgebühren erspart werden. Durch den Vertrieb der Schuldverschreibungen über die hauseigenen Internetseiten werden Bankprovisionen gespart, der Zahlungsverkehr wird im Lastschrift- und Überweisungsverfahren abgewickelt. Knapp 20 Millionen Euro werden auf diese Weise gespart, kein großer Betrag gemessen an der Schuldenlast. Allerdings wollen die Beamten den Direktvertrieb in den kommenden Jahren ausbauen.

Die Bad Homburger Behörde hält sich viel auf ihre Tradition zugute. Die Ursprünge gehen zurück bis ins Jahr 1820, ins damalige Preußen, als König Friedrich Wilhelm III. eine »Verordnung wegen der künftigen Behandlung des gesamten Staatsschuldenwesens« erließ, damit die Staatsschulden in einer »von den übrigen Staats- und Finanzverwaltungen ganz abgesonderten Behörde« verwaltet wurden. Ab dem Jahr 1871 beschränkte die Reichsschuldenverwaltung ihre Tätigkeit nicht länger auf Preußen, sondern führte das Staatsschuldenbuch für das gesamte Deutsche Reich. 1949 erfolgte der Umzug von Berlin nach Bad Homburg und die Umbenennung in Bundesschuldenverwaltung. Lange Zeit arbeitete die Finanzbehörde auf den Gesetzesgrundlagen aus den Jahren 1910 und 1924. Erst 2001 trat das »Gesetz zur Neuordnung des Schuldbuchrechts des Bundes und der Rechtsgrundlagen der Bundesschuldenverwaltung«, kurz Bundeswertpapierverwaltungsgesetz oder noch kürzer BWpVerwG, in Kraft. Im Wesentlichen ordnet das Gesetz die Kompetenzen zwischen Bundesfinanzministerium und der Behörde neu, und es veranlasst einen Namenswechsel. Am 1. Januar 2002 ist die Bundesschuldenverwaltung in Bundeswertpapierverwaltung umbenannt worden. Die Tätigkeit der Behörde, so der offizielle Wortlaut, wird auf eine »neue, zeitgemäßere Grundlage« gestellt. Es bleibt offen, was eigentlich zeitgemäß sein soll an einem Begriff wie Bundeswertpapierverwaltung, wo es doch offensichtlich um Staatsschulden geht. Es lag beim Bundestag, der Regierung die Einführung dieses irreführenden und verharmlosenden Begriffs zu untersagen. Das ist nicht geschehen. Das Parlament hat die Umbenennung beschlossen. Die frisch gewandelte Bundeswertpapierverwaltung hat zunächst eine Pressemitteilung herausgegeben. »Neue Rechtsgrundlage und neue Bezeichnung«, heißt es dort wörtlich, »ändern nichts an der Aufgabenkontinuität: Die Bundeswertpapierverwaltung führt die bisher von der Bundesschuldenverwaltung erfüllten Aufgaben fort.«

Es hat sich nichts geändert, nur der Name ist neu. Auch künftig können Sparer »Schätzchen« kaufen und ihre Schuldbuchkonten kostenlos in Bad Homburg oder Berlin führen lassen. Es handelt sich um einen Service, auf den der Bund nicht einmal angewiesen ist. Zwar belaufen sich etwa 80 Prozent aller

Schuldbucheinträge auf Bundesschatzbriefe, doch über die große Zahl dieser Sparer deckt der Staat gerade mal 1,3 Prozent seines Kreditbedarfs.

Der Lockruf des Geldes

Würde sich eine Privatperson das Finanzgebaren des Staates zu Eigen machen, wäre sie binnen kurzer Zeit pleite. Jeder weiß, was es bedeutet, sich durch Kredite einen kurzfristigen finanziellen Vorteil zu verschaffen. Das will gründlich überlegt sein. Die Bank fordert ihr Geld zurück und obendrein einen kräftigen Zinsaufschlag. Passiert etwas Unvorhergesehenes und Zinsen und Tilgung können nicht rechtzeitig bedient werden, entwickeln die Schulden eine Eigendynamik und dem Privatmann droht der Offenbarungseid. Noch vor kurzem war es nahezu unmöglich, aus einer Schuldenfalle wieder herauszukommen. Betroffene hatten ihre Glaubwürdigkeit verspielt, und das auf Lebenszeit. Erst seit 1999 können Privatpersonen ein Konkursverfahren beantragen und nach sieben Jahren, bei Wohlverhalten und einem verständnisvollen Richter, die restlichen Schulden erlassen bekommen.

Nicht so der Staat, für ihn scheinen diese Regeln nicht zu gelten. Vor seinen Transaktionen verblassen die Geldprobleme des Privatmannes. Der Bund ist letztlich nur ein abstrakter Begriff, für seine Schulden haftet die gesamte Bevölkerung.

Die Situation war nicht immer so kritisch. Auch die Bundesrepublik hat einmal klein angefangen. Der Umgang mit den Staatsschulden hat sich im Laufe mehrerer Jahrzehnte gelockert. In den 50er Jahren hat der Bund mit vergleichsweise winzigen Kreditbeträgen begonnen und dem festen Willen, die Schulden schnell wieder zu begleichen. 1954 bis 1958 sind solche Jahre, in denen Kredite getilgt wurden und sich die Staatsverschuldung deutlich verringerte. Doch schon wenige Jahre später gerieten die Tilgungsbemühungen in Vergessenheit, die jährliche Verschuldung erreicht eine neue Qualität und übersteigt 1963 zum ersten Mal die Milliardengrenze. Nach 1967 und 1968, zwei Jahren extremer Schuldenzuwächse, scheint die Regierenden für kurze Zeit das schlechte Gewissen gepackt zu haben. 1969 gibt es noch mal ein nahezu ausgeglichenes Haushaltsjahr, aber fortan widmet sich der Bund ganz ungehemmt dem Schuldenmachen. Ab 1975 summiert sich die jährliche Verschuldung auf einen hohen zweistelligen Milliardenbetrag und wird in der vom Wohlstand geprägten Republik zur Gewohnheit wie das Glas Cognac zur Zigarre.

Den ausufernden Staatsschulden steht ein ständig steigendes Steueraufkommen gegenüber. Der Bund kann seine Einnahmen von sechs Milliarden Euro im Jahre 1950 auf 220 Milliarden im Jahre 2002 erhöhen. Ähnlich können auch die Länder ihre Einnahmen steigern. Überhaupt gibt es in der Geschichte der Bundesrepublik nur wenige Jahre, in denen die Staatseinnahmen gemessen am Vorjahr gesunken sind. 1967 war so ein Jahr, minus 1 Prozent, dann wieder 1988 mit einem Rückgang von 0,7 Prozent. Doch schon ein Jahr später kann der Bund seine Einnahmen um 12,7 Prozent erhöhen. Aber selbst in einem üppigen Jahr wie 1989 beläuft sich die Neuverschuldung auf 18 Milliarden Mark.

Da ist die Lage längst ernst, das Problembewusstsein aber nur schwach entwickelt. Und dann passiert etwas, was die Verschuldung noch einmal in neue Dimensionen treibt: die Wiedervereinigung. Der schon in den Achtzigern jährlich hohe Schuldenzuwachs verdoppelt sich in den Neunzigern noch einmal und erreicht 1996 unter der Regierung von Helmut Kohl den vorläufigen Höchststand mit 80 Milliarden Mark. Die Bundesregierung hat sich, wie sie freimütig zugibt, bei den Kosten der Wiedervereinigung verrechnet. Parallel zur Schuldenentwicklung wächst der Staat. Es werden mehr und mehr Beschäftigte eingestellt, Verbeamtungen vorgenommen, Pensionszusagen gemacht.

Zu Beginn des neuen Jahrzehnts wird immer deutlicher, dass

die Grenze erreicht ist. Der Staat ist zu teuer. Die Regierenden kämpfen nicht nur mit den eigenen, sondern vor allem mit Versäumnissen aus vorangegangenen Legislaturperioden. Es fehlt die Kraft zur Umkehr. Die Politiker sind selbst Getriebene auf Abwegen aus immer neuen Schulden, Abgabenerhöhungen und Kürzungen von Sozialausgaben. Zurückgepfiffen werden sie nicht etwa von ihren Landsleuten, der Druck kommt von außen. Es ist die Europäische Union, die Deutschland eine nachhaltige Haushaltspolitik aufzwingt. Dieser erzieherische Einfluss ist ein wahrer Glücksfall für die deutsche Fiskalpolitik. Es steht nicht weniger auf dem Spiel als die Stabilität der europäischen Währung. Der Stabilitätspakt, die Konsolidierung der Haushalte und die Begrenzung der Schulden sind das Brandzeichen auf jedem Euro, der in Umlauf gebracht wird.

Im Jahr 2000 hatte das Bundesfinanzministerium eine Haushaltsplanung vorgelegt, nach der die Neuverschuldung in den folgenden Jahren immer weiter verringert werden sollte. Schon 2004, so das Versprechen an die Europäische Union, sollten die Einnahmen des Bundes genauso hoch sein wie die Ausgaben. Wenn das gelungen wäre, dann hätte die Regierung dem Bundestag im Herbst 2003 den ersten ausgeglichenen Haushalt seit 1969, seit 35 Jahren, vorlegen können.

Der eiserne Hans

Man kann über Hans Eichel sagen, was man will, an guten Vorsätzen hat es nicht gefehlt. Als er im Jahre 2000 seine Finanzplanung für die nächsten vier Jahre vorlegte, ging noch ein Raunen durch Deutschland und die gesamte Europäische Union. Schon kurze Zeit später war klar, dass es unmöglich sein würde, die Neuverschuldung des Bundes binnen vier Jahren zu stoppen. Doch der Finanzminister gab nicht auf. Anfang 2003 legte er eine neue Haushaltsplanung vor, nach der das Ziel, ein ausgeglichener Haushalt, entgegen der ursprünglichen

Planung erst 2006, zwei Jahre später, erreicht werden sollte. Nach den Wahlen schließlich, ab dem Haushaltsjahr 2007, hätte dann die neue Regierung eine erste Tilgung des Schuldenberges in Angriff nehmen können.

Diese Entwicklung hätte der Höhepunkt für die wohl einzigartige Karriere eines Beamten werden können. Hans Eichel, Beamter a. D., hätte allen bewiesen, dass dieser Staat nicht an seinem Berufsbeamtentum krankt, sondern ganz im Gegenteil an der Gesetzestreue und der profunden Sachkenntnis des deutschen Beamten genesen kann.

Was dann tatsächlich passierte, wird nicht so schnell in Vergessenheit geraten. Der Bundesfinanzminister musste im Herbst des Jahres 2003 einen neuen Schuldenrekord einräumen, 43,4 Milliarden Euro neue Kredite in nur einem Haushaltsjahr. Auch wenn die Kreditaufnahme am Ende nicht ganz so hoch ausfallen sollte, wie zunächst befürchtet, wurden die Ziele der Finanzplanung weit verfehlt. Trotzdem sahen viele Menschen in Hans Eichel nicht eine folgenschwere Fehlbesetzung, sondern billigten ihm sogar weiterhin eine gewisse Kompetenz zu, eben die eines etwas glanzlosen Buchhalters, der aber Einnahmen und Ausgaben sauber verrechnet und bei dem man – trotz aller Probleme – die Staatskasse in sicheren Händen weiß. Nur wenige wissen, dass es sich dabei um ein Image handelt, das bewusst in die Medien lanciert wurde. Ein Parteifreund aus seinem engeren Umfeld hat einmal gesagt, er kenne keinen anderen Politiker in Deutschland, der soviel in PR-Beratung investiert habe wie Hans Eichel. Die ganze Idee der Medienberater beruht darauf, dass einem Menschen durch die Filter von Kamera und Presse ein Image verpasst werden kann, das bis auf die Hülle mit der eigentlichen Person nicht mehr viel gemein hat. Hans Eichel kommt, wie die Medienleute sagen, nicht besonders gut rüber. Er ist der Mann mit der Aktentasche. In seinem Falle bedeutete dies: wenn schon der etwas glanzlose Bürokrat, dann bitte auch mit aller Konsequenz. Glanzlos ja, aber dafür der eiserne Kassenverwalter, pingelig bis ins Mark, genau bis auf die letzte Stelle hinterm Komma, und obendrein ganz akribisch beim Aktenstudium. Unbewusst schwingt bei diesem Medienbild eine Erfahrung mit, wie sie die meisten Menschen aus ihrer Schulzeit kennen. Es ist die Erinnerung an den Klassenprimus, nicht gerade der Mädchenschwarm, aber jeder fragt ihn nach den Hausaufgaben, denn Hans wird es schon wissen.

So etwas funktioniert nicht immer, aber bei Hans Eichel hatten die Medienprofis ganze Arbeit geleistet. Das Bild vom eisernen Kassenverwalter wirkte selbst dann noch nach, als in der Staatskasse das blanke Chaos herrschte. Nicht wenige meinten, er sei nicht an den selbst gesteckten Zielen und an seinen Fähigkeiten, sondern an den widrigen Umständen gescheitert. Aber das ist absurd, denn Hans Eichel konnte unmöglich an einem System scheitern, dass sich genau diesen Politiker erschaffen hat. Er selbst verkörpert dieses System.

Ein Medienimage entwickelt, ist es erst einmal etabliert, eine Eigendynamik. Es macht für Journalisten dann kaum noch Sinn, dagegen anzuschreiben. Der Frust machte sich von anderer Seite Luft. Der Bund der Steuerzahler berechnete Hans Eichels Pensionsansprüche. Und dessen persönliche finanzielle Situation stand in krassem Widerspruch zu den Staatsfinanzen. Bei den Berechnungen fand der Steuerzahlerbund keinen anderen Beamten und keinen anderen Politiker, der in seinem Berufsleben derart hohe Anwartschaften ansammeln konnte. Hans Eichel – Lehramt, 2. Staatsexamen 1970, Studienrat in Kassel, zwischen 1975 und 1991 Oberbürgermeister in Kassel, danach Ministerpräsident in Hessen und im Anschluss Bundesminister der Finanzen – hat einen Pensionsanspruch (Stand 2002) von monatlich 11 635 Euro erworben. Ein Durchschnittsverdiener müsste 450 Jahre arbeiten, damit er eine ebenso hohe Rente erhält.

Schuldendienst

Im Jahre 1961 verringerte die Bundesrepublik ihre Schuldenlast um den damals erheblichen Betrag von fast einer Milliarde Mark. Es war die letzte Tilgung für die folgenden vier Jahrzehnte. 40 Jahre lang hat der Bund seine Schulden immer nur vermehrt. Erst 2001 sind wieder Schuldverschreibungen eingelöst worden, allerdings nicht durch eine nachhaltige Haushaltsführung. Der Zufall kam dem Bund zur Hilfe. Die Versteigerung der UMTS-Lizenzen verschaffte der Regierung einen unerwarteten Geldsegen. Die Begehrlichkeiten für das neue Mobilfunknetz spülten fast 65 Milliarden Mark in die Staatskasse. Von knapp der Hälfte hat der Bund seine jährlichen Mehrausgaben beglichen, der Rest blieb für die Tilgung.

Doch dieser Glücksfall mit all seinen späten Folgen für die Telekommunikationsbranche markiert keine Wende in der Fiskalpolitik. Schon ein Jahr später musste Finanzminister Hans Eichel vor den Bundestag treten und die Störung des gesamtgesellschaftlichen Gleichgewichts verkünden. Mit einer Neuverschuldung von 34,6 Milliarden Euro lag ein neuerlicher Verstoß gegen das Grundgesetz vor. Die Kreditaufnahme überstieg im Jahr 2002 die Investitionsausgaben des Bundes. Und schon im Folgejahr kam es zu einer weiteren Eskalation der Staatsschulden. Alle Hoffnungen, dass der Bund ab 2006 mit seinem Geld auskommt und keine weiteren Schulden macht, zerstoben mit dem katastrophalen Nachtragshaushalt im Oktober 2003. Aber selbst wenn irgendwann die Aufnahme weiterer Kredite gestoppt werden sollte, sind künftige Regierungen noch lange nicht am Ziel. Die Schulden, die in Jahrzehnten angehäuft wurden, müssen auch irgendwann einmal getilgt werden.

Allein die Vorstellung fällt schwer. Beim derzeitigen Schuldenstand, der zumindest noch einige Jahre steigt, beliefe sich eine Tilgung der nicht unerheblichen Summe von einer Milliarde Euro auf gerade mal 0,11 Prozent. Wenn die Bundesregierung heute mit dem Schuldenmachen aufhören und jedes Jahr eine Milliarde Euro tilgen würde – mehr als doppelt soviel wie je in einem Haushaltsjahr getilgt wurde –, wäre der deutsche Staat in 900 Jahren schuldenfrei.

So ist der Schuldenabbau für jeden Politiker eine höchst undankbare Aufgabe. Erst Politikergenerationen nach ihm profitieren von der geringeren Zinslast, womöglich auch noch Politiker einer gegnerischen Partei. Solch selbstloses Verhalten entspricht nicht den heutigen Wertvorstellungen. Niemand würde heute mehr mit dem Bau einer Kirche beginnen, in der frühestens nach vier Generationen das erste Gebet gesprochen wird. Es kann gar nicht hoch genug bewertet werden, wenn Politiker das Schuldenproblem anpacken. Der Staat geht schon nicht pleite, das ist wohl wahr, doch das Schuldendilemma kann Folgen nach sich ziehen, die beängstigend sind. Die eigene Geschichte hält Erinnerungen wach, wohin Schuldenprobleme Europa im vergangenen Jahrhundert geführt haben. Auch wenn heute nicht klar ist, wie und wann die Probleme mit der Staatsschuld gelöst werden: Es wird jemand dafür bezahlen.

Die Last, die du nicht trägst

Es ist leicht Schulden zu machen, die man nicht selbst abzahlen muss. Der Bund der Steuerzahler fordert deshalb ein »verfassungsmäßiges Verbot der Kreditaufnahme«. Anders, meint der in Wiesbaden ansässige Verein, könne man den gefräßigen Hund nicht an die Kette legen. Nur in Ausnahmefällen, beispielsweise bei Naturkatastrophen, sollte dem Staat die Kreditaufnahme gestattet sein. Bisher verlangt das Grundgesetz lediglich, dass die jährliche Neuverschuldung nicht höher sein darf als die Investitionsausgaben – ein untaugliches Instrument, wie die Vergangenheit gezeigt hat.

Schon seit 1948 kritisiert der Bund der Steuerzahler die Verschwendungssucht des Staates. Der Verein hat bundesweit 420 000 Mitglieder, die seine Arbeit durch ihre Beiträge finanzieren. Es sind viele Unternehmer und Selbstständige aus den freien Berufen darunter, »die sich irgendwann einmal an der Fiskalpolitik aufgerieben haben und etwas tun wollen«. Aber es sind auch Beamte unter den Vereinsmitgliedern, »weil selbst Beamte an der Steuergesetzgebung verzweifeln«. Der Steuerzahlerbund unterhält Außenstellen in allen Landeshauptstädten, so dass er nicht nur die Bundesregierung, sondern auch die Länderhaushalte und die der Kommunen im Auge behält. Die Bilanz ist trostlos. Ende 2003 war der öffentliche Gesamthaushalt mit über 1,3 Billionen Euro verschuldet, die jährliche Zinslast belief sich auf über 70 Milliarden Euro, und das bei Staatseinkünften von insgesamt 530 Milliarden Euro.

Mitunter wirken die Vereinsmitarbeiter müde und desillusioniert. Alle, die so engagiert arbeiten, brauchen wenigstens ein Fünkchen Hoffnung, dass ihre Arbeit etwas bewirkt. Es wird schwer, jedes Jahr die gleiche Kritik zu wiederholen, und schon vorher zu wissen, Parlament und Regierung werden alle Warnungen ignorieren. Irgendwann hat ein Gewöhnungsprozess eingesetzt, bei den Schuldenerhöhungen ebenso wie bei den Warnungen des Steuerzahlerbundes. Es ist schwer, das Problem überhaupt noch anschaulich darzustellen. Die Zahlen, mit denen hier umgegangen wird, übersteigen menschliches Vorstellungsvermögen. So kam dem Steuerzahlerbund die Idee mit der Schuldenuhr, die im Eingang des Präsidiums in Wiesbaden tickt und die sich neuerdings jeder auf den Internetseiten (www.steuerzahler.de) ansehen kann.

Diese Uhr verbreitet Unruhe. In Spitzenzeiten tickt sie mit fast 2000 Euro pro Sekunde. In einer Minute ist die Anzeige um 120 000 Euro weitergerückt, nach einer Stunde sind es schon 7 200 000 Euro, und so geht es 24 Stunden am Tag. Der Bund der Steuerzahler begleitet den Lauf der Schuldenzeit gern mit markigen Worten wie, »die Schulden von heute sind die Steuern von morgen«, oder »Kinder haften für ihre Eltern«.

Das Schuldenproblem wird sich in den kommenden Jahren noch zusätzlich durch die demographische Entwicklung beschleunigen. Es werden immer weniger Kinder geboren. Die alte Bundesrepublik hat bereits seit den 70er Jahren deutlich zurückgehende Geburtenraten. In den neuen Ländern hat es 1990 einen dramatischen Einbruch gegeben. Selbst wenn die Kurve heute wieder ein bisschen nach oben zeigt, werden in Ostdeutschland wohl nie wieder so viele Kinder geboren wie in den familienfreundlichen DDR-Zeiten. Statistisch betrachtet bringt heute jede Frau 1,34 Kinder zur Welt, und die Tendenz ist weiterhin abnehmend. So entsteht eine langsam beginnende und von Generation zu Generation schneller werdende Abwärtsentwicklung. In jeder Generation gehen weniger Frauen an der Start, von denen sich wiederum immer mehr bewusst gegen Kinder entscheiden. In einem Bundesland wie Hessen bleibt heute schon nahezu jedes zweite Paar ohne Kinder, von den verbleibenden bekommt ein großer Teil nur ein Kind. Während die Kinderlosen binnen einer Generation aussterben, halbiert sich die Bevölkerungszahl bei den Ein-Kind-Beziehungen. Zuwanderung kann dieses Problem nicht lösen. Ausländer, die sich in die Gesellschaft einfügen und einen deutschen Pass bekommen, werden sich bei ihren Entscheidungen für oder gegen Kinder vom gesellschaftlichen Umfeld leiten lassen. Eingebürgerte Ausländerinnen werden im Durchschnitt kaum mehr Kinder bekommen als in Deutschland geborene Frauen.

In der Folge nimmt die Zahl der Erwerbstätigen immer mehr ab. Der Bund stellt bereits Überlegungen an, »nachgelagerte« Einkünfte, vor allem Renten und Pensionen, stärker zu besteuern. Anders kann er seine Einnahmen in Zukunft nicht sichern. Damit deckt die Regierung zwar den kurzfristigen Finanzbedarf, doch eine Lösung für das Schuldenproblem rückt in immer weitere Ferne.

Dieses Problem einer immer kleiner werdenden Bevölkerung wird von der Schuldenuhr nicht angezeigt. Die Schulden vergrößern sich nicht nur durch die Kreditaufnahme, sondern ebenso durch die Bevölkerungsentwicklung. Immer weniger Erwerbstätige sollen den in besseren Zeiten angehäuften Schuldenberg abtragen. Niemand kann das im Ernst von unseren Kindern erwarten. Und es sollte sich auch besser niemand darauf verlassen, dass eine künftige Generation dieses Problem in Angriff nimmt. Das Haus, das ihnen die Großeltern hinterlassen, werden sie nehmen, aber einem Erbe, das sie mit Schulden belastet, werden sie äußerst skeptisch gegenüberstehen. Wer die Jugendlichen von heute sieht, dem könnte schon der Verdacht kommen, dass sie wenig Spaß daran haben, für die Schulden einzustehen, die ihnen die beiden vorhergehenden Generationen hinterlassen.

Der Schattenhaushalt

Die unvorstellbare Gesamtverschuldung von über 1,3 Billionen Euro ist noch nicht alles. Ein erheblicher Teil der Staatsschulden wird bis heute verschwiegen. Diese Schuld ergibt sich aus den Pensionsversprechungen der öffentlichen Arbeitgeber für ihre Beamtinnen und Beamten. Nach Schätzungen von Gisela Färber, Finanzwissenschaftlerin an der Verwaltungshochschule Speyer, belaufen sich die Pensionsansprüche der Beamten aus Bund, Ländern und Gemeinden derzeit auf einen Barwert von 300 bis 350 Milliarden Euro. Dazu kommen noch einmal Zahlungsverpflichtungen für die Beamten von Post und Bahn von überschlägig 150 bis 200 Milliarden Euro. Das sind zusätzliche Verbindlichkeiten von 35 bis 42 Prozent der tatsächlich ausgewiesenen Staatsschulden. »Auch daran wird deutlich«, schreibt die Professorin, »dass alle Gebietskörperschaften heute Personalkörper im Beamtenbereich unterhalten, die sie zu Lasten der Zukunft finanzieren, die mithin über ihren wahren finanziellen Verhältnissen liegen«.

Öffentliche Arbeitgeber beschäftigen ihre Beamten ohne Rücksicht auf deren spätere Altersicherungskosten. Anders als Angestellte zahlen Beamte keine Rentenbeiträge, so gibt es auch keinen Arbeitgeberanteil. Die Alterssicherung kostet die

Gebietskörperschaften keinen Cent, solange der Beamte beschäftigt wird. Erst mit Beginn des Ruhestandes tritt der Arbeitgeber in seine Pflicht. Die Pensionen werden dann aus laufenden Steuereinnahmen bestritten. Folglich setzen sich die Personalkosten des Staates aus der Besoldung für die, wie es heißt, aktiven Beamten und aus den Pensionszahlungen für die passiven Beamten zusammen. Das wirft solange keine Probleme auf, wie eine gewisse Kontinuität besteht und die Zahl der aktiven und passiven Beamten in etwa gleich bleibt. Dazu gehört aber auch, dass die Steuerkraft des Staates mit den Einkommenszuwächsen der öffentlichen Bediensteten mithalten kann und in Zukunft genügend Erwerbstätige da sind, die das Pensionsversprechen durch Steuerzahlungen einlösen. Aber die Realität sieht anders aus. In den vergangenen Jahrzehnten wurden immer mehr Beamte eingestellt, besonders viele in den 60er und 70er Jahren. Die Lebensarbeitszeit dieser Beamten ist durch Frühpensionierungen immer kürzer geworden, gleichzeitig werden die Pensionäre immer älter. Außerdem konnten die staatlich Beschäftigten in der Vergangenheit respektable Einkommenssteigerungen verbuchen. Auf der Gegenseite, bei den Steuerzahlern, schlägt die demographische Entwicklung durch. Mit einem Rückgang der Erwerbstätigen muss auch das Steueraufkommen sinken.

»Die Kosten der Beamtenversorgung«, kritisiert Finanzwissenschaftlerin Gisela Färber, »werden verschleiert und der Reformbedarf ›verniedlicht‹, während andere Altersicherungssysteme in der Folge von offenen Beitragssatzsteigerungen unter Druck geraten.« Der Staat muss zwar nicht zur Bank gehen und für seine Pensionsverpflichtungen frisches Geld besorgen, aber er stellt sozusagen Schuldscheine aus. Die Beamten bekommen eine Urkunde, die ihnen Pensionsansprüche in genau festgelegter Höhe garantiert. Das sind Zahlungsverpflichtungen, »die für den Steuerzahler der Zukunft kaum anders als andere Staatsschulden zu bewerten sind«. Es müssen Steuermittel aus dem laufenden Haushaltsjahr für Staatsleistungen aus der Vergangenheit abgezweigt werden. Die Professorin fordert eine Offenlegung der Pensionskosten, indem die »offen ausgewiesene Neuverschuldung des Staates und der Barwert der im Haushaltsjahr entstehenden zukünftigen Pensionsverpflichtungen gleich behandelt werden«. Das heißt nichts anderes, als dass Pensionsverpflichtungen in öffentlichen Haushalten wie Schulden verbucht werden sollen. Darin liegt eine Menge Zündstoff. Das Grundgesetz, die Landes- und Kommunalverfassungen legen fest, dass sich die öffentliche Hand für die Bezahlung des Personals nicht verschulden darf. So gesehen verabschieden die deutschen Parlamente seit Jahrzehnten Haushalte, die gegen das Gesetz verstoßen.

Die Nachhaltigkeitslücke

Es ist Freitag. Bernd Raffelhüschen sitzt in seinem Büro in der Alten Universität von Freiburg und ist sehr in Eile. Der Mann hat einen Grundsatz, den er niemals bricht. »Das Wochenende ist für die Familie!« Genau das ist sein Thema, die Familie – besser gesagt, die Folgen einer verfehlten Familienpolitik. Forschungen auf dem Gebiet der Bevölkerungsökonomie sind heute derart gefragt, dass Bernd Raffelhüschen mittlerweile zwei Professuren hat, eine an der Universität Freiburg und eine in Norwegen, an der Universität Bergen. Ein weiteres Angebot der Technischen Universität Dresden musste er ausschlagen.

Schon mit Bergen hatte es Probleme gegeben. In Norwegen werden Professoren nur für zehn Monate im Jahr bezahlt, in den verbleibenden zwei Monaten können sie sich eine Zusatzanstellung suchen. Gefragte Wissenschaftler finden leicht etwas, andere müssen auf das zusätzliche Einkommen verzichten. Die Norweger schlugen Bernd Raffelhüschen vor, zehn Monate in Bergen zu arbeiten, die verbleibenden zwei Monate würden ihm für eine Bewerbung in Deutschland offen stehen. Bernd Raffelhüschen interessierte das Angebot, also wandte er sich an seinen Dienstherren, den baden-württembergischen Kultusminister. Es gab Auseinandersetzungen. »Das ist auch so ein Kuriosum aus dem Beamtenalltag«, sagt Bernd Raffelhüschen, »ein deutscher Beamter darf nicht Diener zweier Herren sein.« Einige Zeit musste er mit dem Kultusministerium in Stuttgart verhandeln, bis sich die Verantwortlichen, offenbar der Not gehorchend, auf einen Kompromiss einließen. Die Stuttgarter Ministerialbeamten wollten ihn lieber für zehn Monate in Freiburg behalten und gestatten ihm nun jährlich zwei Monate Forschungsarbeit in Bergen.

Der Professor leitet das Freiburger Institut für Finanzwissenschaft und Volkswirtschaftslehre. Ausgangspunkt der wissenschaftlichen Arbeit ist der doppelte Alterungsprozess, der allen westlichen Industrienationen zu schaffen macht. Das Durchschnittsalter der Bevölkerung steigt immer weiter an, und das aus zweierlei Gründen. Zum einen werden immer weniger Kinder geboren, zum anderen werden die Menschen immer älter. So müssen immer weniger Junge immer mehr Alte versorgen, die zugleich immer älter werden. Dieser Prozess schreitet weiter voran. Die Lebenserwartung steigt, die Geburtenraten sinken. Heute gibt es in Europa nicht einen Staat, der, wie die Bevölkerungswissenschaftler sagen, die Bestandeserhaltung erreicht. In diesem Fall müssten statistisch betrachtet 1000 Frauen 2100 Kinder zur Welt bringen, was einer Geburtenrate von 2,1 entspricht. Deutschland liegt mit einer Geburtenrate von 1,34 im hinteren Drittel der westeuropäischen Industrienationen. Schlusslicht ist Spanien mit 1,22 Kindern pro Frau. Positive Entwicklungen gibt es nur in Ländern, die eine vorausschauende Familienpolitik betreiben. Skandinavien vermeldet steigende Kinderzahlen, den Spitzenplatz hält Frankreich mit einer Geburtenrate von 1,89.

Damit die Folgen der Alterung für die Sozialversicherungssysteme erträglich bleiben, müssen Vorkehrungen getroffen werden. Das gelingt den einzelnen Staaten mit mehr oder weniger Erfolg. »Norwegen«, sagt Bernd Raffelhüschen, »wird die

Schwierigkeiten wohl in den Griff bekommen.« Das Land hat die Probleme erkannt und durch die Ölvorkommen an der norwegischen Küste auch das Geld für eine Lösung. Dänemark hat »taffe Politiker und könnte es ebenfalls schaffen«. Etwas schwieriger sieht es in Schweden aus, »doch dort sind jetzt ein paar Dinge in Angriff genommen worden, die sich in Deutschland kaum durchsetzen ließen«. Bereits 1999 wurde in Schweden die Volksrente abgeschafft. Der von Arbeitgebern und Arbeitnehmern paritätisch finanzierte Beitragssatz wurde fortan bei 18,5 Prozent eingefroren. Der größere Teil, 16 Prozent, gehen davon in die umlagefinanzierte Altersrente, der kleinere Teil, 2,5 Prozent, die so genannte Prämienrente, werden Gewinn bringend am Kapitalmarkt angelegt. Als dritte Säule gibt es noch die Betriebsrente. Darüber hinaus ist dafür gesorgt, dass in Schweden durch eine aus Steuern finanzierte Garantierente keine Altersarmut entsteht. »Dieses rechtzeitige Umlenken«, meint der Professor, »könnte auch Schweden ans Ziel führen.« Nur hierzulande gibt es immer noch wenig Hoffnung. »Wir Deutschen spinnen!«

Kein Zweifel, in Deutschland wird der Bevölkerungsökonom am dringendsten gebraucht. Sein Institut berechnet regelmäßig die »Nachhaltigkeitslücke, das Geld, das fehlt, damit wir dieses System für unsere Kinder weiterführen können«. Dabei ist die hohe Erblast, die durch jahrzehntelanges Schuldenmachen entstanden ist, nur der eine Teil. Noch stärker als die Staatsschulden fallen die so genannten umlagefinanzierten Sozialversicherungen ins Gewicht. Als Otto von Bismarck das System Ende des 19. Jahrhunderts einführte, hatte Deutschland eine ideale Alterspyramide. Viele Kinder gründeten ein breites Fundament, vom dem aus sich der Bau mit zunehmendem Lebensalter gleichmäßig verjüngte und oben, etwa bei 100 Jahren, seine Spitze erreichte. Heute steht die Pyramide Kopf, wenig Kinder und viele alte Menschen. Und obendrauf, bei einem Lebensalter von 80 bis 100 Jahren, noch mal ein spitzer Aufsatz.

Was den Bevölkerungsökonomen Sorge bereitet, ist nicht die ständig kleiner werdende Bevölkerung. Niemand erwartet, dass zur Mitte des Jahrhunderts noch 80 Millionen Menschen in Deutschland leben. Nur sollte eben ein annähernd ausgewogenes Verhältnis zwischen Jung und Alt bestehen. Danach sieht es aber ganz und gar nicht aus, und diese Tatsache führt zu seltsamen Verzerrungen. Unentwegt ist von einem »Griff in die Rentenkasse«, in die Krankenkasse und die Pflegekasse die Rede, aber dort liegt kein Geld. In den Sozialkassen liegt ein ungedeckter Scheck für all jene, die heute Beiträge zahlen. Der größte Teil der Beiträge wird für die immer älter werdenden Menschen verbraucht, die nun weniger Beiträge zahlen, aber öfter zum Arzt müssen. Doch es fehlt das Verständnis für diesen Generationen übergreifenden Zusammenhang. Gut verdienende Beitragszahler sind entrüstet, dass ihnen immer mehr Krankenversicherungsbeiträge vom Gehalt abgezogen werden, der Arbeitgeber noch einmal denselben Betrag draufschlägt und, obwohl sie nur selten zum Arzt müssen, die Kassenleistungen immer weiter gekürzt werden. Die Rentenversicherungsbeiträge steigen unaufhörlich und werden zusätzlich über die Ökosteuer finanziert, und die Pflegeversicherung gerät bereits wenige Jahre nach ihrer Einführung in eine Schieflage. Dabei sah es noch vor nicht allzu langer Zeit nicht einmal schlecht aus. Eine Generation lang haben kinderlose Paare und Ehen mit einem Kind die Sozialkassen mit ihren Beiträgen verwöhnt. Aber heute, wo diese Menschen alt sind, wird es gleich dreifach schlimm. Sie müssen öfter zum Arzt, ihre Beiträge fallen deutlich niedriger aus, und sie haben zu wenige oder gar keine Kinder groß gezogen, die nun für sie einstehen.

Spätestens seit den siebziger Jahren vermelden die Statistikämter deutlich zurückgehende Geburtenraten. Schon seit dieser Zeit hätten die Krankenkassen einen Teil der Beiträge für Ein-Kind-Ehen und für Kinderlose zurücklegen müssen. Stattdessen wurde das Geld verprasst. Die gesetzlichen Sozialversicherungen wirtschaften ähnlich wie die öffentlichen Haushalte: So wie das Geld hereinkommt, wird es wieder ausgegeben. Und wenn am Ende des Jahres alles Geld weg ist und noch jede Menge unbezahlter Rechnungen herumliegen, werden die Beiträge erhöht.

Mitte des Jahrhunderts werden in Deutschland, bei realistischen Zuwanderungsraten, noch 50 Millionen Menschen leben. Das sind 30 Millionen weniger in nur fünf Jahrzehnten, und das, obwohl die Menschen immer älter werden. Doch die gesetzlichen Sozialversicherungen wollen das einfach nicht zur Kenntnis nehmen. Sie setzen unbeeindruckt auf Deutschlands ungeborene Kinder. Das Verhalten erinnert an das des unverwüstlichen Optimisten, der vom Hochhaus stürzt und während er im freien Fall an den unteren Stockwerken vorbeifliegt, zu sich sagt: So, bis jetzt wäre alles gut gegangen.

Bernd Raffelhüschen hat zusammen mit seinen Kollegen Stefan Fetzer und Stefan Moog ausgerechnet, wie sich eine Weiterführung des umlagefinanzierten Sozialversicherungssystems bis zur Mitte dieses Jahrhunderts auswirken wird. Allein die Krankenversicherung müsste in diesem Zeitraum auf einen Beitragssatz von 25 Prozent erhöht werden. Zusammen mit der Rentenversicherung und der Pflegeversicherung müssten die Berufstätigen der künftigen Generation zwei Drittel ihres Einkommens für gesetzliche Sozialversicherungen aufbringen. Und so sehen das nicht nur die Wissenschaftler um Bernd Raffelhüschen. Eine Untersuchung im Auftrag des Gesamtverbandes der deutschen Versicherungswirtschaft und des Verbandes der privaten Krankenversicherung kommt zu ganz ähnlichen Ergebnissen. Eine Expertise für die Enquetekommission des deutschen Bundestages zeigt den Parlamentariern ein vergleichbares Szenario auf, und diese Beispiele ließen sich fortführen.

»Welches Ausmaß die Nachhaltigkeitslücke im Sozialversicherungssystem annimmt, wird selbst von pessimistischen Zeitgenossen hoffnungslos unterschätzt.« Für Bernd Raffelhüschen ist klar: »Von einem Generationenvertrag kann schon heute nicht mehr die Rede sein. Keine heute lebende Generation würde für eine andere solche Lasten tragen.« Seit Jahrzehnten vergnügt sich Deutschland auf Kosten seiner Kinder, der geborenen und der ungeborenen. Der Wohlstand ist kein Abbild der Wirklichkeit. Und die Party ist noch immer nicht vorbei. Am Freiburger Institut wird regelmäßig die Erblast berechnet, die künftigen Generationen mit auf den Weg gegeben wird. Im Jahre 2003 waren es 4,2 Billionen Euro, die unseren Kindern durch Staatsschulden und nicht gedeckte Sozialansprüche aufgebürdet werden, und dieser Betrag wird ständig größer.

»Es liegt im Interesse der heute Erwerbstätigen, künftige Generationen nicht zur Kündigung der gesetzlichen Sozialversicherungen zu zwingen.« Oft wird der Eindruck erweckt, es gebe noch genügend politischen Spielraum, um diese Nachhaltigkeitslücke zu schließen. Ohne wirkliche Entbehrungen und harte Einschnitte ist das inzwischen nicht mehr möglich. Nur einmal angenommen, alle wären sich einig, wollten reinen Tisch machen und den künftigen Generationen ein gesundes Staatswesen hinterlassen, dann wäre es mit ein paar Schönheitskorrekturen nicht getan. Selbst wenn alle ihr Geld zusammenkratzen würden, nicht nur das Bargeld, ebenso sämtliche Spareinlagen und Beteiligungen, natürlich auch die Auslandskonten und die unterm Dielenboden versteckten Notgroschen – wenn alle den letzten Cent hergeben und das Geld auf einem Konto der Bundesbank hinterlegen würden, es wäre immer noch zu wenig.

Ausgebeulte Bermudashorts

Die Schulden geben Auskunft über den Gesundheitszustand eines Staatswesens. Schon der äußere Anblick zeigt, der Patient hat Übergewicht und leidet an zu hohem Blutdruck. Es sind die Symptome einer Wohlstandserkrankung. Ja, es gab bessere Tage. »Würde sich der Staat noch mit dem gleichen prozentualen Anteil am Volkseinkommen begnügen wie 1960«, meint Karl Heinz Däke, Präsident des Bundes der Steuerzahler, »dann blieben Bürgern und Unternehmen jährlich 210 Milliarden Euro mehr von ihren Einkommen übrig. Was mittlerweile meist vergessen wird, ist die wirtschaftliche Dynamik, die seinerzeit das sprichwörtliche Wirtschaftswunder gebracht hat. Reale Wachstumsraten von jährlich mehr als fünf, teilweise von mehr als zehn Prozent waren bis Mitte der 60er Jahre nicht die Ausnahme, sondern die Regel. Wäre der Staat schon damals so maßlos gewesen, das Wirtschaftswunder wäre wohl ausgeblieben.«

Heute ist alles anders. Die öffentliche Hand hat sich Speckringe angefuttert. Über eine halbe Million Beschäftigte bezahlt allein der Bund, über zwei Millionen die Länder und noch einmal anderthalb Millionen Beamte und Angestellte stehen auf den Gehaltslisten der Kommunen. Schließlich müssen auch die Mitarbeiter der Gesetzlichen Krankenkassen, die Bundesbank und die Bundesagentur für Arbeit aus Steuern und Abgaben bezahlt werden. All diese Beamten und Angestellten bilden nur den engeren Kreis des Staatswesens. Zusammen mit den Unternehmen, an denen der Bund mehrheitlich beteiligt ist, gibt es in Deutschland sechs Millionen Menschen, die bei öffentlichen Arbeitgebern beschäftigt sind. Dazu kommt eine nicht zu bestimmende Beschäftigtenzahl aus Unternehmensgründungen von Ländern und Kommunen, die zum Teil im Eigentum der Gebietskörperschaften bleiben, deren Mitarbeiter aber in keinem Haushaltsgesetz auftauchen.

In den Ländern geht schon heute mehr als die Hälfte der Einkünfte für die Bezahlung des Personals drauf. In Rheinland-Pfalz und Baden-Württemberg sind bereits mehr als 60 Prozent der Steuereinnahmen für die Bezahlung der Beamten und Angestellten verplant und künftig wird dieser Anteil noch steigen. Stellenkürzungen bringen erst nach Jahren spürbare Entlastung. Beamte und ältere Angestellte sind unkündbar, sie müssen weiter bezahlt werden, auch wenn ihre Planstellen gestrichen wurden.

Personalkosten und der jährlich zu erbringende Schulden-dienst schränken die Bewegungsfreiheit der öffentlichen Hand immer mehr ein. Die Investitionsausgaben haben sich stark verringert. Hat der Staat in früheren Jahren um die 15 Prozent seiner Einkünfte investiert, sind es derzeit beim Bund noch knapp 10 Prozent. In den Ländern ist der Investitionsanteil so-gar noch deutlich geringer. Der deutsche Staat passt in keine Hose mehr. Er trägt weite Bermudashorts und an den kurzen dicken Fingern stecken goldene Ringe. Er muss seinen Appetit zügeln, sich endlich aufraffen und den Speck abtrainieren, aber er kriegt den Hintern nicht hoch.

Der IKS-Haken

Trotz allem sollte man meinen, dass eine der erfolgreichsten Industrienationen zu einem gemeinschaftlichen Kraftakt fähig ist und die Haushaltsschieflage gerade rückt. Doch die Sache hat einen Haken. Vor 20, 30 Jahren wäre etwas Derartiges wohl noch denkbar gewesen. Inzwischen hat der Zug an Fahrt ge-wonnen. Wird die Notbremse gezogen, kommt er erst nach mehreren Legislaturperioden zum Stehen. Und die Fahrt geht durch unbekanntes Terrain. Mit einer solchen Situation, wie sie heute bewältigt werden muss, gibt es in der Menschheitsge-schichte keinerlei Erfahrungen. Noch nie haben so viele rüstige Rentner und Pensionäre durch ihre Versorgungsansprüche und ihr Wählerverhalten die Geschicke eines Staates geprägt. Noch nie gab es in einer Gesellschaft so viele Frauen und Männer, die sich mit Kindern nicht belasten möchten. Was Kinderreichtum betrifft, steht Deutschland heute von 191 Nationen an 180ter Stelle. Und diese wenigen Kinder wachsen in einer seltsam ver-schrobenen Gesellschaft heran. Denn auch das hat es seit Men-schengedenken noch nicht gegeben – eine Gesellschaft, die ihre Kraft in die Rentner und Pensionäre investiert und die Kin-der vernachlässigt.

Allein die demografischen Tatsachen bringen solche Probleme mit sich, dass alle dicht zusammenrücken und einen Plan schmieden müssten. Statt dessen ist die Gesellschaft heillos zerstritten. Der Ton wird um so aggressiver, je deutlicher die Erosionen zutage treten. Das Vertrauen in unser gesellschaftliches Gesamtkunstwerk ist nicht sehr ausgeprägt. Wer die Möglichkeit hat, versucht wenigsten die eigene Haut zu retten. Aber so läuft das nicht, in einem Gemeinwesen sind alle aufeinander angewiesen. Nur muss sich diese Erkenntnis erst noch durchsetzen.

Der Beweis steht noch aus

Bei aller Ratlosigkeit wird zumindest die Überzeugung gehegt, dass in demokratischen Verhältnissen letzten Endes selbst schwerwiegendste Probleme auf eine vernünftige Art und Weise gelöst werden. Hier zeigt sich ein beinahe religiöses Vertrauen in den deutschen Staat. Der Glaube, dass demokratischen Verhältnissen die Lösung innewohnt, ist so stark, dass nur wenig unternommen wurde, die Gesellschaft so zu gestalten, dass sie den bevorstehenden Wandel möglichst gut bewältigt. Dabei hat sich in den zurückliegenden Jahrzehnten in Deutschland kaum jemand ernstlich um die Demokratie gesorgt und die wackeligen Beine gekräftigt, auf die sie vor gut einem halben Jahrhundert gegründet wurde. Lange Zeit haben üppige Wachstumsraten und steigender Wohlstand jeden Zweifler zum Schweigen gebracht. Über zwei Generationen hat sich der Glaube an den immer währenden Aufschwung gefestigt, die meisten in Deutschland lebenden Menschen haben nie etwas anderes kennen gelernt.

Es wurde allzu lange weggeschaut. Die Probleme, vor denen die Gesellschaft heute steht, konnten sich erst im Laufe von Jahrzehnten zu einem solchen Berg auftürmen. Noch nie hatte die Bundesrepublik Deutschland solche Schwierigkeiten. Unsere Demokratie steht vor ihrer größten Bewährungsprobe. Jeder darf die Überzeugung äußern, dass dieses einzigartige, allein für Deutschland typische Zusammenspiel von Regierungen, Parlamenten, öffentlichen Verwaltungen und Gewerkschaften mit all dem fertig wird. Aber der Beweis steht noch aus.

TEIL ZWEI

Die verbeamtete Demokratie

Außer Kontrolle

Wenige Jahre vor seinem Tod zog Thomas Ellwein ein bitteres Resümee. In seinem 1994 erschienenen Buch ›Das Dilemma der Verwaltung‹ heißt es: »Es ist keine resignierte Prognose, sondern meine fatale Gewissheit: Wir werden uns in Deutschland auch weiterhin eine Verwaltung leisten, die wir uns nicht leisten können. Das Ende davon ist abzusehen.« Thomas Ellwein hatte dem Staat während seines Berufslebens in hohen Positionen gedient. Bereits 1961 wurde er in Frankfurt am Main zum Professor ernannt, anschließend war er Direktor des Sozialwissenschaftlichen Instituts der Bundeswehr in München, ab 1973 Präsident der Hochschule der Bundeswehr in Hamburg, und von 1976 bis 1991 lehrte er Politik- und Verwaltungswissenschaften an der Universität Konstanz. Seine Erfahrungen hat er in einem Satz zusammengefasst. Für Thomas Ellwein ist »das Dilemma der Verwaltung ihre Verflechtung mit der Politik«.

Der Verwaltungswissenschaftler bevorzugt die eigene Perspektive, doch aus Sicht der Politiker ließe sich die Aussage ebenso gut umkehren: Das Dilemma der Politik ist ihre Verflechtung mit der Verwaltung. Dabei handelt es sich keineswegs um eine neue Erkenntnis. Das Problem war von Anfang an bekannt. Bereits die westlichen Alliierten, die bei der Geburt der Bundesrepublik Pate standen, hatten gewarnt: Wenn die Demokratie in Deutschland funktionieren soll, dürfen Beamte keinen Zugang zu politischen Ämtern bekommen.

Die Warnungen wurden ignoriert. Die beiden großen Parteien, die FDP und ganz besonders Bündnis 90/Die Grünen haben ein intimes Verhältnis mit dem Öffentlichen Dienst. Ein großer Teil ihrer Mitglieder, vor allem derer, die aktiv Parteiarbeit leisten, ist in den Staatsverwaltungen beschäftigt. Diese Entwicklung verfestigt sich seit Jahrzehnten. Inzwischen hat sich der Öffentliche Dienst die so genannten Volksparteien selbst erschaffen. Im Juli 2002 legte die Wirtschafts- und Sozialwissenschaftliche Fakultät der Universität Potsdam die Ergebnisse ihrer Studie ›Parteimitglieder im Vergleich‹ vor. In einem Zeitraum von drei Jahren wurden 16 000 Mitglieder der Bundestagsparteien befragt. Die Initiatoren der Studie wollten herausfinden, »inwieweit die innerparteiliche Demokratie dem Anspruch gerecht wird, ein Bindeglied zwischen Bevölkerung und politischer Elite zu sein«. Die Untersuchungen haben einmal mehr bestätigt, dass »Beamte, öffentliche Angestellte und Rentner die dominanten Gruppen unter den Mitgliedern sämtlicher Bundestagsparteien sind«. Der Mitgliederanteil öffentlicher Bediensteter ist bei Bündnis 90/Die Grünen mit 37 Prozent am höchsten und bei der CDU mit 18 Prozent am niedrigsten. In allen Parteien sind Beamte und öffentliche Angestellte prozentual sehr viel stärker vertreten als in der Erwerbsbevölkerung. »Durch die Dominanz der Staatsbediensteten und Rentner«, heißt es in der Studie, »können die Erfahrungen anderer Berufsgruppen nicht entsprechend ihres Gewichts in die innerparteilichen Debatten einfließen. Insbesondere Arbeiter und Angestellte aus der privaten Wirtschaft – und damit zentrale Bereiche des wirtschaftlichen Lebens – sind in den Parteien unterrepräsentiert. Vergleicht man die Parteien miteinander, so fällt auf, dass sich die berufliche Zusammensetzung der Mitgliedschaft von SPD, Unionsparteien und FDP zunehmend ›nivelliert‹ hat. Die SPD ist keine Arbeiterpartei mehr, die Union keine Partei von Unternehmern und Landwirten mehr, und der alte Mittelstand dominiert nicht bei den Liberalen.« Die SPD, die Unionsparteien, Bündnis 90/Die Grünen,

FDP und PDS sind, gemessen an der Herkunft ihrer Mitglieder, Parteien der Rentner und der Staatsbediensteten. Die Parteiarbeit wird größtenteils von Angehörigen des Öffentlichen Dienstes erledigt. So kommen Beamte und öffentliche Angestellte auf die Wahllisten, in die Landesparlamente und in den Bundestag. Einige werden Minister und kehren als Dienstherren an die Spitze der Verwaltung zurück. Das Beamtenverhältnis dieser Politiker ruht nur und lebt sofort wieder auf, sollten sie bei der nächsten Wahl nicht genügend Stimmen erhalten.

Politiker aber, die eine feste Beziehung mit dem Öffentlichen Dienst haben, können ihrer vornehmsten Aufgabe, der Kontrolle einer ständig nach Ausdehnung strebenden Verwaltung, nicht richtig nachkommen. Die Folgen dieser unheilvollen Verflechtung sind überall spürbar. Seit mehr als einem halben Jahrhundert sind die öffentlichen Verwaltungen in Deutschland weitgehend ohne Kontrolle. Wohin das führt, zeigt die Entwicklung der Beschäftigtenzahlen. Vier Jahrzehnte lang hat die Zahl der Mitarbeiter im Öffentlichen Dienst unentwegt zugenommen, von anfänglich 2,3 Millionen auf 6,6 Millionen im Jahr 1991. Die Zahl der Beamten stieg von 800 000 im Jahr 1950 auf 2,2 Millionen 1993. Seitdem gehen die Beschäftigtenzahlen, vornehmlich durch Privatisierung von Staatsunternehmen, wieder etwas zurück – wobei die Besitzstände der früheren Staatsbediensteten auch in den privatisierten Unternehmen gewahrt bleiben.

Nicht weniger problematisch ist die Einkommensentwicklung. Hinter dem für das gesamte Bundesgebiet geltenden Flächentarifvertrag steht eine ungeheure Gewerkschaftsmacht. Ver.di bezeichnet sich gern als »die größte Dienstleistungsgewerkschaft der Welt«. Tarifabschlüsse gelten bundesweit für alle öffentlichen Bediensteten und für noch weitere Millionen Arbeitnehmer, die nach Bundesangestelltentarif bezahlt werden oder deren Einkommen sich an den öffentlichen Tarif anlehnen. Tarifverhandlungen werden regelmäßig zu einer Farce. Wenn Tarifautonomie funktionieren soll, müssen sich zwei gleich starke Verhandlungspartner gegenübertreten. Doch was da an Dienstherren vor die Gewerkschaftsfunktionäre tritt, verdankt seine Wahl zum großen Teil dem Öffentlichen Dienst. Die Einkommensforderungen der Gewerkschaften werden deshalb nur allzu bereitwillig erfüllt. Es gab Jahre, so beispielsweise 1974, da konnten die Gewerkschaften Einkommensverbesserungen von bis zu 18 Prozent durchsetzen.

Die Beteiligten haben sich recht komfortabel in diesen Verhältnissen eingerichtet. Sie gönnen sich ein bisschen Luxus auf Kosten des Steuerzahlers. Aus eigenem Antrieb werden Politik und Verwaltung ihre Verbindung jedenfalls nicht lösen. Es ist ein Teufelskreis, aus dem sich die Bundesrepublik nur schwer befreien kann. Nicht wenige haben die Hoffnung aufgegeben. Beamtenparlamente, übermächtige Gewerkschaften, die lebenslange Alimentierung der Beamten und eine weitgehende Beschäftigungsgarantie für Arbeiter und Angestellte im Öffentlichen Dienst erschweren jede Veränderung. Trotzdem muss es eine Möglichkeit geben, die Auswüchse im Öffentlichen Dienst wieder auf eine überschaubare Größe zurückzustutzen. Eine Mehrheit in diesem Land fordert weniger Staat und auf ein erträgliches Maß begrenzte Steuern und Abgaben. Wenn es für diese Mehrheit keine Möglichkeit gibt, sich Gehör zu verschaffen, dann ist die Bundesrepublik Deutschland keine Demokratie.

Wähler am Rande des Nervenzusammenbruchs

Politiker und der Öffentliche Dienst wirken ziemlich hilflos in ihrer Umklammerung. Wenn sich etwas ändern soll, dann muss der Anstoß von außen kommen. Der Ball wird dem Wähler zugespielt, er soll endlich aus der Abseitsposition herauskommen und einen Treffer landen. Alle vier Jahre kann er durch seine Stimmabgabe die politische Landschaft neu gestalten. Jedenfalls ist das eine sehr verbreitete Hoffnung. Dem Wähler geht es, neben Sympathien für eine Partei und für politische Persönlichkeiten, um ganz praktische Fragen. Er möchte, dass die Steuern und Abgaben gesenkt werden, es geht ihm darum, dass sich der Staat zurückzieht und seine Kosten senkt, damit die Wirtschaft wieder Dynamik gewinnt und mehr Menschen Arbeit finden. Unter diesen Prioritäten sollte er sich die Partei und die Politiker, denen er seine Stimmen gibt, sehr genau ansehen.

Zunächst dürften, unabhängig von ihren Fähigkeiten, grundsätzlich keine Beamten und ebenso wenig Angestellte gewählt werden, die in irgendeiner Verbindung zum Öffentlichen Dienst stehen. Aber auch Lehrer, die allein im Bundestag in jeder Legislaturperiode um 120 Abgeordnete stellen, müssten grundsätzlich ausscheiden. Sie sind Beamte und am Bestand der derzeitigen Verhältnisse interessiert. Ebenso wenig dürfte der Wähler sein Kreuz neben einen Hochschulmitarbeiter oder jedwedes Personal aus weiterführenden staatlichen Bildungseinrichtungen setzen. Dagegen ist der Fall bei Juristen nicht ganz so eindeutig, zumindest wenn sie nicht im Öffentlichen Dienst beschäftigt sind oder von dort Aufträge beziehen. Klarheit besteht dagegen bei Kandidaten, die in Verbindung zum Beamtenbund und zu Gewerkschaften stehen, die dürften nicht gewählt werden. Gewerkschaften des Öffentlichen Dienstes wollen, damit ihre Klientel bezahlt werden kann, die Einkommenssituation des Staates verbessern und die Steuern erhöhen. Und was Kandidaten betrifft, die in Geschäftsführungen von Verbänden mitarbeiten, so ist der Wähler gut beraten, wenn er sich das Geschäftsfeld und die Satzung des betreffenden Vereins vergegenwärtigt.

Das sieht nicht gut aus. Da bleibt ja kaum noch jemand übrig. Der Wähler steht am Rande des Nervenzusammenbruchs, denn er weiß kaum noch, wohin er seine Kreuze setzen soll.

Hans Herbert von Arnim, der heute wohl populärste Politik- und Verwaltungswissenschaftler, wirft in seinem 1997 erschienenen Buch ›Fetter Bauch regiert nicht gern – Die politische Klasse, selbstbezogen und abgehoben‹ kritische Blicke auf den Parteienstaat. Für ihn wird eine mehr oder weniger – aber letztlich eben doch beamtischen Tugenden verpflichtete Verwaltung in unverantwortlicher Weise für parteipolitische Machtinteressen ausgenutzt. Er fordert, dass der Souverän seine demokratisch verbrieften Rechte wahrnimmt und künftig bessere Politiker wählt. In dem Buch werden »Beispiele für Systemänderungen« und juristisch praktikable Möglichkeiten für die »Herstellung echter Wahlmöglichkeiten« aufgezeigt.

Hans Herbert von Arnim kennt beide Perspektiven, die des Steuerzahlers und die des Staatsbediensteten. Er leitete das zum Bund der Steuerzahler gehörende Karl-Bräuer-Institut, ehe er zur Verwaltungshochschule Speyer wechselte. Als ihr Direktor zählt er heute zu den Spitzenbeamten und nimmt, sowohl durch seine Tätigkeit in der Eliteschule als auch durch seine publizistischen Werke, Einfluss auf die gesellschaftspolitischen Debatten. »Die Auswahl der Repräsentanten durch die Repräsentierten«, heißt es in ›Fetter Bauch regiert nicht gern‹, »ist Schlüsselvoraussetzung des ganzen repräsentativen Systems. Bloß haben wir, geblendet durch die Verhältnisse in unserer real existierenden Demokratie, anscheinend den Blick für derartige Selbstverständlichkeiten verloren.« In seinem Buch fordert Hans Herbert von Arnim »Direktentscheidungen des Volkes über politische Einzelfragen« und stellt die Frage, »ob das Volk nicht sehr wohl in der Lage ist, über seine in der Verfassung niedergelegte Grundordnung zu entscheiden und auch die Auswahl der Politiker zu treffen«.

Für den Politik- und Verwaltungswissenschaftler ist der Parteienstaat das Problem. Er geht deshalb mit der politischen Klasse hart ins Gericht. »Wenn es um Fragen des öffentlichen

Dienstes und der Verwaltung geht, entscheidet die politische Klasse quasi in eigener Sache. In solchen Fragen pflegen sich Regierungs- und Oppositionsparteien deshalb keine wirksame Konkurrenz zu machen. Im Gegenteil: Sie instrumentalisieren die Verwaltung auf allen Ebenen des föderalistischen Staates für die Befriedigung ihrer Eigeninteressen und beuten sie im Wege der Ämterpatronage gemeinsam aus.«

So paradox es klingt – ein verbeamteter Verwaltungswissenschaftler kritisiert die vom Beamtentum völlig durchdrungene politische Klasse, weil sie den Öffentlichen Dienst für ihre Eigeninteressen ausnutzt und folglich bei der Kontrolle des Staates versagt. Nach Hans Herbert von Arnims Worten verdienen die Beamten und Angestellten in den staatlichen Verwaltungen unser Mitgefühl.

Gewachsene Strukturen

Nicht wenige meinen, das Berufsbeamtentum ist im Grunde eine deutsche Erfindung. Immerhin, in dieser Ausprägung gibt es das nur in Deutschland und in Österreich. Nach den Interpretationen österreichischer Wissenschaftler stecken die Wurzeln noch etwas tiefer. Dort wird gern bis zum Beamtentum im Chinesischen Kaiserreich zurückgegangen oder, besser noch, zu den Beamten im Alten Ägypten. Schon um 2400 v. Chr. meißelte ein hoher ägyptischer Beamter das Grundprinzip des hierarchisch organisierten Beamtentums in Stein. »Krümme deinen Rücken vor deinem Oberen, deinem Vorgesetzten von der Verwaltung des Königs. Dann wird dein Haus wohl bestellt bleiben und deine Bezahlung richtig sein. Es ist übel, wenn man dem Vorgesetzten widerstrebt, denn man lebt, solange er milde ist.«

Um einiges fortschrittlicher, wenn auch erst mehr als zwei Jahrtausende später, regelte der chinesische Kaiser das Beamtentum. Im Jahre 212 v. Chr. rekrutierte er erstmals Staatsbeamte und eröffnete selbst »begabten jungen Männern vom Lande« die Beamtenlaufbahn. Die Anwärter mussten sich einer anspruchsvollen Eignungsprüfung unterziehen und wurden an einer staatlichen Universität ausgebildet. Lediglich einer von 3000 Anwärtern bestand das Palastexamen. »In dem China der Ming-Dynastie«, schrieb der englische Historiker Cyril Northcote Parkinson (1909–1993), »pflegten die hoffnungsvolleren Studenten sich alle drei Jahre einer schriftlichen Prüfung zu unterziehen. Das Examen erfolgte in drei Abschnitten, von denen jeder wiederum drei Tage dauerte. Während des ersten Abschnittes musste der Kandidat drei Abhandlungen sowie ein Gedicht von acht gereimten Doppelversen schreiben. Während des zweiten Abschnittes fünf Essays über ein klassisches Thema. Im dritten Prüfungsabschnitt schließlich verfasste er fünf Aufsätze über die Kunst des Regierens. Erfolgreiche Kandidaten (etwa zwei Prozent der Bewerber) mussten sich in der kaiserlichen Hauptstadt einem Schlussexamen unterziehen. Dieses bestand aus einer einzigen Session, in welcher der Kandidat einen Aufsatz über ein politisches Tagesproblem verfasste. Die Mehrzahl der Kandidaten, die auch dieses Examen bestanden hatten, wurden in den Staatsdienst aufgenommen, wobei man dem Jungen mit den besten Noten auch den besten Posten gab.«

Die Beamten genossen hohes Ansehen im Volk. Die Bürokratie hielt sich, gemessen an der Zahl der Staatsdiener, in einem erträglichen Rahmen. Anderthalb Jahrtausende lang hat sich die Beamtenschaft in China kaum ausgeweitet. Von genau 135 285 Beamten zwei Jahrhunderte vor unserer Zeitrechnung hat sich ihre Zahl nur auf etwa 180 000 im 14. Jahrhundert vergrößert.

Bezogen auf Deutschland lassen sich wohl gewisse Parallelen zum Alten Ägypten und zum Chinesischen Kaiserreich finden, doch in seiner heutigen Ausprägung entstand das deutsche Berufsbeamtentum in Preußen, unter dem Soldatenkönig Friedrich Wilhelm I. (1688–1740). Er gilt als »Vater des Berufsbeamtentums« und zettelte in der damaligen Ständischen Ordnung eine kleine Revolution an. Die ersten Beamten mussten noch gegen die Vorrechte des korrupten und oft unfähigen Landadels kämpfen. Nur fähige Staatsdiener konnten sich in dieser Situation behaupten. Friedrich Wilhelm I. forderte von seinen Beamten Pflichtbewusstsein, Sachkenntnis und Unbestechlichkeit, und sie sollten dem König mit voller Hingabe dienen. Er förderte allerdings auch die Kritikfähigkeit seiner Beamten und ermutigte sie »zum Gebrauche des eigenen Kopfes«. Unter gewissen Umständen durften sie ihm sogar widersprechen. Andererseits behielt sich der König vor, missliebige Staatsdiener aus dem Amt zu entfernen. Im Übrigen nahm er die Beamtenanwärter nach bestandener Prüfung zunächst nur vorläufig in seine Dienste und zahlte ihnen noch nicht einmal ein Gehalt. Ihr Lohn bestand darin, dass sie auf eine Warteliste gesetzt wurden, die ihnen eine Besoldung in Aussicht stellte, sobald sie an den vordersten Listenplatz rückten und eine Stelle frei wurde. Der König fand dieses Verhalten überaus großzügig.

Trotz allem gab es eine Überzahl von Bewerbern, die bereit waren, sich preußischen Tugenden und eiserner Disziplin zu unterwerfen und die Härten der Ausbildung auf sich zu nehmen. Den Studenten war das Degentragen verboten, »Geschrei und Schlägereien auf der Straße« waren ihnen strengstens untersagt. Kein Student durfte sich »nach 9 Uhr abends auf der Straße sehen lassen« und nach dieser Stunde ebenso wenig »Wein-, Bier- und Coffeehäuser besuchen«. Sie sollten »keine Laternen einwerfen, keine Glücksspiele veranstalten und nicht in eigener Sache Richter sein wollen«.

Das preußische Staatswesen blühte auf mit dieser Beamtenschaft. Noch heute profitieren die Regionen des früheren Preußen von den damals in Angriff genommenen Infrastrukturmaßnahmen. Dieses zumindest anfänglich freundliche Beamtenbild hatte Friedrich Wilhelm II. (1744–1797) vor Augen, als er den Beamten weitgehende Rechte zugestand. Zwar ließ auch Friedrich Wilhelm II. nicht mit sich spaßen und betrieb eine egozentrische Machtpolitik, andererseits stand sein Führungsstil für Gerechtigkeit und Toleranz. »Die Minister«, meinte der König, »sollen gute Laune haben und niemanden drangsalieren.«

In dieser Zeit entstand das preußische Allgemeine Landrecht, ein mehr als 19 000 Paragrafen umfassendes Gesetzeswerk, das Gleichheit vor dem Gesetz, Rechtssicherheit und die Unabhängigkeit der Justiz garantieren sollte. Auf 734 eng bedruckten Buchseiten wurde der Versuch unternommen, jeden Lebenssachverhalt durch Gesetze zu regeln. Folglich dürfte bei Einhaltung aller Gesetze, dies war der Anspruch, kein Streit mehr entstehen. Fünf Jahre lang hatten die preußischen Beamten an den Gesetzestexten gearbeitet und in dem für damalige Verhältnisse fortschrittlichen und humanitären Klima sich selbst einige Verbesserungen in das neue Recht geschrieben. Das preußische Allgemeine Landrecht von 1794 regelte zum ersten Mal die Dienstverhältnisse von Beamten. Ämter, verlangte das Gesetz, sollten ausschließlich nach Eignung und Befähigung übertragen werden. Damit lag die Postenverteilung nicht länger in der Willkür eines Herrschers. Fortan waren Beamte vor Entlassung geschützt, das Landrecht verlangte eine lebenslange Anstellung. Und zum ersten Mal wurde das private, an den König gebundene Anstellungsverhältnis in ein öffentlich-rechtliches umgewandelt. Der Beamte war nicht länger Diener des Königs, sondern des Staates.

Dieser Wandel vollzog sich unter dem Einfluss der Französischen Revolution und der napoleonischen Fremdherrschaft. Der Zweck des Staates und der Beamten bestand nicht länger darin, den König zu unterhalten, sondern sollte fortan die Sicherheit und die Wohlfahrt seiner Bürger garantieren. Der Regent wandelte sich vom Alleinherrscher zum ersten Diener des Staates. Allerdings vollzog sich dieser Wandel nur langsam. Der König selbst hatte Probleme mit seiner neuen Rolle und schwankte zwischen fortschrittlichem Gedankengut und absolutistischem Herrschaftsanspruch. Die preußischen Beamten meisterten die gesamte königliche Schwankungsbreite mit einer geschickten Formulierung. »Das Oberhaupt des Staates, welchem die Pflichten zur Beförderung des gemeinschaftlichen Wohls obliegen, ist berechtigt, die äußere Handlung aller Einwohner diesem Zweck gemäß zu leiten und zu bestimmen.«

Dem preußischen Allgemeinen Landrecht folgte 1805, elf Jahre später, Bayern mit der »Hauptdienstpragmatik über die Dienstverhältnisse der Staatsdiener«. Die Staatsdienerpragmatik sicherte auch den bayrischen Beamten ein lebenslanges Einkommen. Die Besoldung des Beamten wurde nicht als Leistungsentgelt angesehen, sondern als Unterhalt. Man besoldete den Inhaber einer bestimmten Rangstufe, und das in der Höhe, die für eine standesgemäße Lebensführung angemessen erschien. Hinzu kamen Teuerungszuschläge, Gehaltsfortzahlung im Urlaub und bei Krankheit, alles Dinge, um die Beamte im 19. Jahrhundert glühend beneidet wurden. Selbst auf den Dichter Theodor Fontane machte die materielle Sicherheit der Staatsdiener Eindruck, er schrieb an seine Frau: »Die Kinder in der Schule lernen meine Gedichte, in der Literaturgeschichte habe ich mein Kapitel, aber wenn ich heute noch Bote beim Kammergericht würde, mit 30 Taler Fixum Monatsgehalt und 10 Taler zu Weihnachten, so würde man sagen, nun, er ist jetzt in königlichem Dienst, er hat ein Fixum, er kann sich Bewegung machen und seiner Frau eine jährliche Pension von 40 Talern hinterlassen.«

Die Demokratie wird König

Standen Beamte zu Preußens Zeiten noch für Reformen und Fortschrittlichkeit, hatte sich dieses Bild zu Beginn des 20. Jahrhunderts gründlich gewandelt. Die Zahl der Beamten war von 150 000 im Jahr 1858 auf 947 000 im Jahr 1907 angestiegen. Ihr Anteil an den Erwerbstätigen lag schon zu Beginn des 20. Jahrhunderts bei über fünf Prozent. Der Status der Berufsbeamten festigte sich. Zu Bismarcks Zeiten stand das Beamtentum für die Einheit und für die Kontinuität des Kaiserreichs. Die Beamten galten als »Hüter der Rechtssubstanz«, ihr Treueschwur band sie fest an den Monarchen.

Diese persönliche Bindung an den Kaiser hat den Beamten viel bedeutet. Als das Kaiserreich zusammenbrach und die Weimarer Republik entstand, schwor die Beamtenschaft bis zum Ende Treue und Loyalität zum Kaiser, dem sie sich »durch Eid und Pflicht auf Lebenszeit besonders innig verbunden« fühlte. Der gerade gegründete Deutsche Beamtenbund verwahrte sich dagegen, »die aus den ältesten Zeiten uns überkommene Monarchie, vor allem das Kaisertum, unter dessen Schutz Deutschland seit 50 Jahren mächtig gekräftigt ist, in den Staub zu werfen«.

Die Beamtenschaft hat dem Deutschland des Jahres 1918 den etwas glücklosen Start in die Demokratie erschwert und war zu jeder Zeit ein Teil der Probleme, an denen die Weimarer Republik krankte. Die Beamten trauerten den alten Zeiten nach. Nicht wenige hofften, die Weimarer Republik würde sich schon bald als Irrweg herausstellen und eine politische Krise die Rückkehr zur Monarchie eröffnen.

Die junge Weimarer Regierung war nie auf eine Konfrontation aus. Im Gegenteil, sie warb um die Gunst der Beamtenschaft. Gleich nach dem Zusammenbruch des Kaiserreichs wandte sich der gerade gewählte Reichspräsident Friedrich Ebert an die Beamten: »Die neue Regierung hat die Führung der Geschäfte übernommen, um das deutsche Volk vor Bürgerkrieg und Hungersnot zu bewahren und seine berechtigten Forderungen auf Selbstbestimmung durchzusetzen. Diese Aufgabe kann sie nur erfüllen, wenn alle Behörden und Beamten in Stadt und Land ihr hilfreich Beistand leisten.«

Trotzdem arrangierten sich die Beamten nur widerwillig mit den demokratischen Verhältnissen. Erst die Zusicherung, dass ihre gesetzlichen Ansprüche gewahrt bleiben sollen, konnte sie einigermaßen überzeugen. Gut 90 Prozent der Beamten wurden aus der Monarchie übernommen und leisteten einen Eid auf die Weimarer Verfassung.

Unser eigener Arbeitgeber

Die Weimarer Verfassung von 1919 meinte es gut mit den Beamten. Sie garantierte dem Berufsstand alle hergebrachten Grundsätze des Beamtenrechts. Auch in der Weimarer Republik hatten Beamte ein Dienstverhältnis auf Lebenszeit und gesetzlich geregelte Versorgungsansprüche. Darüber hinaus erhielten Beamte, wie der Deutsche Beamtenbund damals feststellte, »die volle staatsbürgerliche Freiheit und Gleichberechtigung«. Fortan wurde ihnen sogar Freiheit in der politischen Gesinnung und Versammlungsfreiheit zugebilligt. Die Weimarer Verfassung schrieb obendrein den Grundsatz fest, dass bei Amtspflichtverletzungen nicht der zuständige Beamte, sondern zunächst der Staat haftet.

Der Berufsstand hatte auf ganzer Linie gewonnen. Dennoch hielt sich in der Beamtenschaft ein tief sitzendes Misstrauen gegenüber den neuen Verhältnissen. Das streng auf den Monarchen fixierte Beamtentum fand keinen rechten Halt mehr. Ein hierarchisches, auf die Bedürfnisse eines Alleinherrschers zugeschnittenes Beschäftigungsverhältnis ergab ohne eine greifbare Dienstherrenperson einfach keinen Sinn. Die Sonderstellung des Beamten, die sich auf das besondere Dienst- und Treueverhältnis zum Dienstherren gründete, hatte nicht nur ihre Bezugsperson verloren, sie widersprach dem demokratischen Staatsaufbau.

Auf dem 3. Bundestag des Deutschen Beamtenbundes im April 1922 unternahm der Vorsitzende Wilhelm Flügel einen Klärungsversuch der heiß diskutierte Dienstherrenfrage. Er wollte den Berufsstand endgültig mit den neuen Verhältnissen aussöhnen. Die Worte, die er dafür fand, haben auch nach mehr als acht Jahrzehnten nichts an Aktualität verloren und charakterisieren die damalige Situation in der Weimarer Republik ebenso wie die Gegenwart in den öffentlichen Verwaltungen, Parlamenten und Regierungen der Bundesrepublik Deutschland. Am 6. April 1922 sagte Wilhelm Flügel auf seiner Festrede im Berliner Lehrervereinshaus vor den delegierten Beamten aus ganz Deutschland: »Ja, wir sind, so paradox das klingt, unsere eigenen Arbeitgeber, denn wir gehören zum Volke und sind als vollberechtigte Staatsbürger in der Lage, nicht nur durch unsere Organisation, sondern über die Volksvertretung unser Dienstverhältnis zu beeinflussen.«

Die Wiederherstellung des Berufsbeamtentums

Als die Nationalsozialisten die Macht übernahmen, weinte die Beamtenschaft der Weimarer Republik keine Träne nach. Allerdings ging bei den folgenden Säuberungsaktionen zunächst »eine Welle der Beunruhigung« durch den Berufsstand. Der Deutsche Beamtenbund schrieb in dieser Zeit: »Wir betonen noch einmal ausdrücklich, dass wir jeder Regierung das Recht zugestehen, nach ihrem Amtsantritt in der Besetzung der politischen Beamtenposten Veränderungen vorzunehmen. Es kommt jedoch darauf an, dass unter keinen Umständen der Charakter des öffentlich-rechtlichen Berufsbeamtentums durchbrochen werden darf.«

Auch hier ist wieder die gesellschaftliche Sonderstellung der eigentliche Prüfstein für Treue und Loyalität. Spätestens am 14. März 1933 hatte sich die Beamtenschaft mit den neuen Machthabern arrangiert. »Wie das Berufsbeamtentum in der Vergangenheit an Deutschlands Größe uneigennützig mitgearbeitet hat«, verkündete der Deutsche Beamtenbund, »so will es auch an dem Wiederaufstieg der Nation tätigen Anteil haben. Es kann für den deutschen Berufsbeamten nichts anderes geben, als dass er sich willig und mit voller Hingabe zur Verfügung stellt und die Regierung durch treue Pflichterfüllung unterstützt.«

Am 15. Oktober 1933 wurde der Deutsche Beamtenbund in Reichsbund der Deutschen Beamten umbenannt, fortan die Einheitsorganisation für alle Beamten im gesamten Reichsgebiet. Zu den in der Satzung festgelegten Aufgaben gehörte die »Erziehung der Beamten für ihre Sonderstellung unter den Volksgenossen als Vollzieher des in der Gesetzgebung und in den Maßnahmen der Regierung zum Ausdruck kommenden Willens des Führers«.

Die Nationalsozialisten erließen das »Gesetz zur Wiederherstellung des Berufsbeamtentums«. Dort hieß es, »Beamte nichtarischer Abstammung sind zu entlassen«, ebenso Beamte, »die durch ihre bisherige politische Betätigung nicht die Gewähr dafür bieten, dass sie jederzeit rückhaltlos für den nationalen Staat eintreten«. Die Beamten leisteten einen Eid auf die Person Adolf Hitler. Fortan befolgten sie den Grundsatz, »die NSDAP ist Träger des deutschen Staates«. Über 80 Prozent der Beamten wurden Mitglied der NSDAP.

Der Kalte Krieg

Nach dem Zusammenbruch des Hitlerreichs organisierten die Alliierten die Entnazifizierung. Die Potsdamer Konferenz im Jahr 1945, bei der die Siegermächte über das künftige Schicksal Deutschlands verhandelten, beschäftigte sich auch mit dem deutschen Beamtentum. »Alle Mitglieder der nazistischen Partei«, hieß es nach der Konferenz, »welche mehr als nominell an ihrer Tätigkeit teilgenommen haben, und alle anderen Personen, die den alliierten Zielen feindlich gegenüberstehen, sind aus öffentlichen oder halböffentlichen Ämtern zu entfernen.«

In der Sowjetischen Besatzungszone wurde das Beamtentum abgeschafft. Erst fünf Jahrzehnte später, nach der Wiedervereinigung, sollten in den neuen Bundesländern wieder Be-

amte einen Diensteid ablegen. In den westlichen Besatzungs-
zonen wurden im Verlauf der Entnazifizierung viele, besonders
höhere Amtsträger als »Belastet« eingestuft. Nach den Maß-
gaben des Potsdamer Abkommens hätten sie aus öffentlichen
oder halböffentlichen Ämtern entfernt werden müssen. Doch
dazu kam es nicht mehr. Der Kalte Krieg veränderte das politische Klima, die Aufarbeitung der Vergangenheit wurde abge-
brochen und viele als »Belastet« eingestufte Beamte in ihren
Positionen belassen.

Der von Beamten dominierte Parlamentarische Rat schrieb
1949 die Garantie für den Erhalt des Berufsbeamtentums ins
Grundgesetz. Das »Gesetz zur Wiederherstellung des Berufsbe-
amtentums« von 1933 wurde von den Begriffen und Bestim-
mungen des Dritten Reiches gesäubert und besteht in seinen
Wesenszügen bis heute fort. Ähnlich wie schon in der Weima-
rer Republik legten die Beamten den Eid nicht mehr auf eine
Dienstherrenperson ab, sondern nun auf das Grundgesetz der
Bundesrepublik Deutschland. Im Hinblick auf die dramatischen
Brüche in der deutschen Geschichte des 20. Jahrhunderts zeigt
das Beamtentum die wohl erstaunlichste Kontinuität: In einem
Dienstzeitalter hat mancher dieser Beamten vier verschiedene
Regierungssysteme erlebt und vier unterschiedliche Eide ab-
gelegt.

Die Frau und der deutsche Amtmann

Der Streit entzündete sich an einem schlichten Hauptsatz.
Drei Mal trug ihn Elisabeth Selbert (1896–1986), eine aus Kassel stammende Anwältin, der Herrenrunde vor. »Männer und
Frauen sind gleichberechtigt.« Drei Mal wurde ihr Vorschlag
abgelehnt, der Parlamentarische Rat konnte sich nicht ent-
schließen, dem Volk diesen Satz ins Grundgesetz zu schreiben.

Elisabeth Selbert ging mit dem Problem in die Öffentlichkeit.
Die Debatten um die Gleichberechtigung der Frau sollten schon

bald alles andere überschatten. Lediglich vier Frauen, aber 61 Männer erarbeiteten die Verfassung. Das Missverhältnis wird um so augenscheinlicher, wenn man sich klarmacht, dass im Nachkriegsdeutschland statistisch gesehen 170 Frauen nur 100 Männern gegenüberstanden. Doch im Parlamentarischen Rat führten Amtmänner das Wort, und denen schwebte eine andere Formulierung vor. Der von ihnen favorisierte Satz sprach lediglich davon, dass Männer und Frauen »dieselben staatsbürgerlichen Rechte und Pflichten« haben sollten. Erst als Frauen aus dem gesamten Bundesgebiet Zehntausende von Protestbriefen an den Parlamentarischen Rat schickten, ließen sich die Herren umstimmen. Sozusagen im letzten Moment wurde unter Artikel 3 doch noch die Gleichberechtigung von Mann und Frau ins Grundgesetz geschrieben, genau so wie es Elisabeth Selbert gefordert hatte.

Bei diesen sehr emotional geführten Auseinandersetzungen wurden andere, nicht minder wichtige Formulierungen kaum wahrgenommen. Weitgehend unbeachtet von der Öffentlichkeit kam Artikel 33 ins Grundgesetz, der den Staat in den folgenden Jahrzehnten prägen sollte und bis heute nichts von seiner Bedeutung verloren hat. In diesem kurzen Textabschnitt schrieben die Beamten die Grundlagen für ihren Berufsstand ins Grundgesetz und brachen damit das Eis, vor dessen Betreten die Alliierten immer wieder gewarnt hatten. Unter Artikel 33, Absätze 4 und 5 heißt es: »Die Ausübung hoheitsrechtlicher Befugnisse ist als ständige Aufgabe in der Regel Angehörigen des öffentlichen Dienstes zu übertragen, die in einem öffentlich-rechtlichen Dienst- und Treueverhältnis stehen. Das Recht des öffentlichen Dienstes ist unter Berücksichtigung der hergebrachten Grundsätze des Berufsbeamtentums zu regeln.«

Auf diese beiden Sätze gründen derzeit 1,8 Millionen Beamte ihr lebenslanges Dienstverhältnis mit dem deutschen Staat.

»Ein erster Durchbruch«, heißt es in der Chronik des Deutschen Beamtenbundes, »gelingt in Hamburg. Dort erhält eine Beamtengruppe die Genehmigung zur Schaffung einer eigenen gewerkschaftlichen Organisation.« Am 3. Oktober 1947 wird in Hamburg-Altona auf einer öffentlichen Versammlung die Deutsche Beamtengewerkschaft ins Leben gerufen. Für den Deutschen Beamtenbund verbindet sich mit diesem Datum eine wunderbare Renaissance. In Hamburg, nur zweieinhalb Jahre nach Kriegsende, erlebt die Standesorganisation unter den missbilligenden Blicken der Alliierten ihre Wiedergeburt. Hamburg hatte den Anfang gemacht, auch in anderen Städten begann sich die Beamtenschaft wieder zu organisieren.

Dabei sah es kurz zuvor ganz und gar nicht so aus, als könnte sich das Berufsbeamtentum noch einmal in Deutschland etablieren. Zunächst scheiterten alle Versuche zur Wiederbelebung am Einspruch der Besatzungsmächte. Die Alliierten hatten dem Beamtentum den Kampf angesagt. Die Verbindung von Krieg und einer Bürokratie in ihrer typisch deutschen Ausprägung hatte viele der Grausamkeiten, denen die Welt noch heute fassungslos gegenübersteht, überhaupt erst ermöglicht. Die öffentlichen Verwaltungen kamen dem Machtinteresse der Nationalsozialisten nicht nur entgegen, sie waren selbst ein tragendes Element in der Architektur des Dritten Reiches.

Allerdings gaben die westlichen Besatzungsmächte ihren Widerstand schon nach wenigen Jahren auf. In dem Maße, wie der Alltag zurückkehrte und sich Deutschland im beginnenden Kalten Krieg als Bollwerk gegen den »Weltbolschewismus« anbot – dies waren die Worte von Konrad Adenauer –, erstarkte die Beamtenschaft. In schneller Reihenfolge legten Beamte die Grundlagen für ihren Berufsstand und schrieben sie der Bundesrepublik Deutschland in die Gesetzbücher. Schon zu Beginn des Jahres 1949 beschlossen die bis dahin gegründeten Landesverbände in Köln ihren Zusammenschluss unter dem Namen

Deutscher Beamtenbund, dessen Neugründung anderthalb Monate später von der Militärregierung offiziell genehmigt wurde. Heute ist der Deutsche Beamtenbund eine der stärksten Gewerkschaftsorganisationen. »Der heutige Beamtenbund«, heißt es in seiner Chronik, »ist eine Neugründung von 1947 mit traditionellen Wurzeln in der Weimarer Republik.« Mit Blick auf die Zeit des Nationalsozialismus vertreten die Beamtenfunktionäre den Standpunkt, dass der Deutsche Beamtenbund durch Gleichschaltung mit den Interessen der NSDAP und durch Umbenennung in den Reichsbund der Deutschen Beamten praktisch aufgehört hatte zu existieren. Nach dieser Auffassung gibt es keine unmittelbare Verbindung zwischen dem damaligen Reichsbund und der heutigen Standesorganisation. Trotzdem gab es im Jahr 1949 eine Rückübertragung von Immobilien, Vermögen und Mitgliedskarteien. Zumindest in materieller Hinsicht hat der Deutsche Beamtenbund das Erbe des Reichsbundes der Deutschen Beamten angetreten.

Bis zum heutigen Tag pflegt die Beamtenschaft einen eigenwilligen Umgang mit der Geschichte. In der hauseigenen Chronik des Deutschen Beamtenbundes klafft eine Lücke von vierzehn Jahren. Der einzige Eintrag zum Dritten Reich bezieht sich auf das Jahr 1933, in dem der Deutsche Beamtenbund gleichgeschaltet, der Aufsicht der NSDAP unterstellt und in Reichsbund der Deutschen Beamten umbenannt wurde. Der nächste Eintrag datiert erst wieder auf das Jahr 1947, als »zahlreiche frühere Mitglieder versuchten, an die demokratische Tradition des Deutschen Beamtenbundes vor 1933 anzuknüpfen«.

Ein Haus mit Herz

Zu Beginn des neuen Jahrhunderts ist der Deutsche Beamtenbund, kurz dbb, aus Bonn nach Berlin zurückgekehrt. Es war eine glanzvolle Rückkehr, ein Fest »mit tausend Gästen aus allen Bereichen des öffentlichen Lebens«. In der Haupthalle, in schwindelnder Höhe, führten Seilakrobaten Kunststücke vor, es spielte das Berliner Salonorchester, Otto Schily hielt eine Rede, lobte die gelungene Architektur des dbb-Forums und das räumliche Zusammenrücken von Beamtengewerkschaften und Innenministerium.

Die räumliche Nähe zur Regierung ist dem Beamtenbund in seinen Statuten vorgeschrieben. So war es nur folgerichtig, dass die Beamtenfunktionäre der Bundesregierung nach Berlin folgten. Doch während das Parlament im restaurierten und teilweise neu gestalteten Reichstag zusammentritt, ist der Beamtenbund nicht auf das angestammte Grundstück in der Hohenzollernstraße zurückgekehrt, sondern ganz in die Nähe des neuen Regierungsviertels, in die Friedrichstraße/Ecke Französische Straße. Was hier entstanden ist, stellt alles Bisherige in den Schatten. Rein äußerlich entsteht der Eindruck, als sei für den Deutschen Beamtenbund eine neue Ära angebrochen. Die repräsentativen Büros und Tagungsräume setzen den Glanzpunkt in seiner fast 85 Jahre dauernden Geschichte. Die alte Villa in der Berliner Hohenzollernstraße nähme sich geradezu bescheiden aus neben diesem teilweise neu erbauten und zum Teil restaurierten Gebäudeensemble.

Jahrelang zogen sich die Kaufverhandlungen hin, ehe der mit der Abwicklung beauftragte Beamtenwirtschaftsbund alle Grundstücke zusammen hatte. Besonders der Streit um das »Haus der Demokratie«, die zu dem Gebäudeensemble gehörende ehemalige SED-Kreisleitung, fand ein unschönes Medienecho. Mehr als 40 gemeinnützige Vereine von der Grünen Liga bis Amnesty International mussten das »Haus der Demokratie« für den Beamtenbund räumen, denn sie hätten niemals die von der Treuhandliegenschaftsgesellschaft geforderten 14,7 Millionen Mark für den Kauf aufbringen können. Für die Vereine wurde ein Haus in der Greifswalder Straße gefunden, der Beamtenbund verpflichtete sich, wegen der besonderen geschichtlichen Bedeutung des Hauses in der Wendezeit, den Namen »Haus der Demokratie« beizubehalten und ihn auf einer

Tafel sichtbar an der Fassade anzubringen. Im Übrigen erklärte sich der Beamtenbund bereit, einen Teil des Hauses an die Bundesstiftung zur Aufklärung des SED-Unrechts zu vermieten. Die Bauarbeiten konnten beginnen.

Der Bonner Architekt, Karl-Heinz Schommer, sollte einen »Alt-Neu-Dialog« umsetzen und stellte einen sachlichen Büroneubau neben drei reich verzierte Gründerzeitfassaden. »Das Auge muss sich fassen können, sich festhalten können«, beschreibt der Architekt seine Vision. »Daher kommt die Idee, dass zu einer Halle mit dem Muschelkalk auf dem Boden und zu einer amerikanischen Ahorn-Holz-Verkleidung noch eine Farbe hinzukommen muss, eben dieses helle, warme Rot der Türen zu den Konferenzräumen.«

Die 17 Meter hohe Haupthalle schafft die Verbindung zu den »acht mit modernster Technik ausgestatteten Konferenzräumen«, in dessen größtem bis zu 800 Menschen Platz finden. Im Erdgeschoss vermietet der Beamtenwirtschaftsbund knapp 2000 Quadratmeter Ladenfläche, die »von hochwertigen Unternehmen angemietet wurden«, wie beispielsweise das Café Einstein, das italienische Restaurant »Bocca di Bocco« und die Ladenkette Hugo Boss. Darüber liegen gut 24 000 Quadratmeter Büroräume, die »durch Innenhöfe mit natürlichem Licht versorgt werden«. Ein Teil der Büros wird von dem Beamtenbund nahe stehenden Organisationen genutzt wie der dbb tarifunion, dem Beamtenwirtschaftsbund, der Betriebs- und Anlagegesellschaft mbH, der dbb Service GmbH, der dbb bundesfrauenvertretung. Zudem unterhalten einige der 37 Fachgewerkschaften in den Gebäuden ihre Hauptstadtbüros oder Bundesgeschäftsstellen. Dazu gehören die Deutsche Zoll- und Finanzgewerkschaft, der Bundesverband der Lehrerinnen und Lehrer an beruflichen Schulen, der Bund der Technischen Beamten, Angestellten und Arbeiter, der Bund Deutscher Forstleute, die Deutsche Steuer-Gewerkschaft, die Deutsche Polizeigewerkschaft, der Deutsche Philologenverband, die Gewerkschaft der Sozialversicherung, die Gewerkschaft für kommunale Beamte und Angestellte, der Verband der Beschäftigten der obersten und oberen Bundesbehörden und der Verband Bildung und Erziehung.

All die Büros gruppieren sich um Innenhöfe und sind über Brücken und Stege miteinander verbunden. »Ein Haus mit Herz«, wollte der Architekt gestalten, geworden ist es, wie Karl-Heinz Schommer sagt, »die wohl bisher größte Herausforderung in meiner Architektenkarriere.« Die Bauzeit zog sich über dreieinhalb Jahre hin, die Kosten beliefen sich auf 280 Millionen Mark.

Uneingeschränkte Koalitionsfreiheit

Zumindest in einer Hinsicht scheint das besondere Dienst- und Treueverhältnis von Vorteil. Beamte streiken nicht. Während die Angestellten regelmäßig mit Ausständen drohen, halten Beamte die Stellung. Doch so eindeutig wie heute wurde die Streikfrage von den Beamten nicht immer beantwortet. Im Gegenteil, Beamte waren im vergangenen Jahrhundert immer wieder in Streiks verwickelt. So steckt eine Menge Heuchelei dahinter, wenn Beamtenfunktionäre heute erklären, dass ihr Berufsstand auf Streikmaßnahmen verzichtet. Es ist noch gar nicht lange her, da wurden die Auseinandersetzungen um das Streikrecht zu einer Gewissenfrage für den gesamten Berufsstand. Der Streit geht zurück bis zum Anfang des 20. Jahrhunderts und ist selbst heute nicht ganz zur Ruhe gekommen.

Auf die Tagesordnung kam der Beamtenstreik durch die Gründung des Deutschen Beamtenbundes im Jahre 1918. Die Beamten verdanken ihre Standesorganisation ausgerechnet der von ihnen nicht sonderlich geschätzten Weimarer Republik. Die junge Demokratie räumte ihnen erstmals uneingeschränkte Koalitionsfreiheit ein. Fortan konnten auch Beamte »zur Wahrung und Förderung der Arbeits- und Wirtschaftsbeziehungen Vereinigungen bilden«. Bis dahin waren gewerkschaftlich organisierte Forderungen nach mehr Geld, weniger Arbeitszeit und weiteren Privilegien dem Beamtentum wesensfremd. Zwar besaßen Beamte diesen Sonderstatus wirtschaftlicher Unabhängigkeit, doch die Höhe ihres Unterhalts kontrollierte der König oder der Kaiser. In dieser ambivalenten Beziehung herrschte ein äußerst schlichtes Regulativ. Es konnte weder im königlichen Interesse liegen, für die Verwaltung des Staatswesens mehr Geld auszugeben als unbedingt nötig, noch wäre es klug gewesen, wenn der Monarch seine Beamten allzu kurz hielte.

Verglichen mit dem Kaiserreich mussten den Beamten die Verhältnisse im Reichstag der Weimarer Republik geradezu chaotisch erscheinen. Die Vorstellung, dass nun sozusagen ein Parlament sie alimentierte, beunruhigte die Beamtenschaft. In dieser Situation gründeten ihre Interessenvertreter den Deutschen Beamtenbund als Dachverband ihrer gewerkschaftlichen Vereinigungen. Die Beamtenschaft nahm sich dabei die Arbeiterbewegung zum Vorbild, versäumte es aber nie, auf die Unterschiede zwischen Beamten und Arbeitnehmern hinzuweisen. »Es ist nicht unbedenklich«, äußert sich der Beamtenbund in der Weimarer Zeit, »das Verhältnis der Beamten gegenüber der Regierung auf das des Arbeitnehmers gegenüber dem Arbeitgeber herabzudrücken. Der Beamte ist mehr als Lohnempfänger. Jeder, auch der kleinste, ist Träger der Staatsautorität an seinem Teile.«

Jedenfalls hatten die Beamten in der Weimarer Republik nicht nur ihre soziale Sonderstellung, sondern obendrein auch noch dieses demokratische Sahnehäubchen, die uneingeschränkte Koalitionsfreiheit. Uneingeschränkt, daran bestand kaum Zweifel, schloss auch das Streikrecht ein. Und über die Auffassung zum Streik kam es in der sonst geschlossen auftretenden Beamtenschaft schon bald zu dramatischen Auseinandersetzungen. Die einen meinten, die Weimarer Regierung stelle ihnen eine Falle. Worin würden sich Beamte letztlich noch von Arbeitnehmern unterscheiden, wenn sie nun auch für ihr

Einkommen streikten? Während sich ein Teil der Beamten nicht auf eine Stufe mit Arbeitern und Angestellten begeben wollten, war Streik für die anderen ein legitimes Mittel zur Durchsetzung von Einkommensforderungen.

Schon wenige Jahre später sollten diese Meinungsverschiedenheiten den Deutschen Beamtenbund auf eine Probe stellen, an der er zerbrach. Im Februar 1922 traten 700 000 bei der Reichsbahn beschäftigte Beamte und Arbeiter in einen siebentägigen Ausstand. Die Eisenbahner streikten für eine Teuerungszulage. Der Zeitpunkt konnte ungünstiger nicht gewählt sein. Zwar befand sich Deutschland 1922 in einer Hochkonjunktur, doch hatte die Wirtschaft bei weitem nicht ihr Vorkriegsniveau erreicht. Die Regierung heizte bewusst die Inflation an und wollte Deutschland durch niedrige Löhne und geringe Produktionskosten einen Exportvorteil verschaffen. So lehnte die Regierung eine Teuerungszulage rundheraus ab. Als dennoch gestreikt wurde, erließ Reichspräsident Friedrich Ebert eine Notverordnung und beendete den Ausstand mit drastischen Sanktionsandrohungen.

Sieben Wochen später machte der Beamtenbund die Folgen des Eisenbahnerstreiks zum wichtigsten Tagesordnungspunkt auf seinem Bundestag. Auf der Suche nach einer einheitlichen Position zum Streikrecht kam es zur offenen Auseinandersetzung. Die Anhänger des Beamtenstreiks verließen den Deutschen Beamtenbund und gründeten noch im Juni des Jahres 1922 in Leipzig den Allgemeinen Deutschen Beamtenbund. Die neue Beamtengewerkschaft wuchs im Folgejahr auf 380 000 Mitglieder an. Aber schon 1933, mit der Machtübernahme der Nationalsozialisten, endete die Geschichte des Allgemeinen Deutschen Beamtenbundes. Am 15. Oktober 1933 wurden die Interessenvertretungen der Beamten zu einem Einheitsverband, dem Reichsbund der Deutschen Beamten, zusammengefasst.

Dienst nach Vorschrift

Heute wird die Tatsache, dass Beamte nicht streiken, regelmäßig als einer der größten Vorzüge des Berufsbeamtentums herausgestellt. Dabei wird in Beamtenkreisen ungern von Streikverbot gesprochen, sondern viel lieber das Wort Streikverzicht benutzt. Interessenvertreter erwecken den Eindruck, als handele es sich um eine selbst auferlegte Beschränkung, die dem Berufsethos des Beamten entspräche und im Interesse einer reibungslosen und zuverlässigen Erfüllung staatlicher Aufgaben liege. »Für Beamte«, erklärte der frühere Beamtenbund-Chef Erhard Geyer, »darf es kein Streikrecht geben. Das ist nicht mit unserer Verfassung und dem Beamtenrecht vereinbar. Dazu stehe ich. Gleichwohl müssen wir auch für diesen Bereich berechtigte Forderungen durchsetzen können, wenn auch ohne das Druckmittel Streik.«

Zumindest bis in die 70er Jahre hinein herrschte darüber in Beamtenkreisen durchaus keine einheitliche Auffassung. Auch Beamten wird das Recht auf Koalitionsfreiheit zugebilligt, und weder im Grundgesetz noch im Beamtenrecht findet sich eine wörtliche Formulierung, die Beamten das Streiken verbietet. Nicht nur in der Weimarer Zeit, auch in der Bundesrepublik konnte sich die Beamtenschaft lange Zeit nicht zu einer verbindlichen Auffassung durchringen.

Zu einem Exempel kam es 1973 auf den Flughäfen in München, Köln, Düsseldorf, Hannover und Frankfurt am Main. Zwischen Ende Mai und Ende November streikten die Fluglotsen. Wegen der unterschiedlichen Auffassungen zum Streik verfielen die Beamten auf besonders perfide Methoden. Sie organisierten »Bummelstreiks« und »Dienst nach Vorschrift«. Gleichzeitig »setzten die Beamten ihre Arbeitsleistung herab, meldeten sich kurzfristig krank oder gingen zum Arzt«. An diesen Tagen »betrug die Ausfallquote durch Krankmeldungen bis zu 80 Prozent«.

Die Verzögerungen bei der Flugabfertigung führten in der

Ferienzeit zu katastrophalen Zuständen. Am 15. Juni 1973 wurde der Flughafen Düsseldorf für einige Stunden geschlossen, obwohl Tausende Urlauber auf die Abflüge zu den Ferienzielen warteten. Am 2. Juli 1973 erreichten die Bummelstreiks den Flughafen Hannover. Weil nicht genügend Personal da war, musste die Flugleitstelle gleich für vier Tage geschlossen bleiben. »Tausenden von unbeteiligten Fluggästen«, notierte später das Bundesverwaltungsgericht, »wurde ein stunden- bzw. tagelanges würdeloses und strapaziöses Warten auf den Flughäfen zugemutet. Der Bundesrepublik und damit der Allgemeinheit wurde ein über 200 Mill. DM zu beziffernder, beträchtlicher Schaden zugefügt.«

Der Fluglotsenstreik sollte die Justiz noch jahrelang beschäftigen. Vor Gericht standen Beamte, die sich an den Streikmaßnahmen beteiligt hatten. Der Instanzenweg, so fordert es das Beamtenrecht, musste eingehalten werden. Aber letztlich, das war von Anfang an klar, musste das Problem vor das Bundesverwaltungsgericht. Entscheidend für die Beurteilung der Dienstrechtsverfahren war die immer noch nicht endgültig gelöste Frage des Beamtenstreiks. Die Bundesrichter positionierten sich und ihr Urteil war eindeutig: Beamte dürfen nicht streiken. Damit zog das Bundesverwaltungsgericht den Schlussstrich unter ein Thema, an dem sich die Beamtenschaft mehr als ein halbes Jahrhundert entzweit hatte.

Der Präzedenzfall

Jahrelang beschäftigte der Fall dieses Beamten die Gerichte. Auch wenn sein Name aus den öffentlich zugänglichen Gerichtsakten entfernt wurde, so ist es seine Person, die seither wie kaum eine andere das Dilemma des Beamtenstreiks verkörpert. Bis heute dient sein Fall Gewerkschaftsfunktionären und Hochschullehrern als Lehrbeispiel, und auch künftig wird das höchstrichterliche Urteil über diesen Beamten dem gesamten

Berufsstand eine Warnung sein. Der Beamte hatte in seiner Funktion als Vorstandssprecher des Verbandes Deutscher Flugleiter den Fluglotsenstreik mit organisiert und sich gegenüber der Presse geäußert. Sein Dienstherr, der Bundesverkehrsminister, hatte ihn daraufhin »bei Einbehaltung von zunächst 50, zuletzt 15 v. H. seiner Dienstbezüge vorläufig des Dienstes enthoben«. Es wurde ein Disziplinarverfahren eingeleitet. Bei diesem Verfahren ging es offenbar um mehr als nur die Person dieses Beamten. Der Dienstherr wollte ein Exempel statuieren.

Über Jahre quälte sich der Fall durch alle Instanzen. Das Beschäftigungsverhältnis der Beamten ist – im Gegensatz zu Arbeitnehmern – nicht in Arbeitsverträgen, sondern in den Beamtengesetzen geregelt, deshalb sind nicht Arbeitsgerichte, sondern Verwaltungsgerichte zuständig, wenn ein Beamter mit seinem Dienstherren in Konflikt gerät. Am 3. Dezember 1980, mehr als 7 Jahre nach dem Fluglotsenstreik, lagen die Akten schließlich beim Bundesverwaltungsgericht. Der Beamte war in den Urteilen der vorangegangenen Instanzen nicht gut weggekommen, und so richtete sich seine letzte Hoffnung auf die Bundesrichter. Im schlimmsten Fall drohte ihm die Beendigung seines Beamtenverhältnisses.

»Der Bundesdisziplinaranwalt«, heißt es in den Gerichtsakten, »legt dem Beamten zur Last, er habe dadurch ein Dienstvergehen begangen, dass er von Anfang Mai bis Ende September 1973 zu rechtswidriger Arbeitsweise und Verhaltensweise von Flugverkehrskontrollbediensteten aufgerufen und Aktionen durch Erklärungen in der Öffentlichkeit unterstützt habe.« Natürlich war genau das die Aufgabe des Angeklagten. Als Pressesprecher des Verbandes Deutscher Flugleiter musste er sich gegenüber der Presse äußern. Dennoch erkannten die Bundesrichter »in der so verursachten Hilflosigkeit des Dienstherren« einen Verstoß gegen die Treuepflicht. Das Gericht würdigte durchaus, »dass sich der Beamte in einen Interessenkonflikt gedrängt fühlen konnte: er hatte sich zwischen der Loyalität gegenüber seinem Dienstherrn zu entscheiden und der Aufgabe als Verbandsfunktionär zur Wahrung der Interessen seiner Kollegen«. Dabei wiesen die Richter auch darauf hin, dass die Funktion als Pressesprecher der Beamtengewerkschaft »durch das Beamtenrecht ausdrücklich gebilligt wird. Eine solche Betätigung birgt die Gefahr in sich, auch einmal in Gegensatz zu den Loyalitätspflichten zu geraten, besonders dann, wenn harte Auseinandersetzungen mit dem Dienstherrn anstehen. In diese Gefahr geriet der Beamte, als er hier mit der Frage der Solidarisierung mit seinen Kollegen konfrontiert wurde. Er versagte allerdings, indem er sich für die pflichtwidrige Unterstützung seiner Kollegen entschied.«

In ihrem Urteil geben die Bundesrichter einen Einblick in das Dilemma der Beamtenfunktionäre. Nur ein Mann ohne Rückgrat schafft es, sich auf dem Grat zwischen Loyalitätspflicht und der Solidarisierung mit seinen Kollegen zu halten. Dabei ist es für das Bundesverfassungsgericht unerheblich, »dass eine bestimmte Strömung im beamtenrechtlichen Schrifttum in Richtung auf eine Zulässigkeit kollektiver Arbeitskampfmaßnahmen von Berufsbeamten geht«. Im Weiteren erkannten die Bundesrichter selbst in »streikähnlichen Maßnahmen« einen Verstoß »gegen eine der grundlegenden und für jeden Beamten leicht erkennbaren Pflichten, nämlich die das Streikverbot beinhaltende Pflicht zur vollen Hingabe an den Beruf. Diese Pflicht ist mit dem Leitbild des Berufsbeamtentums so eng verknüpft, dass das Berufsbeamtentum in diesem Sinne ohne das Streikverbot begrifflich nicht denkbar und jedenfalls in der Praxis nicht funktionsfähig wäre.«

In dem Prozess entlud sich die Empörung der Bundesrichter. Sie fühlten sich selbst betroffen. Indem sie diesen Beamten verurteilten, haben sie einen Präzedenzfall für den eigenen Berufsstand geschaffen. Die Durchsetzung materieller Ziele wie die Erhöhung der Besoldung durch unzulässige Aktionen »lässt ein besonders hohes Maß an Rücksichtslosigkeit in der Durchsetzung eigener Ziele und einen hohen Mangel an Einsicht gegenüber den sich aus dem Beamtenverhältnis gegenüber der Allgemeinheit und dem Dienstherrn ergebenden Pflichten erkennen«.

Auch wenn die Bundesrichter für den Berufsstand ungewöhnlich deutliche Worte fanden, so relativierten sie die Härte ihres Urteile zumindest gegenüber dem Beamten, über den sie zu Gericht saßen. Der Mann hatte während der Verhandlung immer wieder zum Ausdruck gebracht, »dass er in der damaligen Situation viele Fehler gemacht habe und das bedauere«.

Die Richter erkannten daraufhin »eine offenbar werdende läuternde Wirkung, was die Annahme rechtfertigt, dass das Vertrauen in seine Zuverlässigkeit und Integrität als Beamter nicht völlig zerstört ist. Ein Rest von Vertrauen, das sich im Zuge weiterer Zusammenarbeit wieder vervollkommnen lässt, ist vielmehr erhalten geblieben. Das rechtfertigt die Fortsetzung des Beamtenverhältnisses.«

Angestellte sind unersetzlich

Selbst heute noch flackern über Fragen des Streikrechts immer wieder Debatten auf. Interessant ist die Frage, ob Beamte in Tarifauseinandersetzungen an Stelle von Angestellten eingesetzt werden dürfen. Dadurch bekämen die öffentlichen Arbeitgeber ein wirksames Druckmittel in die Hand und Tarifauseinandersetzungen würden nicht mehr ganz so einseitig verlaufen.

Das Bundesverwaltungsgericht hat sich mit dieser Frage auseinandergesetzt und sie für die derzeitige Rechtslage verneint. Bei Ausständen darf der Dienstherr seine Beamten nicht zur Erledigung von Arbeiten einsetzen, die durch streikende Angestellte liegen bleiben. Jedenfalls, so verlangt es das Urteil, solange nicht eine entsprechende gesetzliche Regelung geschaffen und vom Bundestag verabschiedet wird. Mit anderen Worten, Beamte können bei Ausständen die Arbeit von Angestellten erledigen, sobald dafür eine gesetzliche Regelung geschaffen wird. Doch bis heute hat niemand eine Gesetzesinitiative angeregt oder gar eine Vorlage erarbeitet, deren Verabschiedung es Dienstherren gestatten würde, streikende Angestellte durch Beamte zu ersetzen.

Vornehme Zurückhaltung

Auch wenn Beamte nicht streiken, so heißt das nicht, dass allein der Dienstherr die Höhe ihrer Besoldung festlegt. Im Gegenteil, auch gänzlich ohne Beamtenstreik haben Beamte ein gehöriges Wörtchen mitzureden. Die Beamtenschaft hat sich jahrzehntelang geradezu traumwandlerisch auf dem Grat zwischen Arbeitskampf und einer kontinuierlich steigenden Besoldung bewegt. Diese Kontinuität wurde durch die gewerkschaftlichen Organisationsstrukturen auf das Beste befördert. Der Deutsche Beamtenbund hat sich deshalb umbenannt. Seit seinem »Doppelgewerkschaftstag« im Jahre 1999 lautet der korrekte Name dbb beamtenbund und tarifunion. Denjenigen, die diesen Namen vor der Öffentlichkeit vertreten sollen, scheint er »etwas unglücklich gewählt«. Die Pressestelle der Beamtenorganisation tut sich schwer mit einer Erklärung. »Das ist nun einmal der Beschluss des Gewerkschaftstages und jetzt müssen wir damit leben.« Trotzdem ist außerhalb der Beamtenschaft kaum jemandem klar, was sich eigentlich seit dem Gewerkschaftstag verändert hat. »Viele haben immer noch nicht begriffen«, sagt Pressesprecher Frank Zitka, »dass es den Deutschen Beamtenbund so nicht mehr gibt.«

Die Erfahrung zeigt, dass etwas faul ist an einer Geschichte, bei der die Öffentlichkeit auch nach Jahren nicht recht begreift, worum es eigentlich geht. In dem Namen dbb beamtenbund und tarifunion offenbart sich ein Konflikt, für den es keine vernünftige Lösung gibt – es sei denn, es wird ein Schlussstrich unter das Beamtentum gezogen.

Der Beamtenbund redet mit zwei Zungen, und das ist durchaus nicht sprichwörtlich gemeint. Eine Zunge, das ist die von

Beamtenbund-Chef Peter Heesen, spricht für die 800 000 Beamten, und eine zweite, die des Vorsitzenden der dbb tarifunion, das ist Frank Stöhr, spricht für die 400 000 Arbeiter und Angestellten, die unter dem Dach von dbb beamtenbund und tarifunion gewerkschaftlich organisiert sind. Beide Funktionäre treten, wenn es um Einkommenserhöhungen geht, gern gemeinsam auf.

Die Fachgewerkschaften der Beamten sind offen für Arbeiter und Angestellte. Dabei ist »eine gewerkschaftliche Wettbewerbssituation im Öffentlichen Dienst« durchaus gewollt. So steht den Arbeitern und Angestellten nicht nur die Dienstleistungsgewerkschaft Ver.di, sondern auch die dbb beamtenbund und tarifunion offen. Auf diese Weise ist der Beamtenbund, trotz seiner ablehnenden Haltung zum Beamtenstreik, in Tarifauseinandersetzungen ständig präsent. Und obwohl keineswegs tariflich bezahlt, sondern besoldet, nutzen die Beamtenfunktionäre gegenüber ihrem Dienstherrn genau dasselbe, im Tarifstreit übliche Gewerkschaftsvokabular. Kommt es dann tatsächlich zum Arbeitskampf, halten sich die Beamten vornehm zurück und lassen die Angestellten für sich streiken.

Gleichklang von Tarif und Besoldung

Grundsätzlich hat die Beamtenbesoldung nichts mit der tariflichen Bezahlung von Arbeitern und Angestellten gemein. Das sind zwei Paar Stiefel. Der Beamte wird nicht für seine Arbeitsleistung bezahlt, er bekommt einen Unterhalt, damit er für sich und die Seinen in angemessener Weise sorgen kann. Ausdruck dieses Besoldungsprinzips ist die Tatsache, dass Beamte, anders als Arbeitnehmer, ihren Unterhalt am Anfang des Monats bekommen, damit sie daraus ihre Unkosten für den laufenden Monat bestreiten können.

So gelten für Beamte nicht etwa Tarifverträge, ihre Besoldung wird auf dem Wege des Gesetzgebungsverfahrens geregelt. Jeder Einkommenserhöhung muss ein vom Bundestag beschlossenes Besoldungsgesetz vorausgehen. Hier hat sich ein Ritual eingeschliffen, das im Öffentlichen Dienst als Gleichklang von Tarif und Besoldung bezeichnet wird. Haben die öffentlichen Arbeiter und Angestellten einen Tarifabschluss erkämpft, werden die Prozente sofort an die Beamten durchgereicht. Und noch etwas macht die Tariffront im Öffentlichen Dienst zu einer schwer einnehmbaren Bastion – der Gleichklang erzeugt Resonanzen im gesamten Bundesgebiet. Länder und Kommunen schließen keine Einzeltarifverträge ab, ein Tarifabschluss schlägt sofort durch für die Beamten, Arbeiter und Angestellten im ganzen Bundesgebiet.

»Als es dem Staat noch besser ging«, heißt es im Bundesinnenministerium, »wurden Tarifabschlüsse für die Beamten inhalts- und zeitgleich umgesetzt.« Dabei ist es schon erstaunlich, wie schnell ein Gesetzgebungsverfahren alle Hürden nimmt, wenn es um die Besoldung der Beamten geht. Es ist ein erklärtes Ziel aller Beteiligten, dass eine Konkurrenzsituation zwischen Angestellten und Beamten vermieden werden soll. »Hier ist es uns ein zentrales Anliegen«, heißt es in einem Positionspapier des Deutschen Beamtenbundes, »jeglichen Versuch der Arbeitgeber, die Statusgruppen gegeneinander auszuspielen, von Anfang an zu bekämpfen.«

Seit Anfang der 90er hinken die Beamten mit der Besoldung in manchen Jahren ein bisschen hinterher. Im Jahr 1991 wurde der Tarifabschluss mit zwei Monaten Verzögerung übertragen, dann gab es auch wieder Jahre, in denen die Beamteneinkünfte zum gleichen Zeitpunkt wie die Gehälter der Angestellten erhöht wurden. Zu Beginn des neuen Jahrzehnts hat es sich der Bundesinnenminister offenbar zur Gewohnheit gemacht, die Beamten eine Weile warten zu lassen. Im Jahre 2001 waren es fünf Monate und im Jahr darauf mussten sich die Beamten vier Monate gedulden, ehe Tarif und Besoldung wieder im Gleichklang schwingen.

Die Beteiligten wissen, das muss nicht zwangsläufig so ablaufen. Doch die Vorteile für die öffentlichen Bediensteten liegen auf der Hand. Beamte und Angestellte spielen sich gegenseitig den Ball zu. Es ist ein Spiel mit festen, aber ungeschriebenen Regeln. Jeder steht an seinem Platz und achtet darauf, das der Ball das Spielfeld nicht verlässt. »Theoretisch könnte man auch das Gesetzgebungsverfahren für die Beamten vorziehen und erst dann den Tarifabschluss folgen lassen.« Die Gesetze lassen sogar zu, dass die Beamtenbesoldung gänzlich von den Tarifen abgekoppelt wird. »Aber an so was«, heißt es im Bundesinnenministerium, »denkt hier im Moment keiner.«

Frechheit siegt

Die Tarifrunde über den Jahreswechsel 2002/2003 markiert einen Wendepunkt in der Gewerkschaftsgeschichte. Erstmals machten Ver.di und dbb beamtenbund und tarifunion den öffentlichen Arbeitgebern kein Verhandlungsangebot, sondern erhöhten sich die Gehälter sozusagen im Alleingang. Die Einkommensprozente standen zu keinem Zeitpunkt zur Verhandlung, die Gewerkschaften stellten eine Forderung, die der Arbeitgeber nur noch zu erfüllen hatte. Nie zuvor hatten die Gewerkschaften die Hemmungen derart fallen fassen. Selbst führende Beamte bezeichneten das Gewerkschaftsverhalten als verantwortungslos, denn nun wurde eindeutig sichtbar, was sich in den vorangegangenen Jahrzehnten immer noch einigermaßen kaschieren ließ. In einer Gesellschaft, in der sich der Öffentliche Dienst seine Dienstherren aus den eigenen Reihen wählt, gibt es keinen Arbeitskampf, sondern eine Seifenoper.

Die Bedingungen für einen Tarifabschluss konnten schlechter kaum sein. Deutschland steckte mitten in einer Wirtschaftsflaute. Das Wachstum 2002 lag bei 0,2 Prozent, das schlechteste Ergebnis aller EU-Staaten. Die Wachstumsprognosen für 2003 mussten schon zu Beginn des neuen Jahres nach unten korrigiert werden. 4,6 Millionen Arbeitslose und die Stimmung so schlecht wie wohl niemals seit Bestehen der Bundesrepublik. Hunderttausende bangten um ihren Arbeitsplatz, Lohnverzicht und weit unterdurchschnittliche Krankenstände prägten das Klima in den Unternehmen, Kaufzurückhaltung und Zukunftsängste die Stimmungslage.

Die Bundesregierung wusste nicht, wo ihr der Kopf stand. Am 8. Januar hatte der EU-Rat für Wirtschaft und Finanzen ein Defizitverfahren gegen Deutschland eingeleitet. Die Bundesrepublik hatte ihre Zusagen zur Haushaltskonsolidierung nicht eingehalten. Jetzt hieß es seitens der EU, »das Vertrauen in Versprechungen und Prognosen hat deutlich gelitten«. Der EU-Rat empfahl, »den Anstieg der Schuldenquote im laufenden Jahr zu stoppen und danach umzukehren«, und forderte »die deutsche Regierung nachdrücklich auf, die erforderlichen Reformschritte zu unternehmen«. Drei Monate hatte die Bundesregierung Zeit, um überzeugend darzulegen, wie das Budgetdefizit unter drei Prozent des Bruttoinlandprodukts gedrückt werden kann.

Die Bundesregierung machte die bittere Erfahrung, dass trotz immer höherer Steuern die Staatseinnahmen weiter einbrachen. Wie Verdurstende suchten Politiker nach neuen Geldquellen und hielten ihre Köpfe hin für den finanzhungrigen Öffentlichen Dienst. Martin Biermann, Bürgermeister im niedersächsischen Celle, schilderte die Situation zu Anfang des Jahres 2003 mit dramatischen Worten. »Die Kommunen sind in diesem Jahr vor einer Belastungsprobe, wie sie nach dem Zweiten Weltkrieg noch nie da gewesen ist. Wir werden knapp 10 Prozent der eigenen Steuereinnahmen in Niedersachsen nicht mehr zur Verfügung haben und auch vom Land Niedersachsen voraussichtlich 431 Millionen Euro weniger bekommen. Das sind knapp 20 Prozent des gesamten Steueraufkommens, das die Kommunen haben. Da wird jeder sehen, dass es nichts mehr zu verteilen gibt, sondern dass der Mangel herrscht.«

An den Gewerkschaften prallten solche Argumente ab. »Die Beschäftigten im Öffentlichen Dienst«, sagte Ver.di-Chef Frank Bsirske, »erbringen gute Leistungen, die entsprechend bezahlt werden müssen.« Die dbb tarifunion und der Beamtenbund argumentierten ebenso. »Unsere Organisation«, erklärte der frühere Beamtenbund-Chef Erhard Geyer, »verfügt über das Mittel des Streiks, sofern es um unsere 400 000 Angestellten und Arbeiter geht. Selbstverständlich gilt das nicht für Beamte.«

Verzweifelt suchten die Arbeitgeber wenigstens den Schein zu wahren. »Ich halte es für völlig abwegig«, sagte Bürgermeister Martin Biermann, »in einer Zeit, da die Wirtschaft schwer zu kämpfen hat, über Mehreinnahmen des Staates zu sprechen. Und genauso wenig können die Beschäftigten im Öffentlichen Dienst verlangen, dass die Arbeitgeber zur Bank gehen und sich dort das Geld holen, damit sie Lohnerhöhungen bezahlen können.«

Selbst das schon fast beschwörende Regierungsangebot, wenigstens über Personalabbau zu reden, schlugen die Gewerkschaftsfunktionäre aus. Die Regierung bot an, auf Stellenabbau zu verzichten, wenn sich die Gewerkschaften mit einem einprozentigen Inflationsausgleich begnügen. Von Journalisten auf dieses Angebot angesprochen, entgegnete der frühere Beamtenbund-Chef Erhard Geyer: »Ich würde der Politik empfehlen, dass sie sich hier etwas zurücknimmt. Wir haben eine klare Forderung, zu der wir stehen.«

Unvergessen ist auch die Zeitplan. Vor dem Weihnachtsfest posaunten die Gewerkschaften ihre Forderungen hinaus. Zwischen Weihnachten und Neujahr, am 28. Dezember, trat zum ersten Mal die Schlichterkommission zusammen, und am Donnerstag, den 2. Januar, wurden die Verhandlungen fortgesetzt. Genau eine Woche später, am 9. Januar, kam es zur Einigung. Die Ergebnisse wurden der Presse in der Nacht von Donnerstag zu Freitag verkündet. So blieb der folgende Tag, um den Abschluss in der Öffentlichkeit zu kommentieren, und dann ging es ins Wochenende. Die Bürger standen vor den Schaufenstern des Staates und rieben sich fassungslos die Augen. Der Öffentliche Dienst hatte ihnen die Preise nicht nur um die ursprünglich geforderten 3, sondern gleich um 4,4 Prozent erhöht.

Ungleichgewicht

Noch etwas war neu im Arbeitskampf über den Jahreswechsel 2002/2003. Zum ersten Mal drohten die öffentlichen Arbeitgeber mit Aussperrung. »Aussperrungen sind kein Tabu mehr«, sagte Bochums Bürgermeister Ernst-Otto Stüber (SPD), und da er als Verhandlungsführer der Kommunen auftrat, bekamen die Worte ein besonderes Gewicht. »Wenn an den Schulen und Kindertagesstätten die Hausmeister streiken, dann schließen wir diese Einrichtungen.« Dann sprang dem SPD-Bürgermeister auch noch die CDU zur Seite. »Mit Streiks wird uns Herr Bsirske nicht in die Knie zwingen«, erklärte Hessens Ministerpräsident Roland Koch (CDU). Damit signalisierte auch die andere Großpartei dem Öffentlichen Dienst, dass Streiks dieses Mal Aussperrungen nach sich ziehen könnten.

Das hatte es bisher noch nicht gegeben. Für einen Augenblick hielten alle den Atem an. Womöglich wollten es die öffentlichen Arbeitgeber tatsächlich darauf ankommen lassen und den Gewerkschaften endlich einmal die Grenze aufzeigen. Die Sympathie der Bürger wäre ihnen wohl gewiss gewesen. Doch am Ende waren es wieder nur Sprechblasen, die zwei Politiker der ›Bild am Sonntag‹ diktierten. Die Arbeitgeber hatten nie ernsthaft die Absicht, ihre Kräfte mit den Gewerkschaften zu messen.

Allerdings muss den Dienstherren zugute gehalten werden, dass sie, sollten sie sich tatsächlich einmal querstellen, mit größter Wahrscheinlichkeit den kürzeren ziehen würden. Die Gewerkschaften können auf einen Schlag hunderttausende Mitglieder mobilisieren und schon durch kleine, ganz gezielte Streiks, beispielsweise beim Öffentlichen Nahverkehr, ungeheure Wirkung erzielen. Dem haben die Arbeitgeber kaum etwas entgegenzusetzen. Die in der Tarifautonomie vorgesehene Aussperrung ist im Öffentlichen Dienst kein wirkliches Druckmittel. Selbst wenn die Regierung soviel Stehvermögen besäße und als Reaktion auf Streiks mit Aussperrungen antworten würde, so käme eine unheilvolle Spirale in Gang. Ein derart eskalierender Tarifkonflikt könnte das ganze Land ins Chaos stürzen. Unbeteiligte werden in Mitleidenschaft gezogen und auch die Wirtschaft hätte darunter zu leiden.

Darum ist es jedes Mal ein jämmerliches Häuflein, das die öffentlichen Arbeitgeber an die Tariffront schicken. Auch ohne selbst dabei zu sein, kann sich jeder lebhaft vorstellen, welches Gezeter entsteht, wenn die Dienstherren ihre Missionare auswählen. Dieser Job ist ein Alptraum. Sie sollen mit bloßen Händen vor Kanonen treten und so tun, als seien sie ernst zu nehmende Unterhändler. In Wahrheit können die Gewerkschaftsfunktionäre ziemlich sicher sein, dass die Arbeitgebervertreter die weiße Fahne schwenken, bevor überhaupt der erste Schuss fällt.

Der Weg des geringsten Widerstandes

Nach dem Tarifabschluss, gleich Anfang 2003, war klar, dass allein die tariflichen Einkommenserhöhungen das Haushaltsdefizit um weitere 0,2 Prozent in die Höhe treiben würden. Obwohl das Jahr gerade erst begonnen hatte und der Regierung für die Konsolidierung des Haushalts noch elf Monate Zeit blieben, war schon alle Hoffung gestorben, dass die Bundesrepublik die europäischen Stabilitätskriterien noch einhalten konnte.

Politiker wählen intuitiv den Weg des geringsten Widerstandes. Das ist ihr eigentliches Erfolgsrezept. So werden sie zwar gewählt, aber die Wähler bekommen nie das, was sie sich eigentlich erhoffen. Bundeskanzler Gerhard Schröder zeigte sich erleichtert nach dem Tarifabschluss 2003 und sagte, wichtig sei vor allem, dass durch die Einigung ein Streik vermieden worden sei. Gleichzeitig plädierte er beim Rat der Europäischen Union für eine Lockerung der Neuverschuldungsgrenze. Offenbar ist es leichter, die europäischen Stabilitätskriterien aufzuweichen als den deutschen Staat zur Sparsamkeit zu bewegen.

Ein kluger Akt der Selbstbeschränkung

Der gefeierte Tarifabschluss zu Beginn des Jahres 2003 wurde am Ende doch noch in eine Minusrunde umgewandelt. Bund und Länder konnten in diesem und im folgenden Jahr die Höhe der Sonderzahlung, das frühere Weihnachtsgeld, für ihre Beamten in Eigenregie festlegen und auf die Zahlung von Urlaubsgeld gänzlich verzichten. Je nachdem, in welchem Umfang die einzelnen Länder ihre Sonderzahlung herabsetzten, verringerten sich die Einkommen der Beamten. Der Beamtenbund sprach über Einkommensverluste von bis zu 8 Prozent.

Zwar wurden die Tarifabschlüsse der Angestellten auch für die Beamten übernommen, allerdings mit drei Monaten Verspätung. Am Ende waren die Verluste durch die Verringerung des Weihnachtsgeldes und die Streichung des Urlaubsgeldes zumindest in einigen Bundesländern höher als der Einkommensgewinn durch den Tarifabschluss. Wenn die Gewerkschaften also völlig auf die Tarifrunde verzichtet hätten, dann wäre der Status Quo möglicherweise nicht angetastet worden und die Einkünfte der Beamten und Angestellten lägen noch entsprechend höher. Dies ist ein Beispiel, wie die Gewerkschaften ihren Mitgliedern durch ihre Halsstarrigkeit geschadet haben. Sinkende Mitgliederzahlen sind die greifbare Folge dieser Erkenntnis. Und schließlich geht es nicht nur ums Geld, sondern auch um das Ansehen. Der allgemeine Unmut, den sich der Öffentliche Dienst in dieser Tarifrunde zugezogen hatte, fiel letztlich weit mehr ins Gewicht als ein paar verlorene Einkommensprozente.

Es war der Berliner Senat, der in seiner hochnotpeinlichen Haushaltssituation eine Gesetzesinitiative verfasste. Der Entwurf ging an den Bundesrat und enthielt im Wesentlichen vier Punkte. Zum einen sollte der Tarifabschluss für die Beamten nicht übernommen werden. Gleichzeitig sollten die Grundgehälter der Beamten abgesenkt werden, und zwar auf eine »Besoldungsuntergrenze von 90 v. H. des Bundesbesoldungsniveaus«. Im dritten und vierten Punkt forderte der Berliner Gesetzentwurf die »Reduzierung der jährlichen Sonderzuwendungen« (früheres Weihnachtgeld) und ein »Absehen von der Gewährung des Urlaubsgeldes«.

Die Beamtengewerkschaften standen praktisch unter Schock. »Bei einer Umsetzung der Maßnahmen«, hieß es in einem Positionspapier, »hätte ein Einkommensverlust von bis zu 18 Prozent eintreten können.« Der Beamtenbund ahnte schon seit Jahren, dass ihm die Felle beim Urlaubsgeld und beim Weihnachtsgeld davonschwimmen, aber mit der Forderung, das Grundgehalt der Beamten um 10 Prozent zu kürzen, hatte niemand gerechnet. Die Aufregung war groß, aber nicht begründet. Im Grunde war allen von vornherein klar, dass es ein solches Gesetz niemals bis zur Abstimmung in den Bundestag schaffen würde. Überhaupt stellte sich die Frage, ob es der Berliner Senat mit der zehnprozentigen Besoldungskürzung wirklich ernst meinte oder ob er das Gesetzespaket nicht eher mit einem lauten Knall öffnen wollte, damit, wenn sich das Getöse verzieht, wenigstens die Kürzung des Weihnachtsgeldes und die Abschaffung des Urlaubsgeldes übrig bleiben.

Die Gesetzentwurf wurde erwartungsgemäß abgelehnt. Was letztlich im Bundestag zur Entscheidung ansteht, liegt im Ermessen von Beamten. Immerhin, gänzlich abgeschmettert wurde die Gesetzesinitiative nicht. Am 4. Juli 2003 hat der Bundestag »in Zweiter und Dritter Lesung ein Gesetz zur Anpassung der Dienst- und Versorgungsbezüge 2003/2004 sowie zur Stärkung der Länderkompetenzen im Bereich der Beamtenbesoldung und Beamtenversorgung« verabschiedet.

Über 25 Jahre lang war die »Besoldung umfassend bundeseinheitlich und grundsätzlich abschließend geregelt«, und nun gab es diesen Schönheitsfehler bei den Sonderzuwendungen. Jetzt konnten Bund und Länder das Urlaubsgeld abschaffen und die Höhe der Sonderzuwendung in Eigenregie festlegen. Am härtesten traf es jene Länder, wo der Riss zwischen wirtschaftlicher Leistungskraft und den Ansprüchen des Öffentlichen Dienstes am tiefsten klafft. Zwangsläufig mussten die Ostländer auch hier wieder vorangehen.

Was bei der gesamten Inszenierung ungesagt blieb oder allenfalls in Nebensätzen Erwähnung fand, ließ sich in den Sitzungsprotokollen des Innenausschusses nachlesen. Dort hieß es: »Der Deutsche Bundestag erwartet von der Bundesregierung, dass sie Vorschläge etwa des Deutschen Beamtenbundes zur Verteilung der Sonderzahlung auf zwölf Monate sowie zur Dynamisierung und Ruhegehaltsfähigkeit umsetzt.« Es war schon mit der Verabschiedung des Gesetzes klar, dass die Öffnung bei der Beamtenbesoldung nicht von Dauer sein wird. Schon damals hatte der Innenausschuss des Bundestages – im Übrigen eine fast lupenreine Beamtenrunde – klargestellt, dass er die Aufteilung der Sonderzahlung auf 12 Monate wünscht, damit das Weihnachtsgeld endgültig im Grundgehalt der Beamten verschwindet.

Der Welten Lohn

Die Arbeitnehmergewerkschaften des Öffentlichen Dienstes waren ehrlich entsetzt. Jahrzehntelang hatten sie die Beamten als Mitesser an ihren Tarifrunden geduldet, und dann dieser Undank. Mit schöner Regelmäßigkeit hatten die Beamten von den Abschlüssen der Arbeitnehmer profitiert, und jetzt machten sie ihnen das schöne Tarifergebnis kaputt. Es ist zwar denkbar, dass die Bezahlung der Angestellten hinter die der Beamten zurückfällt, doch der umgekehrte Fall, dass Angestellte für die gleiche Tätigkeit mehr bekommen als Beamte, wäre sozusagen ein ungesetzlicher Zustand. Das Bundesverfassungsgericht selbst hat sich mit diesem Problem beschäftigt und schreibt in seinem Urteil: »Das besondere Treueverhältnis verpflichtet die Beamten nicht dazu, mehr als andere zur Konsolidierung der öffentlichen Haushalte beizutragen.«

Wenn den Beamten die Sonderzuwendungen gekürzt werden, dann haben sich die Einkünfte bei den Angestellten und Arbeitern in gleicher Weise zu verringern. Nichts anderes sagt diese höchstrichterliche Entscheidung. Und so hat der Bundestag, als er die Öffnungsklauseln für die Beamtenbesoldung beschloss, zugleich einen unmissverständlichen Hinweis für die Tarifverträge der Angestellten und Arbeiter gegeben. »Der Deutsche Bundestag geht davon aus, dass die Länder Personalkosteneinsparungen nicht nur bei einer Personengruppe im Öffentlichen Dienst vornehmen und dadurch sozusagen die Kosten des Tarifabschlusses für die Arbeitnehmer durch Einsparungen bei Beamten refinanzieren.« Insofern sollen die Länder vermeiden, »dass die Bezüge der betroffenen Beamten sich im Vergleich zu den Gehältern der Arbeiter und Angestellten dauerhaft negativ entwickeln«.

Zum ersten Mal überhaupt hat der Gesetzgeber den Tarifparteien des Öffentlichen Dienstes eine Absenkung der Arbeitnehmereinkünfte vorgeschrieben. Und nebenbei haben die Beamten den Angestellten einmal deutlich aufgezeigt, wer in diesem Staat das Sagen hat.

Wild Wild West

Mit den Öffnungsklauseln im Besoldungsgesetz 2003/2004 wurden nicht nur die Arbeitnehmer in die Schranken gewiesen, vielmehr wollten sich die Bundesbeamten rechtzeitig von den vorhersehbaren Entwicklungen in den Ländern und Kommunen abgrenzen.

Der Innenausschuss des Bundestages gab zu Protokoll: »Der Deutsche Bundestag erwartet von der Bundesregierung, dass sie die wesentlich geringere Personalkostenbelastung des Bundes berücksichtigt und somit ausgeschlossen wird, dass der Bund im Bezahlungsniveau für seine Beamten, Richter, Soldaten und Pensionäre unter jenes von Gebietskörperschaften mit höherer Personalkostenbelastung zurückfällt.« Eigentlich wird damit nur gesagt, dass die Bundesbeamten mindestens ebenso hoch besoldet werden möchten wie die Beamten im am meisten zahlenden Bundesland. Und doch sind diese Worte geradezu durchdrungen von dem Anspruch, dass die Bundesbeamten durchaus etwas mehr bekommen möchten als ihre Standeskollegen in den Ländern und Kommunen.

Es mag Andeutungen gegeben haben, aber niemand hatte bis zu diesem Zeitpunkt wirklich ernsthaft erwogen, das Bezahlungsniveau der Bundesbeamten hinter jenes der Landesbeamten zurückfallen zu lassen – was im Übrigen allein wegen Ministerialzulage, einem Zuschlag von 12,5 Prozent des Grundgehaltes, schwerlich möglich ist. Wie auch immer die Beschäftigten beim Bund ihren Anspruch gegenüber den anderen Beamten, den Angestellten und den Bundestagsabgeordneten begründen wollen, der geringere Personalkostenanteil im Bundeshaushalt darf dafür jedenfalls nicht herhalten.

Der Bund muss, bezogen auf alle Ausgaben, tatsächlich weniger für sein Personal aufbringen als die Länder. Aber das hängt nicht damit zusammen, dass in Bonn und Berlin eine klügere Personalpolitik betrieben worden wäre, sondern erklärt sich aus der Aufgabenverteilung zwischen Bund und Ländern. Der Bund muss gerade mal für 308 000 Beamte, Angestellte und Arbeiter und noch einmal 184 000 Berufs- und Zeitsoldaten aufkommen. Dagegen belastet die für sich genommen größte Beamten- und Angestelltengruppe, die Lehrer, allein die Länderfinanzen, ebenso die Bezahlung von Polizei und einem Großteil der Justiz. Der Bund verfügt über 40 Prozent der Staatseinnahmen, hat aber nur 10 Prozent der öffentlichen Bediensteten auf seinen Gehaltslisten.

Trotz des geringeren Personalkostenanteils ist der Bund genauso zur Sparsamkeit verpflichtet wie die Länder und die Kommunen. Es wäre sogar wünschenswert, die Bundesbeamten gingen mit gutem Beispiel voran. Statt dessen hieß es: »Der Deutsche Bundestag ruft in Erinnerung, dass die Belastung der Haushalte durch Personalkosten nicht in erster Linie von der aktuellen Höhe der individuellen Bezüge, sondern von der Zahl der von den Parlamenten geschaffenen Planstellen abhängt – hierfür liegt schon heute die Kompetenz im Länderbereich ausschließlich bei den Landtagen, während der Bund seinen Stellenplan jeweils nur mit Zustimmung des Bundesrates festlegen kann.«

Und weiter hieß es, »dass nicht Gehaltskürzung bei Einzelnen, sondern die Reduzierung von staatlichen Aufgaben einen guten Weg zum weiteren Abbau des Personalkostenanteils in den öffentlichen Haushalten eröffnet«. Es sind keine solidarischen Lösungen, die der Innenausschuss – oder vielmehr der Bundestag – Ländern und Kommunen nahe legt. Personalabbau ist unvermeidlich, wenn aber die Besitzstände gewahrt werden sollen, geht die Privatisierung staatlicher Aufgaben und die damit einhergehende Streichung von Planstellen zu Lasten des Nachwuchses und der jüngeren Angestellten und Arbeiter. Beamte sind bei all dem ohnehin nicht betroffen.

Frei von existentiellen Sorgen

Deutschland leistet sich zur Verwaltung seines Staatswesens Hunderttausende von Beamten. Das Volk hat sie großzügig alimentiert, damit sie sich – frei von existentiellen Sorgen – ganz in den Dienst des Gemeinwohls stellen können. Wer aber den ständigen Klagen der Gewerkschaftsfunktionäre Glauben schenkt, muss befürchten, dass Beamte bei der Sicherung existentieller Grundbedürfnisse übergangen werden. Selbst das Bundesverfassungsgericht hat sich im Laufe der Jahre immer wieder mit Fragen der Besoldung auseinandergesetzt. Dabei erwecken die Bundesrichter den Eindruck, dass ihnen die »amtsangemessene Alimentation« und die damit verbundene »Attraktivität des Beamtenverhältnisses« besonders am Herzen liegt. In einem Urteil vom 19. Dezember 2002 schrieben die Richter, der Gesetzgeber habe dafür Sorge zu tragen, »dass jeder Beamte außer den Grundbedürfnissen ein Minimum an Lebenskomfort befriedigen und seine Unterhaltspflichten gegenüber seiner Familie erfüllen kann«.

Es geht hier nicht etwa um den Sozialhilfesatz, sondern um die »amtsangemessene Alimentation von Beamten«. Im Laufe der Jahre wurde ein ganzer Berg höchstrichterlicher Urteile angehäuft, auf die sich die Gewerkschaften berufen können. Ständig wird der Eindruck von Bedürftigkeit vermittelt. Die Geschichte des Deutschen Beamtenbundes ist ein andauernder Kampf für Einkommenserhöhungen und gegen den Abbau von Privilegien. Besonders in den letzten Jahren, wo die wirtschaftlichen Probleme immer offensichtlicher und Millionen Arbeitslose an den Rand der Gesellschaft gedrückt werden, kämpft die Beamtenschaft erbittert um jede Vergünstigung. Sei es der Mitte der 90er Jahre geführte Streit um Pflegeversicherung und Karenztage, die Auseinandersetzungen um eine leistungsgerechte Besoldung der Beamten oder die Verfassungsbeschwerden über geplante Pensionskürzungen, jedes Mal liefern sich die Beamten heftige Wortgefechte mit ihren Dienstherren.

Für ihre Privilegien gehen Beamte jedes Jahr auf die Straße. In den Sommermonaten 1996 führte der Beamtenbund »zahlreiche Protestaktionen, u.a. Großdemonstrationen in vielen Landeshauptstädten gegen die Sparpolitik von Bund, Ländern und Kommunen durch«. Im folgenden Jahr »kamen über 5000 Polizisten, Feuerwehrleute, Straf- und Justizbedienstete am Rande der Bonner Bannmeile zu einer Protestveranstaltung gegen die Sparpolitik von Bund und Ländern zusammen«. Im Oktober 1999 demonstrierten in Berlin »40 000 Kolleginnen und Kollegen aus dem gesamten Bundesgebiet gegen das Sparpaket«. Im Jahr 2000 wurde eine Großkundgebung in Dresden organiseirt und im Jahr darauf in der Arena Berlin-Treptow. Ende 2002 brachte der Beamtenbund in Berlin mehr als 40 000 Menschen auf die Straße. »Die ersten Demonstrantengruppen sammelten sich schon am frühen Morgen auf dem Potsdamer Platz, wurden – soweit nicht schon vorhanden – mit dem notwendigen Protestmaterial versorgt, zogen zu einer Großkundgebung vor das Brandenburger Tor und hängten vor dem Bundesrat buchstäblich ihr ›letztes Hemd‹ an den Zaun.«

Der geteilte Himmel

Wer den Marktplatz vor Augen hat und das nette kleine Postamt, wird Bonn in guter Erinnerung behalten. Das kleinstädtische Milieu, die freundlichen Farben, das milde rheinländische Klima – das alles beschwört den Geist glücklicher Jahrzehnte. Um wie vieles anders sieht es dagegen in Berlin aus. Irgendwie kämpft dort jeder gegen jeden – das Land gegen den Bund, Ost gegen West, Beamte gegen Angestellte – und umgekehrt. Berlin ist ein heißes Pflaster. Es dampft und brodelt an allen Ecken.

Der Berliner Senat drohte mit der Entlassung von 40 000 öffentlichen Bediensteten. Die dramatische Haushaltslage ließ den Verantwortlichen keine Wahl, sie mussten die Ausgaben verringern und das möglichst schnell. Das Ausmaß der notwendigen Einsparungen war so groß, dass auch der größte Haushaltsposten angegangen werden musste, die Personalkosten. Unter dem enormen finanziellen Druck verkündete der Berliner Senat die Entlassung von fast einem Drittel der insgesamt 145 000 öffentlichen Bediensteten. Wegen des schlechteren Kündigungsschutzes in den ostdeutschen Tarifverträgen standen im Ostteil der Stadt 30 000, im Westteil 10 000 betriebsbedingte Kündigungen an.

Das war der Startschuss. Der Öffentliche Dienst startete zu einem langen Lauf zu sich selbst. Niemals zuvor in der jüngeren Tarifgeschichte stand den Gewerkschaftsfunktionären derart der Schweiß auf der Stirn.

Der Feind im eigenen Bett

Joachim Jetschmann ist das ungeliebte Kind in der Gewerkschaftsfamilie. Er spürt die abschätzigen Blicke. Er weiß, dass sie hinter seinem Rücken über ihn reden. Aber noch dulden sie seinen Alleingang, wenigstens solange er erfolgreich ist. Als Vorsitzender des dbb Beamtenbund und Tarifunion Berlin, kurz dbb Berlin, musste sich Joachim Jetschmann mit den Ankündigungen des Berliner Senats auseinandersetzen, den Massenentlassungen von 40 000 öffentlichen Bediensteten. Ihm wurde schnell klar, dass er mit Drohgebärden und dem üblichen Gewerkschaftsvokabular nicht weiterkam, sein Zauberwort hieß »konstruktiv«. Wenn der Verwaltungsumbau schon unvermeidbar war, dann wollte er ihn wenigstens mitgestalten.

Die Strategie ging auf. Gewerkschaft und Berliner Senat traten in die so genannten Sanierungs- und Solidarpaktverhandlungen. Der dbb Berlin verzichtete auf Gehaltserhöhungen und legte dem Senat einen »Katalog zur Verwaltungsmodernisierung« vor. Darin ging es unter anderem um die Vereinfachung des Berliner Kassenwesens – die Zusammenfassung der 12 Bezirkskassen und noch einmal 12 Finanzkassen zu einer Landeshauptkasse, es ging um die Zusammenlegung des Landeseinwohneramtes, des Landesverwaltungsamtes und des Landespolizeiverwaltungsamtes, es sollte Vereinfachungen in den Gesundheitsämtern geben und noch vieles mehr. Insgesamt enthielt der Katalog 60 Vorschläge.

Gewerkschaft und Senat wurden sich einig. Beide Tarifparteien hofften auf eine »Berliner Lösung«, eine der akuten Haushaltsnot geschuldeten Ausnahme im bundesweit einheitlichen Tarifgeschehen. Ansonsten sollte der Bundesangestelltentarif unangetastet bleiben. So hätte Berlin seine Finanznot etwas lindern und die Gewerkschaften hätten ihr Gesicht wahren können, aber »der DGB hat nicht mitgemacht«. Und deshalb kam es genau so, wie es Joachim Jetschmann immer befürchtet hatte. Die Tarifabschlüsse des Jahres 2003 platzen in die beinahe geglückten Sanierungs- und Solidarpaktverhandlungen.

Der Rest ist Geschichte. Nachdem der Berliner Senat dem Bundesrat einen Gesetzentwurf zur Änderung der Beamtenbesoldung vorgelegt hatte, beendete er seine Mitgliedschaft in den Arbeitgeberverbänden und kündigte den Bundesangestelltentarifvertrag.

Eine Stadt mit geteiltem Dienstrecht

Angesichts der Anfeindungen im eigenen Lager ist Joachim Jetschmann bis heute unsicher, ob seine Verhandlungen mit dem Berliner Senat ein Erfolg sind. Möglicherweise wird sein Name für eine Niederlage stehen. Im Öffentlichen Dienst war er der Erste, der die Stellung an der geschlossenen Tariffront aufgegeben hat. Seitdem hat das über Jahrzehnte bundeseinheitlich geregelte Tarifgefüge einen Riss bekommen, und das ausgerechnet in der Bundeshauptstadt. Da kann Joachim Jetschmann noch so oft beteuern, ohne die Sanierungs- und Solidarpaktverhandlungen wäre alles noch viel schlimmer gekommen, Gewerkschaftsfunktionäre sind eben sture Leute.

Nicht wenige befürchten, dass Berlin nur der Anfang ist und der Bundesangestelltentarif weiter zerfallen wird. Die Hauptstadt gibt bereits einen Ausblick, wie sich die Dinge in Zukunft entwickeln könnten. Wer sich in Berlin – abgesehen von dem shakespeareschen Finanzdrama – den Öffentlichen Dienst ansieht, wird sich mit Beifall zurückhalten. Arbeiter und Angestellte haben zwar im Osten und Westen der Stadt den gleichen Lohn, allerdings liegt der zwischen 8 und 12 Prozent unter dem Bundesangestelltentarif. Dafür arbeiten die Arbeiter und Angestellten nur 37 Stunden, der fehlende Gehaltsanteil wird durch zusätzliche Freizeit abgegolten, das sind im höheren Dienst jährlich bis zu 21 freie Tage zusätzlich. Dennoch kann von einer Angleichung zwischen Ost und West keine Rede sein. Ostberlin und Westberlin haben nach wie vor eigene Tarifverträge. Deutliche Nachteile haben ostdeutsche Arbeitnehmer und Arbeiter unter anderem beim Kündigungsschutz, bei den Sozialleistungen und bei der Zusatzrentenversicherung.

Bei den Landesbeamten liegen die Dinge wieder ganz anders. Da bekommen die Ostbeamten gerade 92,5 Prozent ihrer westlichen Kollegen. Die Arbeitszeit beträgt in beiden Stadtteilen 40 Stunden in der Woche. Das Urlaubs- und Weihnachtsgeld wurde in eine einmalige Sonderzahlung umgewandelt, die Höhe lag 2003 nur noch etwa bei einem Drittel des früheren Weihnachtsgeldes.

Die Bundesbeamten sind noch wieder ein ganz eigenes Völkchen. Im Regierungsviertel beträgt die Arbeitzeit derzeit 38,5 Stunden in der Woche. Die Regelungen für die Sonderzahlung sind wiederum völlig andere als bei den Berliner Landesbeamten. Im Übrigen erhalten die Bundesbeamten eine Ministerialzulage, das sind zusätzlich 12 Prozent vom Grundgehalt.

Und schließlich arbeiten in den Berliner Landesbehörden Tausende öffentliche Bedienstete mit einem kw-Vermerk – künftig wegfallend. Im Grunde machen die Betroffenen ihre Arbeit so wie immer, nur lastet eben dieser verfluchte Makel auf ihrer Planstelle.

Trotz allem, an der Berliner Tariffront ist – Klopf aufs Holz! – erst einmal Ruhe bis Ende 2009. Danach, ab 2010, sollen die Einkünfte der öffentlichen Bediensteten wieder auf das alte Niveau, den Stand des Jahres 2002, steigen. »Bisher«, macht sich Joachim Jetschmann Mut, »hat der Senat seine Versprechen immer gehalten. Die verhandeln hart, aber die stehen zu ihrem Wort.«

In der Zwischenzeit stehen Wahlen an. Kaum jemand wagt eine Prognose, wie es zum Ende des Jahrzehnts um die Wirtschaft und die Steuereinnahmen bestellt sein wird. Gewerkschafter Jetschmann wäre wohl schon völlig verzweifelt, käme nicht wenigstens von einer Seite ein wenig Ermutigung. Denn während anderen Gewerkschaften die Mitglieder davonlaufen, verzeichnet der dbb Berlin steigende Mitgliederzahlen.

Das haushaltsmäßig Machbare

Jahrzehntelang haben die Beschäftigten des Staates vom Ungleichgewicht der Tarifpartner profitiert. Die heutigen Einkommen im Öffentlichen Dienst sind nicht das Ergebnis fairer Verhandlungen, sondern das Ergebnis eines Arbeitskampfes, den die Gewerkschaften mit sich selbst bestritten. Welche Auswirkungen das hohe Einkommensniveau im Staatsdienst hat, zeigt das Beispiel der karitativen Verbände. Der Bundesangestelltentarif, heißt es beim Diakonischen Werk Berlin-Brandenburg, sei nicht mehr bezahlbar. Gehaltserhöhungen sollen künftig nicht mehr mitgemacht werden, wenn dadurch Arbeitsplätze oder ganze Arbeitsfelder gefährdet sind.

Ein ständig größer werdender Teil der Wirtschaft hat sich längst aus tarifgerechter Bezahlung verabschiedet. Durch das hohe Lohnniveau und hohe Lohnnebenkosten entsteht ein starker Rationalisierungsdruck. Stellen werden abgebaut, wo es nur irgend geht, die Arbeit wird von denen mit erledigt, die froh sind, dass sie nicht zu denen gehören, die gehen müssen. Unbezahlte Überstunden sind an der Tagesordnung. Wohin es führt, wenn nur noch das Marktgesetz von Angebot und Nachfrage den Wert einer Arbeitskraft regelt, offenbart sich in Ostdeutschland. Dort ist der nach BAT Ost bezahlte Müllwerker häufig besser gestellt als der in einem freien Planungsbüro angestellte Ingenieur.

Heute hat sich die Auffassung durchgesetzt, dass Streiks im Öffentlichen Dienst auf einer wackeligen rechtlichen Grundlage stehen. Nach Ansicht der Juristen lässt sich aus dem Grundgesetz nicht zwangsläufig ein Streikrecht für Staatsbedienstete ableiten. Es verbietet sich sogar wegen des Ungleichgewichts beider Tarifparteien.

Andere Staaten haben vorgemacht, wie sich das Einkommensniveau auch ohne Streikdrohungen festsetzen lässt. Erinnert sei an die Niederlande, wo Gewerkschaften und Arbeitgeber schon in der 80er Jahren zu einer Sozialpartnerschaft gefunden haben, von der das Nachbarland noch heute profitiert. Die Gewerkschaften verzichteten auf Einkommenserhöhungen, im Gegenzug wurde niemand entlassen. Die Arbeitslosigkeit in den Niederlanden ist heute lange nicht so hoch wie in Deutschland.

Ein anderes Beispiel ist die Schweiz, wo weitgehend auf Arbeitskämpfe verzichtet wird. »Streitigkeiten«, heißt es in der Verfassung, »sind nach Möglichkeit durch Verhandlungen und Vermittlung beizulegen.« Zwar gilt auch in der Schweiz die in der Verfassung zugesicherte uneingeschränkte Koalitionsfreiheit, Beschäftigte können streiken, doch zunächst müssen alle Möglichkeiten ausgelotet werden, damit der Arbeitsfrieden gewahrt bleibt. Die Schweiz hält sich einiges zugute auf ihre »Kultur des Gesprächs und des Ausgleichs«, und auch wenn der Ton in den letzten Jahren etwas schärfer geworden ist, so sind Tarifauseinandersetzungen, wie sie hierzulande die Arbeitskämpfe begleiten, in der Schweiz unbekannt. Gerade im Öffentlichen Dienst wird der Ausgleich gesucht, zumal dort das Privileg eines relativ sicheren Arbeitsplatzes besteht, und die Parlamente in den Kantonen die Lohnordnung absegnen müssen.

Auch hierzulande steht dem Parlament das letzte Wort zu. Und tatsächlich hatte sich der Bundestag nach der Einkommensrunde 2002/2003 eingemischt und zum ersten Mal das Tarifergebnis korrigiert. In den Tarifverhandlungen war kein Ausgleich gefunden worden, sondern ein Ergebnis, das die angespannte Haushaltslage noch weiter strapazierte. Angesichts der Not leidenden Staatsfinanzen setzten sich die Bundestagsabgeordneten über ihre persönliche Betroffenheit hinweg und beschlossen ein Besoldungsgesetz, das den Beamten finanzielle Einbußen brachte. Und indem das Gesetz Bund und Ländern bei den Sonderzahlungen für ihre Beamten freie Hand gab, standen auch die Angestelltentarife unter Druck. Es war nicht gerade die feine englische Art, dass der Bundestag seine Dienstherrenbefugnis ausnutzte und über das Gesetz zur Beamtenbesoldung die Gewerkschaften zurückpfiff. Aber es zeigt, dass auch hierzulande die Einkommensentwicklung im Öffentlichen Dienst nicht allein dem so genannten Kräftespiel der Tarifparteien überlassen werden muss. Es gibt andere Möglichkeiten, wie das Einkommensniveau – so formuliert es der Innenausschuss des Bundestages – »entsprechend der Entwicklung der allgemeinen wirtschaftlichen und finanziellen Verhältnisse« angepasst werden kann. Das ungleiche Kräftemessen zwischen öffentlichen Arbeitgebern und Gewerkschaftsfunktionären ist heute nicht mehr der geeignete Weg, um herauszufinden, was »das haushaltmäßig Machbare darstellt«. Bundestag und Landesparlamente dürfen die Regierungen mit diesem Problem nicht allein lassen. Die Parlamente können die Kontrolle über die Staatsfinanzen allenfalls eingeschränkt ausüben, solange sie eine schwer gestörte Tarifautonomie anerkennen und keinerlei Einfluss auf den bundesweit größten Kostenfaktor nehmen, die Bezahlung von Millionen Staatsbediensteten. Diese entartete Form von Tarifautonomie geht zu Lasten des Bürgers. Der Bundestag muss eine zeitgemäße Regelung auf den Weg bringen, damit die Einkommensentwicklung im Öffentlichen Dienst nicht allein den Gewerkschaften überlassen bleibt, sondern sich an der wirtschaftlichen Leistungskraft und am Gemeinwohl orientiert.

TEIL DREI

Die preußische Verwaltungsarmee

Armee ohne Soldaten

In den Verwaltungen der Bundesrepublik Deutschland sitzen preußische Staatsdiener. Der gesamte Berufsstand ist auch heute noch nach den Prinzipien des preußischen Allgemeinen Landrechts von 1794 organisiert. Weite Passagen in den Beamtengesetzen können ihre preußische Herkunft nicht leugnen. Und selbst der Diensteid hat einen an den preußischen Treueschwur angelehnten Wortlaut. Eine der am höchsten entwickelten Industrienationen beschäftigt sein staatliches Verwaltungspersonal nach jahrhundertealten, aus dem vorindustriellen Zeitalter überkommenen Grundsätzen.

Geradezu augenscheinlich sind die Verbindungen zum preußischen Militär. Die Organisationsstrukturen, die Stellung der Vorgesetzten gegenüber den Untergebenen und die verschiedenen Laufbahnen mit den dazugehörenden Beförderungsstufen – all das ist eine Mitgift aus preußischer Zeit. Für Außenstehende lässt sich die Vielfalt von Titeln, die Beamte aus den verschiedenen Diensten im Laufe ihres Berufslebens tragen, kaum auseinander halten. Übersichtlicher wird das Ganze, wenn zur Veranschaulichung militärische Dienstgrade herangezogen werden.

Danach lässt sich die Soldatenlaufbahn mit dem einfachen Dienst vergleichen. In den Verwaltungen sind das heute beispielsweise Hausmeister, Chauffeure, Postboten.

Die Unteroffizierslaufbahn entspricht dem mittleren Dienst. Bezeichnungen im Amt sind Sekretär und, ein paar Stufen höher, Amtsinspekteur – beim Militär wäre das etwa der Hauptfeldwebel. Im mittleren Dienst sind ein großer Teil der Besoldungsgruppen für Polizisten und Krankenschwestern angesiedelt.

Der gehobene Dienst, derzeit gut die Hälfte aller Beamten, findet seine Entsprechung in der Offizierslaufbahn – Leutnant oder Hauptmann beim Militär, in der Verwaltung heißen Beamte der Offizierslaufbahn etwa Amtsrat oder Oberamtsrat. Der gehobene Dienst ist typisch für den größten Teil der Beamten in den Kommunalverwaltungen, für Finanzbeamte, Rechtspfleger und Kriminalkommissare.

Der höhere Dienst, etwa 23 Prozent der Beamten, beginnt beim Militär mit dem Major, was im Öffentlichen Dienst etwa dem Regierungsrat entspricht. Zum höheren Dienst gehören auch Lehrer, die größte Berufsgruppe unter den Beamten. Die absoluten Spitzenpositionen in den Verwaltungen orientieren sich an der Generalslaufbahn. Hier heißen die Generäle Abteilungsdirektoren und Ministerialdirigenten. Der höchste Verwaltungsbeamte, vergleichbar dem Armeegeneral, ist der Staatssekretär.

Ähnlich wie beim Militär gibt es Überschneidungen bei den Laufbahnen. Hat ein Beamter das »Endamt« seiner Laufbahn erreicht, ist ein »prüfungsfreier Aufstieg« in die nächst höhere Laufbahn möglich. So kann es passieren, dass ein alt gedienter Major (Regierungsrat) in den Verwaltungen vom gehobenen in den höheren Dienst aufsteigt und dort einen 27 Jahre alten Regierungsrat neben sich hat, der gerade von der Schule kommt und seine Laufbahn im höheren Dienst beginnt.

Etwas allerdings ist heute anders als in früheren Zeiten. In der Verwaltungsarmee gibt es kaum noch Soldaten. Der einfache Dienst hat an Bedeutung verloren. Hier sind gerade noch ein Prozent der Beamten beschäftigt. Und selbst der mittlere Dienst (derzeit 24 Prozent) wird immer weiter zugunsten des gehobenen und höheren Dienstes zurückgedrängt. Wenn man so möchte, bekleiden heute drei Viertel der Beamten einen Offiziersrang. »An den Staat«, schreibt die Bundesregierung zu diesem Phänomen, »insbesondere in seiner Funktion als moderner Dienstleister, werden vom Bürger immer höhere qualitative Anforderungen gestellt. Damit entsteht zwangsläufig ein erhöhter Bedarf an qualifiziertem Personal, entsprechend steigt auch der Anteil der Bediensteten mit Hochschul- und Fachhochschulausbildung.«

Beamte aus preußischer Tradition

Zu den »hergebrachten Grundsätzen des Berufsbeamtentums«, von denen im Grundgesetz die Rede ist, gehören das schon in preußischen Zeiten praktizierte Lebenszeitprinzip, das Alimentationsprinzip und die Fürsorgepflicht des Dienstherren.

Beamte werden grundsätzlich auf Lebenszeit eingestellt. Der Ernennung gehen üblicherweise ein Vorbereitungsdienst auf Widerruf und das Beamtenverhältnis auf Probe voraus. Beamte auf Widerruf und auf Probe können jederzeit entlassen werden. Erst die Ernennung zum Beamten auf Lebenszeit sichert feste Anstellung und lebenslange Besoldung.

Durch das Alimentationsprinzip soll der Beamte existentieller Sorgen enthoben werden, damit er sich frei von finanziellen Interessen dem Gemeinwohl widmet. Der Beamte wird nicht für seine Arbeitsleistung bezahlt, sondern entsprechend seinem Amt unterhalten.

Der Dienstherr hat eine Fürsorgepflicht gegenüber seinen Beamten und deren Familien. Die Fürsorge kann beim Staat nicht eingeklagt werden. Offenbar ist sie aber noch keinem Beamten versagt worden. Die Pflichten des Dienstherrn enden nicht etwa mit dem Ableben seines Beamten, sondern bestehen über dessen Tod hinaus. Der Staat muss für die Hinterbliebenen sorgen. Im Übrigen erstreckt sich die Fürsorge auch auf das Disziplinarrecht. Sollte ein Beamter gegen Gesetze verstoßen, steht zuerst der Dienstherr für die Verfehlungen ein. Das gilt nicht nur für Dienstvergehen, sondern im weiteren Sinne auch für Straftaten, die ein Beamter möglicherweise begeht.

Eine Besonderheit, die aus der Zeit des Nationalsozialismus übernommen wurde, ist das Urkundenprinzip. Zu jeder durch die Laufbahn vorgegebenen Beförderung wird dem Beamten eine Urkunde ausgehändigt. Es handelt sich meist um ein vom Dienstherrn unterschriebenes DIN-A-4-Blatt, auf dem der jeweilige Dienstgrad verzeichnet wird – beispielsweise Polizeikommissar oder auch Stadtinspekteur, ein bei kommunalen Beamten üblicher Dienstgrad, Steuerrat in den Finanzverwaltungen, Regierungsrat in den Ministerien, Studienrat im Bereich der Bildung. Die Laufbahn – einfacher, mittlerer, gehobener oder höherer Dienst – gibt die Beförderungsschritte vor, beispielsweise zum Hauptkommissar, Oberstadtinspekteur, Oberregierungsrat, Steueroberamtsrat, Oberstudienrat.

Im Laufe seines Berufslebens sammelt jeder Beamte einen kleinen Stapel Ernennungsurkunden. Doch keine Ernennung ist so wichtig wie die nach bestandener Probezeit. Erst durch die Ernennung zum Beamten auf Lebenszeit tritt der Dienstherr in die Fürsorgepflicht für seine Beamten und deren Familien. Von diesem Tag an, mit dem Moment, da die Beamtinnen und Beamten ihre Ernennungsurkunde entgegennehmen, sind sie Zeit ihres Lebens aller existentieller Sorgen enthoben.

Der Termin ist oft nicht genau auf den Tag planbar. Hat der Dienstherr die Ernennungsurkunden aber erst einmal unterzeichnet, ist die Beförderung eine Sache von Stunden. Die Anwärter halten sich bereit, sie sind, sollten sie sich gerade nicht in der Nähe ihres Dienstsitzes aufhalten, jederzeit am Telefon erreichbar. Sollte sich ein Anwärter gerade im Urlaub aufhalten, ist es üblich, dass er den Urlaub sofort unterbricht und die Dienststelle aufsucht. Das Ganze kann unmöglich warten, denn nur einmal angenommen, es passiert etwas, ein Unfall oder etwas Ähnliches, und der Betroffene ist noch nicht im Besitz der Ernennungsurkunde, dann springt der Dienstherr nicht ein. Die Urkunde kann auch nicht mit der Post geschickt werden, denn der Poststempel hat keinerlei Gültigkeit. Es gibt nur die eine Möglichkeit: Die Beamten müssen zur Dienststelle fahren und ihre Urkunde persönlich entgegennehmen. Im Beamtengesetz heißt es, dass die Beförderung ausschließlich »durch Aushändigung einer Urkunde« vollzogen werden kann.

So wahr mir Gott helfe

Ich schwöre zu Gott dem Allmächtigen und Allwissenden, dass, nachdem ich zum Beamten bestellt worden, ich in dieser meiner Eigenschaft Seiner Königlichen Majestät von Preußen treu und gehorsam sein, die Bundesverfassung und die Gesetze des Bundes beobachten und alle mir vermöge meines Amtes obliegenden Pflichten nach meinem besten Wissen und Gewissen genau erfüllen will, so wahr mir Gott helfe.
Diensteid der preußischen Bundesbeamten

Der Diensteid ist heute deutlich kürzer geworden, einige Formulierungen konnten nicht mit dem preußischen Wortlaut übernommen werden. Heute fehlt jene Passage, in der die früheren Bundesbeamten »Seiner Königlichen Majestät von Preußen treu und gehorsam« schworen. An die Stelle der in Preußen geltenden »Bundesverfassung und den Gesetzen des Bundes« sind »das Grundgesetz für die Bundesrepublik Deutschland und alle in der Bundesrepublik geltenden Gesetze« getreten. Und statt der »aller mir vermöge meines Amtes obliegenden Pflichten nach besten Wissen und Gewissen genau zu erfüllen«, beschränkt sich der Beamte heute darauf, seine »Amtspflichten gewissenhaft zu erfüllen«. So reduziert sich der Diensteid der Bundesbeamten heute auf wenige Worte: »Ich schwöre, das Grundgesetz für die Bundesrepublik Deutschland und alle in der Bundesrepublik geltenden Gesetze zu wahren und meine Amtspflichten gewissenhaft zu erfüllen, so wahr mir Gott helfe.« Der Eid kann auch ohne die Worte »so wahr mir Gott helfe« gesprochen werden.

Die Pflichten eines Beamten werden nicht in einem Arbeitsvertrag beschrieben und individuell zwischen Arbeitgeber und dem öffentlichen Bediensteten ausgehandelt, sondern sind gesetzlich geregelt und gelten für alle Beamten gleichermaßen. In diesen Gesetzen stehen eine ganze Reihe unzeitgemäßer Vorschriften wie beispielsweise jene, die den Beamten zu Wohlverhalten gegenüber dem Vorgesetzten verpflichtet.

Ein ganz heißes Eisen im Beamtenrecht ist die Gehorsams- und Remonstrationspflicht. Der Beamte muss alle Anordnungen seines Vorgesetzten ausführen und dessen Weisungen Folge leisten. Hält der Beamte eine Anweisung für rechtswidrig, bringt ihn die Gehorsamspflicht in einen Konflikt. Denn obwohl er zu Gehorsam verpflichtet ist, trägt er »für die Rechtmäßigkeit seiner dienstlichen Handlungen die volle persönliche Verantwortung«. Hat der Beamte Zweifel an seinem Vorgesetzten, muss er den Dienstweg einhalten, und der beginnt bei jenem unmittelbaren Vorgesetzten, dem er seinen Konflikt verdankt. Erst wenn der Vorgesetzte seine Auffassung nicht ändert, kann der Beamte seine Bedenken auf der nächst höheren Hierarchiestufe vortragen. Dieses Verfahren heißt im Beamtenrecht Remonstration. Bestätigt der nächst höhere Vorgesetzte die umstrittene Anordnung, muss sie der Beamte zwar endgültig befolgen, ist dann aber von der eigenen Verantwortung befreit. Im Zweifelsfall kann sich der Beamte das sogar schriftlich geben lassen.

Nicht weniger problematisch ist die Pflicht zur Amtsverschwiegenheit. Selbst wenn der Beamte aus dem Dienst ausscheidet, muss er über alles, was ihm bei seiner amtlichen Tätigkeit bekannt geworden ist, Verschwiegenheit bewahren. Ein falsches Wort kann ihm als Dienstvergehen angekreidet werden. Selbst »rechtswidrige Anordnungen gegenüber dem Beamten«, andere »rechtswidrige Zustände oder allgemeine Missstände in der Behörde« ermächtigen einen Beamten nicht zu einer »Flucht an die Öffentlichkeit«. Wird die Amtsverschwiegenheit missachtet, muss der Beamte disziplinarische Konsequenzen fürchten. Kritik darf ausschließlich innerhalb der Behörde, auf dem Dienstweg vorgebracht werden.

Die Pflicht zur Amtsverschwiegenheit wirkt sich in Ministerien so aus, dass es für einen Journalisten fast unmöglich oder zumindest schwierig ist, Informationen aus erster Hand zu bekommen – es sei denn aus dem Munde des Ministers oder Staatssekretärs. Selbst unverfängliche Recherchen können oft nicht mit dem zuständigen Beamten besprochen werden. Vielmehr informiert sich ein Pressesprecher bei dem Beamten oder beauftragt ihn mit einer schriftlichen Beantwortung der zuvor über Fax oder E-Mail gestellten Journalistenanfrage. Die Informationen, die daraufhin frei gegeben werden, sind zuvor durch den Filter der für Öffentlichkeitsarbeit zuständigen Beamten gelaufen.

Dieser gesetzlich verordnete Maulkorb kommt Politikern, die einem Ministerium oder einer Behörde vorstehen, durchaus gelegen. So lässt sich weitgehend kontrollieren, welche Informationen das Haus verlassen. Geht aber etwas hinaus, kann es zuvor aufbereitet und der Presse in appetitlichen Häppchen verabreicht werden.

Politische Beamte

Im Januar 2003, unmittelbar nach den Tarifabschlüssen im Öffentlichen Dienst, machte sich der Ärger Luft. Zeitungen, Radio und Fernsehen brachten Berichte und Reportagen, in denen die Arbeitsweise und die Privilegien von Beamten kritisch beleuchtet wurden. Vor allem aber konzentrierte sich die Berichterstattung einmal mehr auf die Sonderrechte und Vergünstigungen von Politikern.

Für besondere Entrüstung sorgte ein paar Tage lang der Fall der »Grünen-Politikerin« Henriette Berg, die sich angeblich im

Alter von 48 Jahren bei Fortzahlung hoher Bezüge in den Ruhestand versetzen lassen wollte. Die Medien verbreiteten über die im Kieler Umweltministerium beschäftigte Staatssekretärin, sie habe Ministerpräsidentin Heide Simonis um Entlassung gebeten, weil sie zu ihrem Freund nach Berlin ziehen möchte.

Offenbar hatte Henriette Berg nie die Absicht, sich für den Rest ihres Lebens in den Ruhestand versetzen zu lassen, sie wollte sich »beruflich umorientieren« und hatte dafür private Gründe. Ihre Tätigkeit als Staatssekretärin im schleswig-holsteinischen Umweltministerium verbietet ihr allerdings eine Kündigung, weil sie dann ihre Pensionsansprüche verliert. Als Verwaltungsbeamte blieb ihr nichts anderes, als ihre Dienstherrin um Entlassung zu bitten. Ministerpräsidentin Heide Simonis, die gerade ihr Kabinett umbildete, kamen die privaten Beweggründe zudem recht, denn sie wollte das Umwelt- und das Agrarressort zusammenlegen und suchte für das neue Ministerium jemanden, der sich auf beides, auf Umwelt und Landwirtschaft verstand. Sie versetzte Henriette Berg in den einstweiligen Ruhestand, damit die sich nach einer neuen Arbeit umsehen konnte.

Die Presse aber entrüstete sich einmal mehr über »die Versorgungsmentalität der Politiker« und veröffentlichte die Ruhestandsbezüge der Staatssekretärin. Das Erstaunlichste daran war, dass nicht einmal mehr Journalisten auseinander halten konnten, wer in ihrem Staat Politiker und wer Verwaltungsbeamter ist. Als Umweltstaatssekretärin hatte die angebliche »Grünen-Politikerin« nie ein Mandat, sondern arbeitete als Verwaltungsfachkraft.

Zu solchen Verwechslungen kommt es immer wieder wegen einer Besonderheit im Beamtenrecht. Staatssekretäre gehören zu einer besonderen Kategorie von öffentlichen Bediensteten, sie sind politische Beamte. Das deutsche Beamtenrecht hat hier eine Verbindung für etwas konstruiert, was eigentlich nicht zusammengehört. Normalerweise ist jeder Beamte zu »parteineutraler Amtsführung« verpflichtet. Der Beamte dient dem ganzen Volk, nicht einer Partei. Es gilt der Grundsatz, dass »der Beamte seine Aufgaben unparteiisch und gerecht zu erfüllen und bei seiner Amtsführung auf das Wohl der Allgemeinheit Bedacht zu nehmen hat«. Trotz der Pflicht zu parteineutraler Amtsführung dürfen sich Beamte politisch betätigen. Allerdings sollten sie dabei zwischen beruflicher und privater Sphäre eine klare Trennung ziehen.

Während von gewöhnlichen Beamten politische Zurückhaltung erwartet wird und sich politische Aktivitäten auf die Freizeit beschränken müssen, ist das bei politischen Beamten genau umgekehrt. Bei ihnen steht die politische Betätigung während der Dienstzeit im Vordergrund, während sie sich in ihrer Freizeit besser zurückhalten – es sei denn, sie äußern sich ausschließlich regierungskonform.

Eine absurde gesetzliche Konstruktion fordert von politischen Beamten eine ganz besondere Treuepflicht. Sie bekleiden ein Amt, in dem sie in »fortdauernder Übereinstimmung mit den politischen Ansichten und Zielen der Regierung« stehen müssen. Deshalb sind politische Beamte ein Stück weit von ihrer Pflicht zur Verfassungstreue befreit, die ihnen normalerweise Meinungsfreiheit zusichert. Das Recht auf Meinungsfreiheit kann politische Beamte nicht schützen, weil es bei ihrer Tätigkeit nicht auf ihre Meinung, sondern auf die Übereinstimmung mit der Regierungspolitik ankommt.

Diese abenteuerliche Rechtskonstruktion stößt bei Staatsrechtlern auf abgrundtiefe Verachtung. Solche Art von Gesetzen verwischt die Trennungslinie zwischen Politik und Verwaltung. Alle, denen wirklich am Berufsbeamtentum liegt, möchten die Figur des politischen Beamten lieber heute als morgen abschaffen. Dabei müssen nicht nur die Rechtsgrundlagen als problematisch angesehen werden, auch die sehr weitgehenden Freiheiten bei der Besetzung politischer Ämter unterstreichen die Fragwürdigkeit. Welche Ämter mit einem politischen Beamten besetzt werden, legen Bund und Länder in Eigenregie fest. Neben Staatssekretären sind typischerweise Pressesprecher politische Beamte und erstaunlicherweise auch Beamte höherer Besoldungsstufen im Auswärtigen Dienst und im Bundesamt für Verfassungsschutz.

Der Dienstherr kann sich seine politischen Beamten selbst aussuchen. Ist ihm eine Person nicht genehm, kann er sie jederzeit in den einstweiligen Ruhestand versetzen, und das ohne Angabe von Gründen. Nach Auffassung der Bundesrichter wird der Ermessensspielraum erst dann missbraucht, wenn sich der Dienstherr politischer Beamter entledigt, weil er die Altersstruktur des Führungspersonals verbessern will.

Kosten spielen bei diesem Verfahren nur eine untergeordnete Rolle. Selbst ein junges Bundesland wie Mecklenburg-Vorpommern, wo das Verfahren erst seit wenigen Jahren praktiziert wird, leistet sich mittlerweile acht gut bezahlte, in den einstweiligen Ruhestand versetzte Staatssekretäre. Eine andere Dimension bekommt das Verfahren auf Bundesebene. Nach der Regierungsübernahme 1998 hat die rot-grüne Regierung unter Bundeskanzler Gerhard Schröder 63 politische Beamte nach Hause geschickt.

Politisierte Beamte

Die Frage, welche Partei die richtige ist, stellt eine der schwer wiegendsten Entscheidungen im Berufsleben eines Beamten dar. Zwar sollen sich Beamte nach dem Gesetz in der Dienstzeit zurückhalten und politische Aktivitäten auf die Freizeit beschränken, doch die Realität in den öffentlichen Verwaltungen sieht anders aus. Der Beamtenberuf ist geradezu prädestiniert für den Einstieg in die Politik. Es beginnt damit, dass die politische Arbeit an der viel zitierten Parteibasis zum größten Teil von öffentlichen Bediensteten erledigt wird. Das geschieht häufig in der regulären Arbeitszeit und bleibt nicht, wie es das Beamtenrecht fordert, auf die Freizeit beschränkt. Der Beamte hegt berechtigte Hoffnungen, dass politisches Engagement seine Aufstiegschancen verbessert. Darüber hinaus eröffnet Parteizugehörigkeit dem Beamten gleich zwei Karrierechancen, eine in der Verwaltung und eine zweite in der Politik.

Folglich ist die zur Unparteilichkeit verpflichtete Verwaltung bis an die Zähne politisiert. »Der Anteil öffentlich Bediensteter an der Gesamtzahl der Parteimitglieder«, schreibt Hans Herbert von Arnim, »liegt weit und in immer mehr wachsendem Umfang über ihrem Anteil an der Gesamtbevölkerung, ihr Anteil an den aktiven Mitgliedern der Parteien ist noch sehr viel höher, und noch einmal größer ist die Konzentration der öffentlichen Bediensteten in den Vorständen der Parteien auf Orts- und Bezirksebene und erst recht auf den Wahllisten, wo die Beamten teilweise fast unter sich sind.« Wo eine Partei über sehr lange Zeiträume regiert und lange kein Wechsel stattgefunden hat, sind fast 90 Prozent der politisch organisierten Beamten Mitglieder der Regierungspartei. Dies trifft für die SPD-Länder ebenso zu wie für die, in denen sich die Unionsparteien über lange Zeiträume an der Macht halten konnten.

Stellt sich ein Beamter zur Wahl, hat er alle nur erdenkliche Unterstützung. Er hat Anspruch auf unbezahlten Sonderurlaub in der Zeit unmittelbar vor der Wahl. Oft lässt es sich sogar einrichten, dass ihn Kollegen aus dem Amt bei seinen Wahlkampfaktivitäten unterstützen. Gewinnt ein Beamter die Wahl, muss er aus seinem Amt ausscheiden. Das Gesetz verlangt die Trennung von Amt und Mandat. Allerdings heißt Ausscheiden für den Beamten lediglich, dass die Rechte und Pflichten aus seinem Amt ruhen und sofort wieder aufleben, sollte er bei den nächsten Wahlen nicht genügend Stimmen bekommen. In diesem Fall kehrt der Beamte an seinen Behördenschreibtisch zurück. In der Zeit als Politiker gepflegte Verbindungen werden ihm bei der Rückkehr in sein Beamtenverhältnis hilfreich sein. Ohnehin hat er nie ganz den Bezug zum Amt verloren. In seiner Zeit als Politiker darf der Beamte weiterhin seine Amtsbezeichnung mit dem Zusatz a. D. führen.

Sicherheit ist ein Gut, das in der Kreditwirtschaft hoch bewertet wird. Nicht nur der Staat, auch seine Bediensteten besitzen eine hohe Bonität. Beamte können deshalb häufig mit besseren Kreditkonditionen rechnen als Arbeitnehmer aus der freien Wirtschaft. Eine lebenslange Anstellung und vorhersehbare Einkommenserhöhungen machen sie zu Traumkunden von Banken und Sparkassen. Für die Finanzierung ihres Einfamilienhauses müssen Beamte noch nicht einmal über Eigenkapital verfügen, sie bekommen den Kredit auch mit leerem Konto. Als Sicherheit genügt einzig und allein die regelmäßig zum Anfang jedes Monats eintreffende Unterhaltszahlung.

Natürlich sparen Beamte die Arbeitslosenversicherung. Demgegenüber bekommen sie günstigere Konditionen beim Abschluss der meisten anderen Versicherungen, zum Beispiel bei Haftpflichtversicherungen. Auch die meisten Autohersteller räumen Beamten beim Neuwagenkauf einen Rabatt ein. Der Vollständigkeit halber soll erwähnt werden, dass Beamte auch beim Nahverkehr und beim Besuch öffentlicher Einrichtungen sparen. Beamte erhalten in Schwimmbädern, Bibliotheken, Theatern eine Ermäßigung oder können die öffentlichen Einrichtungen kostenlos nutzen.

Es sind ohnehin nicht nur rein materielle Vorzüge, die das Beamtendasein versüßen. Bildungsurlaub und vorbeugende Kuren sind typische Domänen des Öffentlichen Dienstes. Arbeitgebern in der freien Wirtschaft entgleisen regelmäßig die Gesichtszüge, wenn ein Arbeitnehmer den Antrag für eine vorbeugende Kur vorlegt. Noch vorsichtiger sollte ein Beschäftigter sein, wenn er seinen Chef darauf hinweist, dass ihm nach dem Gesetz jedes Jahr fünf Tage Bildungsurlaub zustehen. Die meisten sprechen dieses Thema lieber gar nicht erst an.

Aber warum sollen Beamte nicht ein paar Vorzüge genießen. Das geht schon in Ordnung. Ungemütlich wird es dann, wenn berufliche Privilegien das Gemeinwohl unterlaufen und 1,8 Millionen Beamte über all jene erheben, die Steuern für ihren Unterhalt zahlen.

Heimliche Steuervorteile

Beamte zahlen weniger Steuern als vergleichbare Angestellte. Die Zusammenhänge werden nicht auf den ersten Blick sichtbar. Die Steuergesetze sind nur schwer zu durchschauen. Wer sich die Mühe macht und das Dickicht ein wenig lichtet, stößt auf einen Hinterhalt, den Beamte allen anderen Einkommensschichten gelegt haben. Beamte zahlen keine Rentenversicherung und keinen oder nur einen geringeren Krankenversicherungsbeitrag. Die Kosten für Sozialversicherungen betragen deshalb nur einen Bruchteil dessen, was der Angestellte aufwenden muss. Doch nicht nur durch diese Ersparnis ist der Beamte im Vorteil. Durch eine Besonderheit im deutschen Steuerrecht entstehen Beamten heimliche Steuervorteile, die ihnen jeden Monat ein hübsches Sümmchen zusätzlich einbringen.

Für den Arbeitnehmer ist das Bruttoeinkommen nur eine fiktive Größe, doch aus Sicht der Finanzbeamten ist es der entscheidende Bewertungsmaßstab. Arbeitnehmern wird jede der Sozialversicherungen vom Bruttoeinkommen abgezogen. Die gesetzliche Rentenversicherung, Krankenversicherung, Pflegeversicherung und Arbeitslosenversicherung summieren sich, abhängig vom Beitragssatz der Krankenkasse, auf etwa 21 Prozent (Stand 2003). Bei einem Arbeitnehmer, 30 000 Euro Jahreseinkommen, belaufen sich die Aufwendungen für die gesetzlichen Sozialversicherungen auf 6300 Euro im Jahr. Abzugsfähig, wie die Finanzbeamten sagen, sind davon aber nur 2001 Euro (Stand 2003), also nur etwa ein Drittel der tatsächlichen Sozialkosten. Der verbleibende größere Anteil erhöht das zu versteuernde Einkommen, und das, obwohl der Arbeitnehmer dieses Geld längst für Sozialversicherungen ausgegeben hat und davon nie ein Cent auf seinem Konto ankommt.

Das gilt für Arbeitnehmer. Beamte dagegen können ihre Sozialausgaben problemlos vom Steueraufkommen abziehen. Die private Kranken- und Pflegeversicherung für einen 35 Jahre alten Beamten, keine Kinder, beläuft sich nach dem Stand 2003 auf 135 Euro monatlich. Im Jahr macht das 1620 Euro – wobei unberücksichtigt bleiben soll, dass die meisten Privatversicherer, wenn der Versicherte nicht zum Arzt muss, am Jahresende etwa 270 Euro zurückerstatten. Das ist auch schon alles, was der Beamte für seine soziale Sicherung ausgeben muss. Die Alterssicherung und einen großen Teil der Krankenversicherung übernimmt der Staat. Und die Arbeitslosenversicherung erübrigt sich durch das lebenslange Dienst- und Treueverhältnis. Weil dem Beamten für seine Vorsorgeaufwendungen der gleiche Abzugsbetrag wie dem Angestellten zusteht (2001 Euro) kann er seine gesamten Sozialausgaben, in diesem Fall 1620 Euro, vom Steueraufkommen abziehen. Der Steuervorteil ist enorm. Bei dieser Beispielsrechnung, Beamter und Angestellter mit 30 000 Euro Jahreseinkommen, muss der Angestellte nicht nur fast viermal soviel für die Sozialversicherungen bezahlen, er muss obendrein auch noch 4299 Euro im Jahr mehr versteuern als der Beamte.

Der pensionierte Staatsanwalt

Die Vorsorgeaufwendungen bleiben ein Dauerthema. Diese erstaunliche Eigenart des deutschen Steuerrechts lag im Laufe der Jahre immer wieder auf dem Tisch der Verfassungsrichter. Erst kürzlich hat das Bundesverfassungsgericht erneut die Rechtmäßigkeit bestätigt. Offenbar handelt es sich um ein politisch motiviertes Urteil. Kein Richter wagt es, diese Absurdität richtig zu stellen, weil der Fiskus dann empfindliche Steuerausfälle beklagen müsste. Es ist nach Auffassung der Verfassungsrichter durchaus in Ordnung, wenn der Fiskus nur einen geringen Teil der Vorsorgeaufwendungen anrechnet und Einkommen der Steuer unterwirft, die gar nicht wirklich vorhanden sind.

Nun wird sich aber doch etwas ändern, und das, obwohl diese steuerrechtliche Besonderheit offenbar mit dem Grundgesetz in Einklang steht. Die Vorsorgeaufwendungen sollen in kleinen Schritten von der Steuer freigestellt werden, jedes Jahr wird der Zugriff der Finanzämter etwas mehr eingeschränkt. Im Jahre 2025 können dann Berufstätige sämtliche Sozialabgaben von ihren zu versteuernden Einkünften abziehen und entsprechend weniger Einkommensteuer zahlen. Im Gegenzug will die Bundesregierung die Renten stärker besteuern, jedes Jahr ein bisschen mehr. Von 2040 an soll dann die gesamte Rente steuerpflichtig sein, abzüglich eines steuerfreien Existenzminimums.

Dieser plötzliche Aktionismus der Bundesregierung hat seine Ursache in einer anderen Entscheidung des Bundesverfassungsgerichts, die auf den ersten Blick gar nichts mit den Vorsorgeaufwendungen zu tun hat. Am 6. März 2002 fällte das Bundesverfassungsgericht ein Urteil zur Besteuerung von Renten und Pensionen. Die Bundesrichter entschieden, dass die Unterschiede in der Besteuerung von Rentnern und Pensionären gegen den Grundsatz der Gleichbehandlung verstoßen. Derzeit werden Pensionen im Gegensatz zu den Renten voll besteuert. Die Altersbezüge von Arbeitnehmern waren bislang nicht in vollem Umfang abgabepflichtig, da es sich – wegen der steuerrechtlichen Besonderheiten bei den Vorsorgeaufwendungen – zum großen Teil um Versicherungsbeiträge aus bereits versteuerten Einkommen handelt. Solange das der Fall ist, darf der Fiskus bei den Renten nicht zum zweiten Mal zugreifen. Bei den Pensionen stand dem bisher nichts im Wege, denn die Altersbezüge der Pensionäre werden aus laufenden Steuereinnahmen und nicht aus Versicherungsbeträgen der berufstätigen Beamten bezahlt.

Gegen diese ungleiche Behandlung hatte ein pensionierter Staatsanwalt aus Westfalen geklagt – und Recht bekommen.

Dennoch besteht kein Grund zur Freude. Natürlich wollte der pensionierte Beamte durch seine Klage nicht erreichen, dass künftig nun auch die Renten in vollem Umfang besteuert, sondern dass die Pensionen von der Steuer freigestellt werden.

Die Progressionstabelle

In der 50er Jahren, argumentiert der Beamtenbund, ist das Bruttogehalt für die Beamten niedriger eingestuft worden als das der Angestellten. Der Grund liegt darin, dass Beamte keine Rentenversicherung zahlen. Der in den 50er Jahren berechnete Unterschied ist aus heutiger Sicht nur gering und steht in keinem Verhältnis zu den Kosten, die Arbeitnehmern durch die laufend steigenden Sozialabgaben entstehen. Aber selbst hier schlägt das Steuerrecht zugunsten der Beamten aus und münzt das etwas kleinere Bruttogehalt in einen geldwerten Vorteil um.

Nach deutschem Steuerrecht werden Einkommen nicht linear besteuert. Seinen Ausdruck findet das in der so genannten Progressionstabelle, aus der die Steuersätze für die jeweiligen Einkommen abgelesen werden. Je mehr jemand hat, um so höher wird der Steuersatz. Folglich erhöhen sich die Steuerabzüge mit steigendem Einkommen nicht linear, sondern überproportional.

Hier sind Arbeitnehmer gegenüber Beamten gleich doppelt im Nachteil. Einmal können Angestellte den größten Teil ihrer Sozialversicherungsausgaben nicht von ihrem Einkommen abziehen, was für Beamte kein Problem darstellt. Zum anderen haben Beamte von vornherein ein etwas geringeres Bruttogehalt. Im Verhältnis zu den Einkünften bekommen Beamte deshalb in der Progressionstabelle immer einen günstigeren Steuersatz als vergleichbare Arbeitnehmer.

Trotz ihres ein wenig kleineren Bruttogehalts bleibt Beamten am Ende mehr zum Leben.

Beamte zahlen gar keine oder deutlich weniger Beiträge für ihre Krankenversicherung. Die einzelnen Behörden favorisieren zum Teil unterschiedliche Modelle, aber alle haben aus Sicht der Beamten ihren Reiz.

Bei der Polizei gilt üblicherweise noch heute die ursprüngliche, ganz dem Alimentationsprinzip verpflichtete Krankenfürsorge. Polizeibeamte sind wegen ihrer hohen beruflichen Risiken nicht versichert, sondern erfreuen sich Freier Heilfürsorge. Sie zahlen keine Krankenversicherungsbeiträge, alle medizinischen Behandlungen sind frei. An Sozialversicherungsbeiträgen müssen lediglich die Pflegeversicherung und ein geringer Betrag für die Anwartschaft auf eine private Krankenversicherung bezahlt werden. Die Freie Heilfürsorge schützt Polizeibeamte nur, solange sie im Beruf stehen, die Pensionäre müssen sich privat versichern. Deshalb werden schon während des Berufslebens Rücklagen gebildet, ansonsten wäre die Privatversicherung wegen des hohen Eintrittsalters der pensionierten Beamten extrem teuer.

Die Freie Heilfürsorge ist heute eher die Ausnahme. Die meisten Bundesländer und Kommunen haben das Fürsorgemodell der Bundesbeamten übernommen. Beamte sind, anders als Arbeitnehmer, nicht gesetzlich zum Abschluss einer Krankenversicherung verpflichtet. Es steht ihnen prinzipiell frei, sich zu versichern oder im Krankheitsfall anfallende Kosten teilweise aus eigener Tasche zu bezahlen. Der Dienstherr beteiligt sich an allen durch eine Krankheit entstehenden Kosten. Den Beamten wird eine so genannte Beihilfe gewährt. Der Beihilfesatz liegt zwischen 50 und 70 Prozent. Und für den verbleibenden Eigenanteil (30 bis 50 Prozent) schließt der Beamte eine private Krankenversicherung ab. Das bedeutet, er bezahlt nicht – wie der privat versicherte Arbeitnehmer – die Kosten für eine komplette Krankenversicherung, er versichert tatsächlich nur seinen Eigenanteil und schließt, wenn man so möchte, eine 50-Prozent-Privatversicherung ab oder er versichert eben nur 30 Prozent, je nachdem, in welcher Höhe der Dienstherr den Eigenanteil festlegt.

Es wirft schon ein paar Fragen auf, wie sich die Versicherungsgesellschaften auf dieses seltsame Geschäft einlassen konnten und auf welchen staatlichen Gegenleistungen es beruht. Zumindest müssen die privaten Krankenversicherer ganz anders kalkulieren, denn sie bekommen ja nicht den ganzen Beamten, sondern immer nur einen drittel, bestenfalls einen halben Beamten. Für die Begünstigten wird die private Krankenversicherung dadurch deutlich billiger. Dafür muss der Beamte die Eigenanteil-Privatversicherung komplett aus eigener Tasche bezahlen, der öffentliche Arbeitgeber beteiligt sich nicht an den Versicherungskosten. Beihilfe zahlt der Dienstherr tatsächlich nur im Krankheitsfall und wenn der Beamte eine Leistung des Gesundheitswesens in Anspruch nimmt.

Dabei hat der Beamte nicht die Wahl zwischen einer gesetzlichen und einer privaten Krankenversicherung. Wollte er sich in einer Ersatzkasse versichern, müsste er den gesamten Beitrag, Arbeitnehmer- und Arbeitgeberanteil, aus eigener Tasche bezahlen. Denn der Dienstherr beteiligt sich ja nicht an den Versicherungskosten, sondern zahlt erst, wenn der Beamte krank wird oder den Arzt oder Therapeuten aufsucht. Aus diesem Grund haben Beamte keine wirklich annehmbare Möglichkeit, sich am gesetzlichen Solidarsystem zu beteiligen, selbst wenn sie es wollten.

Geht der Beamte in den Ruhestand, hält der öffentliche Arbeitgeber eine besondere Annehmlichkeit für ihn bereit. Für Pensionärinnen und Pensionäre beträgt der Beihilfesatz immer 70 Prozent, der Ruheständler muss nur noch für 30 Prozent seiner Krankheitskosten eine Privatversicherung abschließen. Das ist für die Pensionärinnen und Pensionäre noch mal ein schöner Aufschlag oder, wenn man so möchte, eine versteckte Subvention ihrer ohnehin schon luxuriösen Altersbezüge.

Warum sich ausgerechnet die Beamten aus der gesetzlichen Solidargemeinschaft verabschiedet haben, gehört zu den großen Geheimnissen der deutschen Bürokratie. Es wird immer wieder zur Sprache gebracht, dass die privaten Krankenversicherungen die Probleme der gesetzlichen Kassen verschärfen. Eher vorsichtige Berechnungen kommen zu dem Ergebnis, dass die Beitragssatz der gesetzlichen Kassen sofort um ein Prozent sinken könnte, wenn Beamte und freiwillig Versicherte, die zu einem Privatanbieter gewechselt sind, in das Solidarsystem zurückkehren würden.

Ein Lied für die Kinder

Auch die Kinder des Beamten fallen unter die staatliche Fürsorgepflicht. Der Beamte kann seine Kinder bei vergleichsweise geringen Kosten privat versichern. Je nach Zahl der Kinder vergrößert sich dabei der Beihilfesatz.

Bei einem allein stehenden Beamten beläuft sich die staatliche Beihilfe im Regelfall auf 50 Prozent. Bei einem Beamten mit zwei Kindern steigt der Beihilfesatz auf 70 Prozent. Er versichert seinen Eigenanteil durch eine 30-Prozent-Privatversicherung. Da bei privaten Krankenversicherungen auch für die Kinder eigene Policen abgeschlossen werden müssen, gewährt der Dienstherr jedem Kind noch einmal Beihilfe in Höhe von 80 Prozent. Die Privatversicherungen für Kinder sind recht preiswert und liegen, je nach Anbieter, zwischen 20 bis 25 Euro im Monat (Stand 2003). Einige Versicherer akzeptieren den niedrigen Kinderversicherungsbetrag bis zur Volljährigkeit, andere sogar bis zur Vollendung des 21. Lebensjahres.

Oft ist es aber gar nicht nötig, dass der Beamte für jedes seiner Kinder eine 20-Prozent-Privatversicherung abschließt. Beamte sind zwar selbst privat versichert, nutzen für ihre Kinder aber gern das gesetzliche Solidarsystem. Für den Fall, dass die Lebenspartnerin des Beamten oder der Lebenspartner der Beamtin gesetzlich versichert ist, können die Kinder unter bestimmten Voraussetzungen mit über den Namen des gesetzlich versicherten Elternteils laufen und verursachen so keine zusätzlichen Krankenversicherungskosten.

Gebiss ohne Luxussanierung

Die Versicherungslage der Beamten ist kompliziert, die Abrechnungen sind mit hohem bürokratischen Aufwand verbunden. Kommt es zu Behandlungen und Krankheiten, müssen jedes Mal der privat versicherte Eigenanteil des Beamten und die Beihilfe des Dienstherrn auseinandergerechnet werden. Die Bezahlung der Gesundheitsleistungen erfolgt bei Beamten immer aus zwei Töpfen. Das sind zum einen die Steuermittel und zum anderen der Eigenanteil aus der Privatversicherung.

Der Beamte selbst hat mit dem Auseinanderdividieren keinerlei Probleme. Dafür gibt es die so genannten Beihilfestellen. Zunächst muss der Beamte den Arzt aus eigener Tasche bezahlen, bringt dann die Rechnungen zur Beihilfestelle und bekommt das Geld zurück. Damit ist die Angelegenheit für ihn erledigt. Bei teuren Behandlungen und Krankenhausaufenthalten muss der Beamte nicht in Vorleistung gehen. In diesem Fall regelt die Beihilfestelle die komplette Kostenabwicklung und setzt sich direkt mit dem niedergelassenen Arzt oder dem Krankenhaus in Verbindung.

Auch die Richtigkeit der Arztrechnungen wird durch die Mitarbeiter in den Beihilfestellen kontrolliert. »Beihilfefähig«, wie die Beamten sagen, sind nahezu alle ärztlichen Leistungen, Medikamente, »vom Arzt schriftlich verordnete Heilbehandlung und die dabei verbrauchten Stoffe. Dazu gehören Massagen, Krankengymnastik, ärztlich verordnete Bäder, Bewegungs-, Beschäftigungs- und Sprachtherapie.« Beihilfen erhält der Beamte ebenso für Krankenhausbehandlungen. Dazu gehören unter anderem »gesondert berechnete wahlärztliche Leistungen und gesondert berechnete Unterkunft bis zur Höhe der Kosten eines Zweibettzimmers abzüglich eines Betrages von 14,50 Euro täglich«.

Ganz so wird es nicht bleiben. Mit der letzten Gesundheitsreform hat der Bundestag zugleich beschlossen, dass die Einschränkungen in den gesetzlichen Kassen »wirkungsgleich« auf die Beihilferegelungen der Beamten übertragen werden. Dabei geht es vor allem um Zahnersatz, der nicht mehr zu den Standardleistungen der gesetzlichen Kassen zählt, sondern extra versichert werden muss. Etwas Ähnliches soll auch für die Beihilfe gelten.

Zum jetzigen Zeitpunkt ist für die Zähne der Beamten allerdings weit besser gesorgt als für die von Arbeitnehmern. Zuzahlungen werden ausschließlich bei so genannten Luxussanierungen fällig, beispielsweise bei »großen Brücken zum Ersatz von mehr als vier fehlenden Zähnen je Kiefer oder für mehr als drei Verbindungselemente bei einem Restzahnbestand von höchstens drei Zähnen«.

Der Beamte als Privatpatient

Versicherungsmakler geraten regelmäßig ins Schwärmen, wenn das Gespräch auf die private Krankenversicherung oder Beihilfeversicherung für Beamte kommt. »Das ist«, heißt es dann, »die Top-Versicherung überhaupt! Besser kann man sich in Deutschland nicht versichern.« Für einen 35 Jahre alten Beamten, zwei Kinder, Beihilfesatz 70 Prozent kostet die Kranken- und Pflegeversicherung (ohne Selbstbehalt, Zweibettzimmer bei Krankenhausaufenthalten und Chefarztbehandlung) 100 Euro im Monat. Die Beamtin mit zwei Kindern, Frauen müssen bei Privatversicherern immer etwas mehr zahlen, bekommt die Kranken- und Pflegeversicherung für 120 Euro. Nicht nur, dass die Beihilfeversicherung im Vergleich zur gesetzlichen Krankenversicherung deutlich preiswerter ist, der

Beamte hat auch den besseren Versicherungsschutz. Die Privatversicherung forciert eine Zweiklassenmedizin. Es gibt Arztpraxen mit zwei Wartezimmern, eines für Privatpatienten, eines für Kassenpatienten. Einige Ärzte behandeln nur noch Privatpatienten. Die Gründe dafür liegen nicht nur in den höheren Arzthonoraren, die für Privatpatienten berechnet werden können, auch die so genannte »Deckelung des Budgets« führt dazu, dass Ärzte den Beamten, die zu ihnen in die Praxis kommen, einen Sonderstatus einräumen.

Niedergelassene Ärzte kämpfen seit Jahren mit sinkenden Einnahmen. Die gesetzlichen Kassen sind ständig leer. In dieser Situation sind Privatpatienten eine willkommene Einkommensquelle. Privat Versicherte fallen nicht ins Budget. Diese so genannte Budgetierung oder Deckelung der Verdienstmöglichkeiten hat lange Zeit dazu geführt, dass ein niedergelassener Arzt in etwa immer das gleiche Geld bekommen hat, weitgehend unabhängig von der Zahl der behandelten Patienten. Hatte der Arzt in einem Monat mehr Patienten, wurde von der Kassenärztlichen Vereinigung eben die Berechnungsgrundlage, der so genannte Punktewert, heruntergesetzt. Am Ende bekam der Arzt trotz Mehrarbeit nur wenig mehr Geld. Inzwischen haben die Sozialgerichte diese Verfahrensweise für ungesetzlich erklärt. Es ist aber nicht mehr Geld da. Die Kassenärztlichen Vereinigungen lavieren bei der Aufteilung des Budgets – zahlen sie einem Arzt mehr, muss ein anderer entsprechend weniger bekommen.

Privat Versicherte stehen außerhalb des Budgets. Jeder von ihnen bringt zusätzliches Geld in die Praxis. Die Ärzte machen keinen Hehl aus ihrer Freude, dass sie durch Beamte von vornherein einen gewissen Stamm an Privatpatienten haben, deren Behandlung oft einen erheblichen Teil ihrer Einkünfte ausmacht. Deshalb nehmen sich die Ärzte viel Zeit für ihre Privatpatienten, reden ausführlich mit ihnen, machen verschiedene Therapievorschläge, erläutern ihnen die Wirkungsweise verschiedener Medikamente. Obendrein können sie für vergleichbare Leistungen deutlich höhere Honorarsätze abrechnen als bei Kassenpatienten. Mitunter zahlt die Privatkasse über das Dreifache dessen, was der Leistungskatalog der gesetzlichen Kassen für eine vergleichbare Behandlung vorsieht.

Entsprechend aufgeschlossen ist das medizinische Personal. Es passiert ständig, dass ein gewöhnlicher Kassenpatient, der seit Stunden auf seine Behandlung wartet, erleben muss, wie jemand vorgelassen wird, der gerade erst zur Tür hereingekommen ist.

Großer Versorgungsvorsprung

Das Ruhestandseinkommen der Beamten liegt deutlich über dem vergleichbarer Angestellter. Der Bund der Steuerzahler hat sich einmal die Mühe gemacht und die Pensionen der Beamten mit der Rente von Arbeitnehmern verglichen. Dazu wurde akribisch ausgerechnet, was Pensionär und Rentner nach allen Abzügen auf ihrem Konto haben. Dabei hat auch die unterschiedliche Besteuerung von Renten und Pensionen Berücksichtigung gefunden. Die Ergebnisse wurden schließlich zu den Nettobezügen während der Berufstätigkeit ins Verhältnis gesetzt. Danach bekommt der Pensionär zu diesem Zeitpunkt 80 Prozent seiner früheren Nettobezüge, der Rentner aber lediglich 63 Prozent.

Angesichts dieses enormen Unterschiedes wird immer wieder angeführt, bei den Pensionen handle es sich um ein »Zwei-Säulen-Modell«, das nur mit der gesetzlichen Rente einschließlich der betrieblichen Altersvorsorge verglichen werden könne. Doch diese Sichtweise geht an der Realität vorbei. Eine zusätzliche Betriebsrente bekommen bei weitem nicht alle Rentner. Nach den Angaben aus dem Alterssicherungsbericht der Bundesregierung erhält gerade mal jeder vierte Arbeitnehmer in den Branchen Industrie, Bergbau, Energiewirtschaft, Baugewerbe, Handel, Handwerk, Banken, Versicherungen und Land-

und Forstwirtschaft zusätzlich zur gesetzlichen noch eine betriebliche Rente. Mehr als drei Viertel der Beschäftigten in der Privatwirtschaft gehen leer aus. »Aber selbst wenn man die durchschnittliche Betriebsrente von derzeit etwa 320 Euro zur gesetzlichen Rente hinzurechnet«, schreibt der Bund der Steuerzahler, »zeigt sich, dass die Beamten immer noch viel besser gestellt sind.«

Am deutlichsten wird der Unterschied, wenn Pension und Rente nicht zu den beruflichen Nettoeinkommen ins Verhältnis gesetzt, sondern unmittelbar miteinander verglichen werden. Auch hier ist der Pensionär viel besser gestellt als ein Rentner mit ähnlicher beruflicher Vergangenheit. Auf jeden Euro, den ein Rentner aus der gesetzlichen Rentenkasse bekommt, hat der Pensionär 27 Cent zusätzlich im Geldbeutel.

Anschwellender Bocksgesang

Der Bund der Ruhestandsbeamten, Rentner und Hinterbliebenen klagt vor dem Bundesverfassungsgericht. Grund ist das 2001 im Bundestag verabschiedet Versorgungsänderungsgesetz, das Einkommensverschlechterungen für Pensionäre nach sich zieht. Mit Rücksicht auf die »Altersstruktur der Betroffenen« wollen die Ruhestandsbeamten nicht warten, bis der Instanzenweg durchschritten ist, sondern wenden sich sofort an die höchste Gerichtsbarkeit. Die Gesetze lassen diese Möglichkeit zwar zu, doch allein die Richter entscheiden, »ob sie eine solche Verfassungsbeschwerde annehmen oder aber verlangen, dass die Beschwerdeführer zunächst den Instanzenweg durchlaufen, also die zuständigen Verwaltungsgerichte einschalten«.

Beamte kennen das Prozedere. Sicherheitshalber hat sich der Bund der Ruhestandsbeamten auch noch auf den Weg durch die Instanzen gemacht, »um dann in letzter Konsequenz das Bundesverfassungsgericht anzurufen«. Es geht um Pensionskürzungen. Einmal mehr sitzen Bundesrichter und Beamte in den Verwaltungsgerichten über die Altersbezüge des eigenen Berufsstandes zu Gericht.

Mit dem so genannten Rentenreformgesetz hat der Bundestag eine Absenkung des Rentenniveaus beschlossen. Die Pensionen sollen davon nicht unberührt bleiben. Das Versorgungsänderungsgesetz schafft entsprechende Regelungen für den Beamtenstand, denn die Rentenkürzungen, so will es das Gesetz, sollen »wirkungsgleich« auf die Pensionen übertragen werden.

Die Beamtenorganisationen wehren sich nicht grundsätzlich gegen eine Senkung ihrer Pensionen, denn die Renten werden ja auch gekürzt. Doch nach Ansicht der Beamtenfunktionäre »hat bei der wirkungsgleichen Übertragung der Rentenreform auf die Beamtenversorgung eine Überkompensation stattgefunden: Beamte müssen den Gürtel im wohlverdienten Ruhestand noch ein Loch enger schnallen als die Mitglieder der gesetzlichen Rentenversicherung«.

Der Bund der Ruhestandsbeamten hat ein Gutachten in Auftrag gegeben. Die Untersuchungen kommen zu dem Ergebnis, dass die Renten nur um 3,5 Prozentpunkte abgesenkt werden, während die Pensionäre mit Einbußen von 6,25 Prozentpunkten rechnen müssen. Folglich »beträgt die Überkompensation bei der Beamtenversorgung 2,75 Prozentpunkte«. In dem Gutachten heißt es abschließend, »im Hinblick auf die überschießenden 2,75 Prozentpunkte besteht ein Begründungsdefizit. Das ist willkürlich und daher verfassungswidrig.«

Doch nicht nur die Ruhestandsbeamten, auch der Bund der Steuerzahler hat die Auswirkungen der Rentenreform für Rentner und Pensionäre berechnet und kommt zu einem ganz gegenteiligen Ergebnis. Danach findet keinerlei »Überkompensation« statt, sondern der Versorgungsvorsprung der Pensionäre wird sich in den nächsten Jahren sogar noch vergrößern. Weil die Renten nach den Berechnungen des Steuerzahlerbundes stärker sinken als die Pensionen, wird der Pensionär in Zukunft nicht nur 27 Cent mehr haben auf jeden Euro, den der Rentner aus der gesetzlichen Kasse bekommt, sondern sogar

33 Cent. Und aller Wahrscheinlichkeit nach wird durch die zunehmende Besteuerung der Alterseinkünfte die Entwicklung sogar noch mehr zu ungunsten der Rentner ausschlagen.

Die Ruhestandsbeamten führen wiederum ins Feld, dass der Bund der Steuerzahler bei seinen Berechnungen die so genannte Versorgungsrücklage außer Acht gelassen hat. Neuerdings müssen Beamte bei der jährlichen Besoldungserhöhung einen Abzug von 0,2 Prozent hinnehmen. Diese Versorgungs- oder Pensionsrücklage wird sich in den kommenden 15 Jahren auf drei Prozent summieren. Das bedeutet, die Beamtenbesoldung wird – nach derzeitigem Stand – um drei Prozent hinter die Angestelltentarife zurückfallen. Und dieses »Sparopfer« muss nach Auffassung der Ruhestandsbeamten und des Beamtenbundes den Pensionskürzungen hinzugerechnet werden.

Das Problem hat seinen Ursprung in der 50er Jahren. Da haben die Beamten ein um durchschnittlich sieben Prozent verringertes Bruttogehalt bekommen, weil sie keine Beiträge in die gesetzliche Rentenversicherung zahlen müssen. Damals lagen die Beiträge zur gesetzlichen Rentenversicherung noch bei 14 Prozent. Heute zahlen Arbeitgeber und Beschäftigte knapp 20 Prozent in die gesetzliche Rentenversicherung. Für die Beamten heißt das, zusammen mit den beklagten 3 Prozent haben sie in 15 Jahren ein um 10 Prozent verringertes Bruttogehalt, während jeder Arbeitnehmer schon heute fast 10 Prozent seines Bruttoeinkommens für die gesetzliche Rentenversicherung aufbringen muss.

Es gibt aber noch einen weiteren Grund, weshalb die Beamtenschaft ihr Pensionsproblem den Verfassungsrichtern vorgetragen hat. Die Dienstherren haben »jüngere Beamte aufgefordert, die entstehende Versorgungslücke durch eigene Maßnahmen aufzufüllen«. Auch Beamte bekommen staatliche Zuschüsse für die Riester-Rente. Für den Beamtenbund steht deshalb fest, dass die gekürzten Pensionen nicht ausreichen, damit der Beamte »nach dem Eintritt in den Ruhestand seinen vorherigen Lebensstandard beibehalten kann« – sonst würde der Dienstherr die jungen Beamten schließlich nicht in die Privatvorsorge drängen. Zugleich gibt der Dienstherr damit zu verstehen, dass er die heutigen, ungekürzten Ruhestandsbezüge für »amtsangemessen« hält. Wenn die Pensionen, folgern nun die Beamtenfunktionäre, dennoch gekürzt und Beamte in die Privatvorsorge gedrängt werden, verhalten sich die Dienstherren verfassungswidrig, denn sie entziehen sich ihrer Alimentationspflicht.

1,8 Millionen Versorgungsfälle

Der 376 Seiten starke Versorgungsbericht der Bundesregierung lässt sich mit wenigen Worten zusammenfassen. Beamte sind am häufigsten krank, gehen am frühesten in den Ruhestand und leben länger als der Durchschnitt der Bevölkerung. In dem Bericht werden die Versorgungskosten der Pensionärinnen und Pensionäre aufgelistet. Er ist zugleich ein Ausblick auf die Steuerbelastung all jener Bürger, die nicht vom Staat alimentiert sind, sondern für sich selbst sorgen müssen und darum weniger zum Arzt gehen, länger arbeiten und früher sterben.

Die Versorgungsausgaben für Pensionäre und deren Hinterbliebene haben sich in den letzten 30 Jahren fast verfünffacht und werden auch in den kommenden Jahrzehnten immer weiter steigen. Mussten Bund, Länder und Kommunen im Jahr 1970 für die Altersbezüge ihrer Beamten noch 8,73 Milliarden Mark ausgeben, betrugen die Aufwendungen 1999 bereits 41,39 Milliarden Mark. Für das Jahr 2030 wird ein Anstieg der Versorgungsausgaben (ohne Pensionäre von Post und Bahn) auf 151 Milliarden Mark oder 77 Milliarden Euro prognostiziert. Doch auch nach dem Jahr 2030, das ist heute schon abzusehen, werden die Versorgungskosten für Beamte und ihre Hinterbliebenen weiter zunehmen. Die Angaben im Versorgungsbericht beziehen sich auf das frühere Bundesgebiet, denn in Ostdeutschland gibt es derzeit erst etwa 3000 Pensionäre.

Die Höhe der Versorgungsausgaben wird in erster Linie durch die Zahl der Versorgungsempfänger, den Zeitpunkt der Pensionierung, die Höhe der Ruhestandsbezüge und durch die Lebenserwartung der Pensionäre beeinflusst.

Die Zahl der Pensionäre und deren Hinterbliebener hat sich in den letzten drei Jahrzehnten nur wenig erhöht. Doch seit den 90er Jahren geht die Zahl deutlich nach oben und wird in den bevorstehenden drei Jahrzehnten ständig weiter zunehmen. Im Öffentlichen Dienst gibt es keine ausgewogene Altersstruktur. Die Einstellungen wurden sehr sporadisch vorgenommen. Von Mitte der 60er bis Ende der 70er Jahre wurden besonders viele Beamte vereidigt. Eine weitere Ursache für die künftig schnell wachsenden Ausgaben liegt in der steigenden Lebenserwartung der Pensionärinnen und Pensionäre.

Bemerkenswert an der Entwicklung ist, dass die Versorgungskosten sehr viel schneller gestiegen sind als die Zahl der Ruheständler. Obwohl die Zahl der Pensionäre in den letzten drei Jahrzehnten nur wenig größer geworden ist (plus 7,4 Prozent), haben sich die Pensionszahlungen vervielfacht (plus 374 Prozent). Selbst bei Berücksichtigung der jährlichen Inflationsrate ist das eine unerhörte Steigerung, die auf geradezu üppige Zuwächse bei den Ruhestandsbezügen hindeutet.

Das durchschnittliche Ruhegehalt für die Beamten betrug Ende der 90er Jahre 4945 Mark. Durchschnittsverdiener, die nicht im Öffentlichen Dienst beschäftigt sind, müssten für eine ebenso hohe Rente mehr als 80 Jahre lang arbeiten. Allein zwischen 1996 und 1999 konnten die Pensionärinnen und Pensionäre ein kräftiges Plus verbuchen. In nur vier Jahren haben die Ruhestandsbeamten im Durchschnitt 542 Mark mehr bekommen.

Beamte leben länger

Beamte müssen öfter zum Arzt als Bauarbeiter. Ihre Kränklichkeit führt dazu, dass sie den Anforderungen ihres Berufes schon vor der Zeit nicht mehr gewachsen sind. »Kaum ein Beamter«, schreibt Gisela Färber, Finanzwissenschaftler an der Verwaltungshochschule Speyer, »bleibt noch bis zum 65. Lebensjahr im Dienst, obwohl der Öffentliche Dienst – anders als der freie Arbeitsmarkt – keine Beschäftigungsprobleme, auch nicht für ältere Arbeitnehmer, aufweist. Es ist deshalb anzunehmen, dass die einschlägigen Leistungsregeln für Fälle des vorzeitigen Pensionseintritts regelrecht Anreize für derart kostspielige Verhaltensweisen setzen.«

Nahezu die Hälfte der Beamten wird wegen Dienstunfähigkeit vorzeitig pensioniert. Ein weiterer großer Teil wird »wegen Erreichens einer besonderen Altersgrenze in den Ruhestand versetzt«. Ein besonders kritisches Alter erreichen Beamte nach der Vollendung des 60. Lebensjahres. Über ein Viertel verabschiedet sich mit seinem 60. oder 63. Geburtstag »auf Antrag in den Ruhestand«. Nicht einmal jeder zehnte Beamte erreicht die Regelaltersgrenze von 65 Jahren.

Doch die meisten Frühpensionierungen erfolgen aufgrund einer ärztlichen Diagnose. Am häufigsten bescheinigt der Arzt den Beamten psychische Probleme und Verhaltensstörungen. »Bei einer für das Jahr 2000 durchgeführten Erfassung der Gründe der Dienstunfähigkeit«, heißt es im Versorgungsbericht, »ergab sich, dass mehr als 30 Prozent der krankheitsbedingten Frühpensionierungen auf psychische bzw. psychosomatische Erkrankungen zurückzuführen sind. Im Schuldienst betrug der Anteil der psychischen Diagnosen sogar 45 Prozent.« Gleich nach psychischen Problemen und Verhaltensstörungen folgen die bei Frauen besonders stark vertretenen Krankheiten des Nervensystems und der Sinnesorgane. Danach kommen, vorwiegend bei Männern, Kreislauferkrankungen und Krankheiten des Muskel- und Skelettsystems.

Obwohl sich die meisten Beamten früher zur Ruhe setzen, leben sie länger als andere Menschen. Beamte werden im Durchschnitt 2,2 Jahre älter, Beamtinnen haben sogar eine um 2,4 Jahre höhere Lebenserwartung als der Bevölkerungsdurchschnitt. Die Hälfte der Ruheständler wird älter als 80 Jahre, und fast 20 Prozent der Pensionärinnen und Pensionäre können bei leidlicher Gesundheit ihren 90. Geburtstag feiern.

Beamte sind billiger

»Die deutschen Beamten sind mitnichten überbezahlte, privilegierte Faulpelze«, schreibt der Deutsche Beamtenbund. »Obwohl immer wieder behauptet wird, dass Angestellte den Staat billiger kommen als Beamte, weisen die meisten Gutachten seit vielen Jahren immer wieder das Gegenteil nach. Beamte sind nicht nur kurz-, sondern auch langfristig kostengünstiger für den Steuerzahler als Angestellte und Arbeiter.«

Soweit die Äußerungen des Deutschen Beamtenbundes. Die Gutachten, in denen die Kosten von Beamten denen der Angestellten gegenübergestellt werden, stammen alle aus den 90er Jahren. In einem Zeitraum von nicht einmal drei Jahren erarbeiteten – angeblich völlig unabhängig voneinander – das Finanzministerium Baden-Württemberg, das Bayerische Staatsministerium der Finanzen, das Finanzministerium Niedersachsen und zu guter Letzt auch noch der Bundesrechnungshof entsprechende Studien über die Kosten von Beamten und Angestellten. Und alle kommen zu dem Ergebnis: Beamte sind für den Staat und damit für die Steuerzahler kostengünstiger als Angestellte.

Zunächst fällt auf, dass alle diese Studien von Beamten erarbeitet oder in Auftrag gegeben wurden. Doch es gibt Widerstand in den eigenen Reihen, Gisela Färber, Finanzwissenschaftlerin an der Verwaltungshochschule Speyer. Sie sagt es scherzhaft, mit einem Lachen in der Stimme. »Wenn alle Beamten 40 Jahre und länger arbeiten würden, und wenn die Pensionäre und deren Witwen nicht so alt werden würden, dann wären Beamte billiger als Angestellte.« Bereits Ende der 80er Jahre ist Gisela Färber mit einer »Pensionsprognose in Zusammenhang mit der demografischen Entwicklung« an die Öffentlichkeit getreten. Das Ergebnis ihrer Forschungen: Das Problem mit den Pensionen übertrifft selbst noch die immensen Schwierigkeiten mit der Rentenversicherung.

Nicht wenige Beamte steigen erst mit Anfang oder Mitte Dreißig ins Berufsleben ein und gehen noch vor Vollendung des 60. Lebensjahres in den Ruhestand. So bringen es viele nicht einmal auf 30 Arbeitsjahre, erhalten aber ebenso lange oder noch länger Pensionszahlungen.

Zunächst sind Beamte tatsächlich billiger. Sie bekommen ein etwas verringertes Bruttogehalt, und der Dienstherr muss – abgesehen von Beihilfezahlungen im Krankheitsfall – keine Arbeitgeberanteile zu den Sozialversicherungen zahlen. Doch während Angestellte, sobald sie in den Ruhestand gehen, die Gebietskörperschaften finanziell nur noch wenig belasten, fangen die Probleme mit den Beamten erst richtig an. Denn die Dienstherren haben die Besoldungsersparnis nicht für die Pensionen zurückgelegt und müssen das Geld irgendwie aus den laufenden Haushalten abzweigen. Insofern handeln Kommunen, Bundesländer und erst recht der Bund verantwortungslos, wenn sie Beamte einstellen. Ein erheblicher Kostenteil, den Beamte im Laufe ihres Lebens verursachen, wird der nächsten Generation aufgebürdet. Es ist die Generation, in der es wegen der niedrigen und immer weiter sinkenden Geburtenrate sowieso schon sehr viel weniger Erwerbstätige gibt. Und diese Wenigen, die heute in der Wiege liegen und in den kommenden Jahren geboren werden, sollen dann nicht nur für den Schuldenberg und für das über Generationen finanzierte Sozialversicherungssystem, sondern auch für die »Pensionslawine« gerade stehen.

Wenige Jahre nach Erscheinen ihres Forschungsberichts hat Gisela Färber an dem Gutachten des Bundesrechnungshofes mitgewirkt. Es ging einmal mehr um die Frage, welche Berufsgruppe weniger Kosten verursacht, Beamte oder Angestellte. Offenbar war die ganze Angelegenheit von Anfang an auf einen Konsens ausgelegt, doch Gisela Färber störte die Harmonie im Gutachterausschuss. Es gab Auseinandersetzungen. Der Streit entzündete sich an komplizierten Modellrechnungen. Die anderen Gutachter kamen zu Ergebnissen, die ihren eigenen Nachforschungen klar widersprachen. »Der Bundesrechnungshof«, sagt Gisela Färber, »ist viel zu optimistisch an seine Prognosen herangegangen.« Ihre eigenen Analysen zeichnen dagegen ein deutlich düsteres Bild von den künftigen Pensionslasten. Nur fanden diese Zahlen keine Berücksichtigung bei den letztlich veröffentlichten Rechenmodellen. »Dieses Gutachten«, sagt Gisela Färber, »gibt nicht meine Ansichten wieder. Wir sind im Streit auseinander gegangen und haben seither nicht wieder miteinander gesprochen.«

Was in Gutachten meist schön gerechnet wird, hört sich bei der Professorin dramatisch an. In nur ein bis zwei Jahrzehnten werden sich die Pensionsversprechen zu einer kaum vorstellbaren Belastung auswachsen. Dann bleibt Ländern und Kommunen überhaupt kein »politischer Spielraum« mehr. Den Rest ihrer Steuereinnahmen, der nicht für die Bezahlung der öffentlichen Bediensteten und für den Schuldendienst draufgeht, wird dann sofort an die Pensionäre weitergereicht.

Lehrer in Hamburg

Wegen der prekären Haushaltssituation sollen künftig in Hamburg, schreibt der Senat, bei der Einstellung von öffentlichen Bediensteten auch Kostenaspekte berücksichtigt werden. Die Hanseaten sind bekannt für ihre Großzügigkeit. Tatsächlich spielte in der Freien und Hansestadt Geld bei der Beschäftigung des städtischen Personals bislang kaum eine Rolle. Erst die blanke Not zwang Hamburg, die Haushaltsplanungen neu zu überdenken. Dabei fiel auf, dass allein die Behörde für Schule,

Jugend und Berufsbildung einen Anteil von 53 Prozent an den städtischen Personalkosten verbucht. Das hat zu Überlegungen geführt, »die Entscheidungen über die Art des Dienstverhältnisses Beamte/Angestellte künftig stärker auch unter Kostenaspekten zu treffen«.

Also hat Hamburg ein Gutachten in Auftrag gegeben. Gewonnen werden für die Erarbeitung konnten Gisela Färber von der Verwaltungshochschule Speyer, Silvia Stiller und Wolfgang Schaft, beide Volkswirte am Hamburger Institut für Wirtschaftsforschung. Die Studie »Zur Einstellungspräferenz von BeamtInnen und Angestellten unter besonderer Berücksichtigung des Schulbereichs« wurde 1999 in den Speyerer Forschungsberichten veröffentlicht. Auf den 90 eng bedruckten Seiten finden sich Analysen und Berechnungen zu den Lebensarbeitszeitkosten der öffentlichen Bediensteten in der Hamburger Schulbehörde. Es handelt sich bundesweit um den bislang fundiertesten Kostenvergleich zwischen Beamten und Angestellten. Die wissenschaftlichen Berechnungen lassen nur wenig Interpretationsspielraum. Dennoch wird in den Erklärungen immer wieder die Möglichkeitsform verwendet. Im Stile der Untersuchungen lässt sich zusammenfassend sagen: Beamte hätten möglicherweise einen kleinen Kostenvorteil gegenüber Angestellten, wenn es in den nächsten 65 Jahren keine realen Einkommenszuwächse geben würde, wenn sich das Berufseintrittsalter senken ließe, wenn das Pensionierungsalter heraufgesetzt werden könnte und wenn die Lebenserwartung nicht weiter steigen würde. Anders ausgedrückt: Beamte sind immer teurer als Angestellte, weil sich Einkommenszuwächse in den nächsten 65 Jahren nicht ausschließen lassen, weil Beamte zu spät ins Berufsleben einsteigen, zu früh pensioniert werden und weil ihre Lebenserwartung steigt. Das Problem bei den Beamten sind die Alterssicherungskosten. Aber auch bei den Krankheitskosten ist die öffentliche Hand, verglichen mit dem Arbeitgeberanteil zur gesetzlichen Krankenversicherung der Angestellten, stärker in der Pflicht. »Die Alterssicherungssysteme des Öffentlichen Dienstes«, heißt es in dem Forschungsbericht, »die einstmals für echte ›lebenslängliche‹ Arbeitsverhältnisse konzipiert worden waren, reagieren hoch sensibel auf Verkürzungen der Lebensarbeitszeit, wobei die Kostensteigerungen für das Beamtenverhältnis besonders gravierend ausfallen, weil hier der öffentliche Arbeitgeber die gesamten Kosten trägt.«

Wegen ihrer höheren Lebenserwartung sind verbeamtete Lehrerinnen sowieso durch die Bank teurer als Angestellte. Bei Männern lässt sich dies nicht immer mit absoluter Gewissheit sagen. Da hängt es vom Berufseintrittsalter, dem Pensionsalter und der Lebenserwartung ab, ob möglicherweise nicht doch ein kleiner Kostenvorteil gegenüber Angestellten entsteht. Die Lebensarbeitskosten beider Statusgruppen gleichen sich etwa an, »wenn die Dauer des aktiven Schuldienstes Werte von 32 bis 35 Jahren erreicht oder sogar übersteigt«. Aber nur wenige Lehrer arbeiten so lange. Das würde ja voraussetzen, dass sie schon mit Mitte Zwanzig ins Berufsleben einsteigen. Tatsächlich sind die Lehrer aber bereits jenseits der Dreißig oder sogar noch älter, ehe sie in den Schuldienst übernommen werden.

Die Wissenschaftler legen der Schulbehörde deshalb nahe, Wartelisten bei der Einstellung von Lehrern abzuschaffen, was zur Folge hat, dass die Lehrer schon um die 40 Jahre alt sind, ehe ihr Arbeitsleben richtig anfängt. Kurze Studienzeiten sollten eines der wichtigsten Einstellungskriterien sein. »Die Hamburger Schulbehörde könnte das Eintrittsalter in den Schuldienst beeinflussen, das, wenn man es dramatisch – z. B. auf ein Alter von 25 bis 27 Jahre – senken könnte, nicht nur den Kostenvergleich Beamte/Angestellte zugunsten von Beamten entscheidend verbessern würde, sondern auch die durchschnittlichen Jahresarbeitskosten für jedes Lebensarbeitsjahr deutlich senkt.« Dagegen sind »bei einem Eintrittsalter von 39 bzw. 40 Jahren angestellte Lehrer auf jeden Fall kostengünstiger«. Im Übrigen ist bei den Modellrechnungen unterstellt worden, dass es in den nächsten 65 Jahren keine realen Einkommenserhöhungen für Lehrer gibt. Kommt es dazu, sind Angestellte sowieso immer kostengünstiger als Beamte.

Es lässt tief blicken, dass die Hamburger Behörde drei Wissenschaftler beauftragen muss, damit diese herausfinden, welche Personalkosten auf die Stadt zukommen. Bei ordentlicher Buchführung und einer vorausschauenden Kalkulation kann die Behörde ganz leicht selbst herausfinden, wie viel Geld sie für Beamte und Angestellte jetzt und in Zukunft aufbringen muss. Mehr noch, bei einer soliden Personalplanung müssen den Verantwortlichen etwaige Kostenunterschiede beider Statusgruppen geradezu ins Auge springen. Aber von einer soliden Personalplanung ist die Hamburger Schulbehörde weit entfernt. Die Wissenschaftler waren bei ihren Berechnungen häufig auf Schätzungen angewiesen. »Bei der Untersuchung gab es keine spezifischen Daten über Pensionsdauern, über das Sterbealter der LehrerInnen und ihrer Hinterbliebenen sowie keine verlässlichen Angaben über Beihilfeaufwendungen.« Nicht einmal »das Eintrittsalter in den Schuldienst konnte exakt geklärt werden«. Bei dieser Datenlage fällt es schwer, der Hamburger Schulbehörde Blauäugigkeit oder Naivität zu unterstellen. Hier wird bewusst etwas vertuscht und klein geredet. »Vor diesem Hintergrund wird empfohlen, die Lohnnebenkosten für Beamte und Angestellte auch dadurch vollständig transparent zu machen, dass versicherungsmathematisch kalkulierte Beiträge zu Alterssicherung direkt mit der Stellenbewirtschaftung budgetiert werden.«

Um es noch einmal deutlich zu sagen, die Hamburger Schulbehörde hatte bislang keinen blassen Schimmer, welche Kosten für einen Lehrer im Laufe seines Lebens und für dessen Hinterbliebene anfallen. Um ein letztes Mal in die Möglichkeitsform zu verfallen: Wenn Geld bei den Einstellungsentscheidungen eine Rolle spielen würde, wenn sich Transparenz herstellen ließe und die tatsächlichen Kosten für Beamte in den aktuellen Haushaltsplanungen auftauchen würden, dann dürfte die Hansestadt nur noch Angestellte beschäftigen.

Im Herbst 2003 ging die Organisation für wirtschaftliche Zusammenarbeit und Entwicklung OECD mit ihrer Studie »Bildung auf einen Blick« an die Öffentlichkeit. Neben vielen interessanten Details zeigte die Bildungsstudie einen internationalen Vergleich der Lehrergehälter. Ein deutscher Lehrer, Sekundarstufe, 15 Jahre Berufserfahrung, hat ein Bruttojahreseinkommen, kaufkraftbereinigt und mit weitgehender Berücksichtigung möglicher Zulagen, von 49 053 Dollar. Mehr verdienen Lehrer nur noch in der Schweiz, 54 852 Dollar. Der Durchschnitt alle OECD-Staaten liegt bei 31 968 Dollar.

Deutsche Lehrer werden im Vergleich aller bedeutenden Industrienationen überdurchschnittlich gut bezahlt. Dabei erregte diese Tatsache für sich betrachtet noch nicht einmal großes Aufsehen. Erst die Relation, dass die überdurchschnittlich bezahlten Lehrer laut PISA-Studie Schüler mit unterdurchschnittlichen Leistungen unterrichten, sorgte für einigen Unmut.

Allerdings betrachten die Berechnungen der OECD nicht das ganze Bild, sondern nur einen Ausschnitt. »Die angegebenen Gehälter«, heißt es in der Erklärung zur Methodik, »sind definiert als Bruttogehälter abzüglich der Arbeitgeberbeiträge zur Sozial- und Rentenversicherung.« Das bedeutet, die Gehälter der deutschen Lehrer werden wie Arbeitnehmergehälter betrachtet, in denen die Besonderheiten des deutschen Beamtenrechts keinen Niederschlag finden. »Innerhalb der OECD-Länder«, räumt die Bildungsstudie ein, »gibt es große Unterschiede bei der Besteuerung und den Sozialversicherungssystemen. Aus diesem Grund ist bei einem Vergleich der Lehrergehälter Vorsicht geboten.«

Ein aussagekräftigeres Bild ergibt sich, wenn in die Betrachtung der Lehrereinkünfte die Arbeitgeberanteile zur Alterssicherung und die Beihilfeanteile an den Krankheitskosten einbezogen werden. Für die üppige Alterssicherung muss hierzulande überschlägig noch einmal 30 Prozent auf das Beamtengehalt aufgeschlagen werden. Für die Beihilfe, den Arbeitgeberanteil an den Krankheitskosten, muss die öffentliche Hand noch einmal 10 Prozent zum Beamtengehalt dazulegen. Zusammen kostet das die öffentlichen Arbeitgeber einen Aufschlag von 40 Prozent auf die in den Besoldungstabellen auftauchenden Gehälter.

In der Schweiz beteiligen sich die öffentlichen Arbeitgeber gar nicht an der Krankenversicherung und sehr viel weniger an der Altersvorsorge. Der Lehrer zahlt seine Krankenversicherung komplett allein, das sind monatlich, individuell unterschiedlich, etwa 300 Franken oder 225 Dollar. Bei der Altersvorsorge gibt es in der Schweiz drei Säulen. Die Alters- und Hinterlassenenversicherung sorgt für die Existenzsicherung im Alter, die Kosten betragen 11,2 Prozent vom Bruttoeinkommen, zu gleichen Teilen finanziert von Arbeitnehmer und Arbeitgeber. Dazu kommt die Betriebsrente, die – in den Kantonen mitunter sehr verschieden – in etwa noch einmal so hoch ist wie die Alters- und Hinterlassenenversicherung. Hier beteiligt sich der Arbeitgeber im Durchschnitt mit 63 Prozent. Neben der gesetzlichen Grundsicherung und der Berufsrente müssen Lehrer in der Schweiz zusätzlich privat Vorsorge treffen, wenn sie den Standard einer deutschen Lehrerpension erreichen möchten. Hinzu kommt, dass der Lehrer in der Schweiz einen Eigenanteil von 1,5 Prozent zur Arbeitslosenversicherung zahlen muss. Mit den Arbeitgeberanteilen für Rente und Krankenversicherung erhöht sich das Lehrergehalt in der Schweiz auf etwa 63 250 Dollar, das des deutschen Lehrers mit dem 40-prozentigen Zuschuss auf 70 000 Dollar. Aber auch wenn die Lehrereinkünfte vor Steuern, doch ohne die Arbeitgeberanteile und die Eigenanteile zur Alters- und Krankenvorsorge verglichen werden, haben deutsche Lehrer im Jahr ein paar Tausender mehr zur Verfügung als ihre Kollegen in der Schweiz. Es besteht kein Zweifel, deutsche Lehrer sind die mit Abstand am besten bezahlten der Welt.

Hartnäckig hält sich die Vorstellung, in der freien Wirtschaft ließe sich mehr Geld verdienen als im Öffentlichen Dienst. Oft sind es Beamte selbst, die dieses Gerücht in die Öffentlichkeit tragen. So klagte der Deutsche Beamtenbund, dass die Einkommen der Beamten und Versorgungsempfänger im Entwicklungsvergleich der letzten Jahre mit rund 13 Prozent gegenüber der Gesamtwirtschaft zurückgeblieben seien.

Der Bund der Steuerzahler hat solche Behauptungen nachgerechnet und einen 45 Jahre alten Beamten im mittleren Dienst mit einem Angestellten verglichen, der die gleiche Tätigkeit ausübt. Unterm Strich hat der Beamte ein 13 Prozent höheres Nettoeinkommen. Der Vorteil des Beamten ergibt sich in erster Linie aus den sehr viel geringeren Sozialabgaben. Werden dann noch die Ruhestandseinkommen beider Beschäftigten verglichen, so liegt die Nettopension des Beamten sogar um 44 Prozent über der Rente des Angestellten. Wird bei dieser Rechnung auch berücksichtigt, welche Privatvorsorge Beschäftigte der reinen Wirtschaft treffen müssten, um ihre Alterseinkommen dem Pensionsniveau anzugleichen, setzen sich Beamte noch weiter ab. »Ganz gleich, welche Besoldungsgruppe man sich auch herausgreift«, schreibt der Bund der Steuerzahler, »das Nettoeinkommen eines Beamten liegt immer deutlich über dem eines Angestellten in der privaten Wirtschaft.« Will der Angestellte genauso viel verdienen wie der Beamte, »muss er höhere Leistungen erbringen oder anspruchsvolleren Tätigkeiten nachgehen«.

Bei solchen Modellrechnungen lässt sich nicht berücksichtigten, dass immer mehr Unternehmen aus den Arbeitgeberverbänden austreten und ihre Beschäftigten unter Branchentarif bezahlen. Auch Lohnverzicht und unbezahlte Überstunden, heute gang und gäbe in der freien Wirtschaft, können bei diesen Berechnungen nicht berücksichtigt werden. Und obwohl sie schon weniger verdienen, würden viele bei privaten Arbeitgebern Beschäftigte einen Teil ihrer Einkünfte hergeben für etwas mehr Sicherheit, Ruhe und Kontinuität in ihrem Berufsalltag.

Auf der Suche nach den verlorenen Beamten

Durch Bundesbehörden werden immer wieder Halbwahrheiten in die Presse lanciert. Durch Zahlenspielereien wird der Eindruck erweckt, die Zahl der öffentlichen Bediensteten sei in den vergangenen Jahren deutlich gesunken. Nach den offiziellen Statistiken hat die Zahl der im Beruf stehenden Beamten 1993 den Höhepunkt erreicht. Zu diesem Zeitpunkt wurden im früheren Bundesgebiet 2,2 Millionen Beamte gezählt. Doch seitdem ist ihre Zahl überraschend auf 1,8 Millionen gesunken.

Derart viele Beamte können in so kurzer Zeit nicht einfach verloren gehen, ihr besonderes Dienst- und Treueverhältnis kann nur der Tod beenden. Die Suche nach den verlorenen Beamten führt in die früheren, jetzt privatisierten Staatsunternehmen. Sie sind natürlich alle noch da, in den Nachfolgeunternehmen von Post und Bahn. Die meisten dieser 759 000 Beamten haben sich inzwischen zur Ruhe gesetzt. Viele von ihnen sind »auf Antrag« schon ein paar Jahre »vor Erreichen der Regelaltersgrenze« ausgestiegen. Nur knapp ein Drittel ist heute noch »aktiv«, wie es in den Statistiken heißt, und es werden schnell weniger. Die Dienstherren machen den aktiven Beamten, sobald sie ein gewisses Alter erreicht haben, ein sehr lukratives Angebot. »Beamte des Bundeseisenbahnvermögens, die von Umstrukturierungsmaßnahmen bei der Deutsche Bahn Aktiengesellschaft betroffen sind, können bis zum 31. Dezember 2006 auf Antrag in den Ruhestand versetzt werden, wenn sie: Erstens: als Beamte des einfachen oder des mittleren Dienstes das 55. Lebensjahr oder als Beamte des gehobenen Dienstes das 60. Lebensjahr vollendet haben, und: Zweitens: ihre anderweitige Verwendung in der eigenen oder in anderen Verwaltungen nicht möglich oder nach allgemeinen beamtenrechtlichen Grundsätzen nicht zumutbar ist.«

Für die Nachfolgeunternehmen der Post gibt es eine ähnliche Regelung. Der Hauptgrund für die massenhaften Pensionierungen bei Post und Bahn war allerdings nicht die lukrative Vorruhestandsregelung, sondern Dienstunfähigkeit (Psychische und Verhaltensstörungen, Krankheiten des Nervensystems und der Sinnesorgane, Krankheiten des Kreislaufsystems und des Muskel-Skelett-Systems). Von den Pensionärinnen und Pensionären beispielsweise, die im Jahr 1999 den Ruhestand angetreten haben, sind 66,1 Prozent der Postbeamten und 62,4 Prozent der Bahnbeamten vorzeitig aus dem Berufsleben ausgeschieden. Lediglich 1,2 Prozent der Pensionäre bei der Bahn und lediglich 0,5 Prozent bei der Post arbeitete bis zur Regelaltersgrenze von 65 Jahren.

Ein kleinerer Teil der früheren Beamten bei Post und Bahn hat den Arbeitsplatz gewechselt. Postbeamten beispielsweise bot sich der Wechsel zur Bundesanstalt für Post und Telekommunikation oder zur Regulierungsbehörde an. Einige sind auch in einem der Bundesministerien untergekommen. Der verbleibende Rest arbeitet heute in der freien Wirtschaft. Der Status dieser Beamten ist ein kühner juristischer Wurf über das Arbeitsrecht, das Sozialrecht und über die Beamtengesetze. Mittels Gesetz wurden den privaten Arbeitgebern bei Telekom, Post und Postbank Dienstherrenbefugnisse verliehen.

Bei der privatisierten Bahn wurde diese Besonderheit nicht übernommen. Die aktiven Beamten verbleiben beim Bundeseisenbahnvermögen, zusammen mit einem »Immobilienpaket im Wert von 13,4 Milliarden Mark, (überwiegend ehemalige Empfangsgebäude, Betriebs- und Ausbesserungswerke, Büro- und Verwaltungsgebäude sowie Bahnhofsareale), die für den Bahnbetrieb nicht mehr erforderlich waren«. Diese aktiven Bahnbeamten werden dem privaten Arbeitgeber für die erforderlichen Tätigkeiten »aus dem Bundeseisenbahnvermögen zugewiesen«.

Unter den Aktiven finden sich noch recht junge Beamte. In den Nachfolgeunternehmen der Post wurden noch bis Mitte der 90er Jahre Beamte eingestellt. Dabei war schon in den 80er Jahren klar, dass die Post privatisiert werden soll. Bereits 1990 wurde mit der so genannten 1. Postreform die Privatisierung eingeleitet und 1995 wurden die Nachfolgeunternehmen Telekom, Post und Postbank in Aktiengesellschaften umgewandelt. Bis Anfang 1995, selbst noch unmittelbar vor der Umwandlung in Aktiengesellschaften, bekamen Mitarbeiter ihre Ernennungsurkunde zum Beamten auf Lebenszeit.

In sich beurlaubte Beamte

»Bei Telekom und Post«, schreibt der Deutsche Beamtenbund, »umwarb man offensiv die Noch-Beamten, sich doch ›in sich‹ beurlauben zu lassen – ein Angebot mit Charme: Die Beamten werden zu in der Regel besser bezahlten Angestellten, bleiben meist im gleichen Tätigkeitsbereich und kommen nach ihrer Verrentung in den Genuss ihrer aus ihrem ›beurlaubten‹ Beamtenstatus herrührenden Versorgungsanwartschaften.«

Das will schon viel bedeuten, wenn selbst der Beamtenbund diesen Gepflogenheiten kritisch gegenübersteht. Offenbar wollten sich die Arbeitgeber bei den Nachfolgeunternehmen von Post und Bahn auf diese Weise etwas mehr Flexibilität beim Einsatz der Beamten erkaufen. Denn kein Beamter lässt sich »in sich beurlauben«, wenn ihm daraus keine finanziellen Vorteile erwachsen. Beamte haben einen klar vorgezeichneten Beförderungsweg, ihre Beschäftigung ist in jedem Fall an die Laufbahn gebunden, an den mittleren, den gehobenen oder den höheren Dienst. Innerhalb der Unternehmen kursieren deshalb Vergleichslisten, in denen die Laufbahnen und die dazugehörigen Beförderungsstufen den Tätigkeitsbeschreibungen der Angestellten gegenübergestellt werden. Eine Beurlaubung von seinem Dienst- und Treueverhältnis wird für den Beamten nur dann interessant, wenn er durch die Unterschrift unter einen Arbeitsvertrag eine »Laufbahnschranke überspringen« kann. Und über diese Schranke sind viele Tausend Beamte gesprungen.

Die Bahn AG spricht von einem »Doppelstatusverhältnis« – in sich beurlaubter Beamter und Angestellter. Oft wird die Beurlaubung von vornherein befristet. Nach dem Ablauf der Frist gilt wieder der Beamtenstatus. Was immer auch passiert, Kündigung oder betriebliche Umstrukturierungen, wenn das Angestelltenverhältnis auf der Kippe steht, fällt der Betroffene automatisch in den Beamtenstatus zurück. In sich beurlaubte Beamte gehen mit der Unterschrift auf einem Arbeitsvertrag keinerlei Risiken ein und erhalten beachtliche finanzielle Vorteile.

Ob bei den in sich Beurlaubten tatsächlich von Arbeitnehmern gesprochen werden kann oder ob nicht doch eher der Beamtenstatus überwiegt, liegt ganz im Blick des Betrachters. Aus Sicht des Arbeitgebers handelt es sich um Angestellte. Ebenso werden in sich beurlaubte Beamte durch das Statistische Bundesamt betrachtet, als Arbeitnehmer in einem privatrechtlichen Arbeitsverhältnis. Aus Sicht der Sozialkassen von Post und Bahn bleiben die in sich Beurlaubten allerdings eindeutig Beamte, und auch die Lohnbuchhaltungen der betroffenen Aktiengesellschaften dürfen den Beamtenstatus dieser Angestellten nie aus den Augen verlieren. Die Nachfolgeunternehmen der Post müssen ein Drittel der »fiktiven Besoldung« (bei der Bahn AG sind es 30 Prozent) an die Pensionskassen überweisen. »Aufgrund dessen«, heißt es in den Vereinbarungen, »ist die Berücksichtigung der Zeit der Beurlaubung als ruhegehaltfähige Dienstzeit zugesichert.«

Nicht nur, dass der in sich beurlaubte Beamte sämtliche Pensionsansprüche behält, er wird selbst während seines Angestelltenverhältnisses weiterhin befördert. Obwohl er als Angestellter arbeitet, wird das Beamtenverhältnis sozusagen im Untergrund weitergeführt. Die Pensionsansprüche steigen mit den Laufbahnschritten. Und wenn der Angestellte wieder offiziell in sein Beamtenverhältnis zurückkehrt, dann steigt er nicht etwa dort ein, wo er es einmal vor Jahren verlassen hat, sondern genau auf der Beförderungsstufe, die seine Beamtenlaufbahn von Anfang an für ihn vorgesehen hat.

Die Aktiengesellschaften müssen für die Altersvorsorge ihrer aus dem Beamtenverhältnis kommenden Angestellten deutlich mehr zahlen als für die anderen Beschäftigten. Dafür sparen sie aber – bis auf die Pflegeversicherung – sämtliche Arbeitgeberanteile an den gesetzlichen Sozialversicherungsbeiträgen. Für in sich beurlaubte Beamte »besteht keine Versicherungspflicht in der gesetzlichen Krankenversicherung und keine Beitragspflicht zur Arbeitslosenversicherung«. Der Staat bleibt in der Fürsorgepflicht, in ein Angestelltenverhältnis übernommene Beamte behalten ihren Anspruch auf Beihilfe oder Freie Heilfürsorge. Im Falle einer Krankheit übernimmt der Staat sogar den Verdienstausfall und zahlt die Arbeitnehmerbezüge an den in sich beurlaubten Beamten. Die Rechnung dieses Verfahrens zahlen die Nutzer von Telekommunikationsdienstleistungen, die Aktionäre und die Steuerzahler.

Der Bundespensionsservice

Der Bund führt die Pensionskasse für die Beamten der drei Postunternehmen als gemeinnützigen Verein. Der Bundespensionsservice für Post- und Telekommunikation e. V., Sitz Bonn, hat lediglich 33 Mitarbeiter. Es heißt, die rechtliche Konstruktion wurde aus fiskalischen Gründen so gewählt, was nebenbei verdeutlicht, dass selbst Finanzbeamte nach Schlupflöchern suchen, um dem Fiskus die finanziellen Auswirkungen von Gesetzen zu ersparen, die sie selbst verfasst haben. Die Abrechnungen für die derzeit 270 000 Postpensionäre und deren Hinterbliebene laufen über die Rechenzentren der drei Aktiengesellschaften und über das Bundesfinanzministerium.

Die Nachfolgeunternehmen müssen für die in sich beurlaubten Beamten ein Drittel der »fiktiven Besoldung« an die Pensionskasse zahlen. Trotz dieses horrenden Arbeitgeberanteils von 30 Prozent des Bruttogehaltes werden dadurch gerade mal ein Zehntel der Pensionskosten für die heutigen Pensionärinnen und Pensionäre abgedeckt. Den weitaus größten Anteil, derzeit 90 Prozent der Pensionslasten, muss der Bund von den laufenden Steuereinnahmen abzweigen. Dieser Anteil wird sich, wenn sich die noch 139 000 aktiven Beamten in den kommenden Jahrzehnten aus dem Berufsleben verabschieden und die Unternehmen keine Pensionsbeiträge mehr zahlen, auf 100 Prozent erhöhen.

Der Bundespensionsservice für Post und Telekommunikation hat über seine künftige Tätigkeit verschiedene Berechnungen angestellt. Danach werden die Pensionskosten für die Postbeamten im Jahr 2034 mit gut 14 Milliarden Euro den Höhepunkt erreichen. Der letzte Beamte wird etwa 2041 in den Ruhestand gehen. Dieser letzte Beamte hat – statistisch gesehen – noch ein langes Leben vor sich. Und selbst danach ist noch lange nicht Schluss, denn auch für Witwen, Witwer und Waisen bleibt der Staat in der Fürsorgepflicht. Die Verpflichtungen des Bundespensionsservice ziehen sich dann noch über weitere Jahrzehnte hin. Die Zahlungen an die letzten Hinterbliebenen von Telekom, Post und Postbank werden so um das Jahr 2090 abgeschlossen sein.

Kleines Einmaleins für Gutachterausschüsse

In 25 Jahren wird der deutsche Staat ein Viertel seiner Steuereinnahmen an die 1,8 Millionen Pensionäre und deren Hinterbliebene auszahlen. Das kann sich niemand vorstellen, doch die Modellrechnungen lassen daran wenig Zweifel. Selbst wenn die künftigen Politiker alle heute noch undenkbaren Möglichkeiten ausschöpfen – drastische Pensionskürzungen, weitere

Steuererhöhungen und ein bewusstes Anheizen der Inflation –, selbst dann werden ihnen die Haare zu Berge stehen angesichts solcher Pensionslasten. Das Problem lässt sich im Guten nicht mehr lösen.

Die Beamten aus dem Bundesinnenministerium zeigen im Versorgungsbericht für die künftige Entwicklung der Pensionslasten drei Modellrechnungen auf. Die Berechnungen nach Variante 1 gehen davon aus, dass die Einkommen und Pensionen im Öffentlichen Dienst nicht weiter steigen. Es wird lediglich ein Inflationsausgleich angenommen. Variante 2 »geht von spürbaren realen Bezügeanpassungen aus und Variante 3 von Bezügeanpassungen, die langfristig zu deutlichen realen Einkommensverbesserungen führen«.

Als Vergleichsgröße gilt das Jahr 1970, in dem 1,25 Millionen Versorgungsempfänger (Pensionäre, Witwen, Witwer und Waisen, einschließlich Post und Bahn) den Staat 12,84 Milliarden Mark oder 6,57 Milliarden Euro gekostet haben. Drei Jahrzehnte später musste der Staat für nur wenig mehr Pensionäre (1,38 Millionen) schon 31,44 Milliarden Euro ausgeben, fast fünf Mal so viel. Bis 2030 wird die Zahl der Versorgungsempfänger auf 1,8 Millionen steigen. Die Modellrechnungen nach Variante 2 und 3 kommen zu dem Ergebnis, dass dann Pensionskosten von 92,66 Milliarden Euro (Variante 2) oder 104,66 Milliarden Euro (Variante 3) anfallen.

Bei allen Szenarien geht es um Größenordnungen, die das Vorstellungsvermögen übersteigen. Unter Umständen vermitteln solche Prognosen ein Gefühl dafür, dass sich die heute schon unerträgliche Haushaltslage von Bund, Ländern und Kommunen ständig weiter verschärfen wird. Die Personalkosten für die öffentlichen Bediensteten, die Pensionäre und deren Hinterbliebene sind völlig aus dem Ruder gelaufen. Die Zahl der Beschäftigten im Öffentlichen Dienst ist entschieden zu hoch – nach den wohlgemeinten Schätzungen der Verwaltungsfachschule Speyer um zumindest 30 Prozent.

Zu allem Unglück gründen sich die im Jahre 2001 erstellten

Modellrechnungen auch noch auf sehr optimistische Annahmen. Die Mathematiker haben bei ihren Rechenexempeln für die Entwicklung der Pensionslasten ein reales Wirtschaftswachstum von jährlich 2,25 Prozent zugrunde gelegt. Damit ist klar, dass selbst das Horrorszenario, Variante 3, längst von den Tatsachen eingeholt wurde. Die aktuellen niedrigen Wachstumsraten übertreffen selbst die schlimmsten Befürchtungen des Gutachterausschusses.

Der moderne Beamte

Donnerstag, 14:21 Uhr
BEAMTIN / GEH. DIENST
Ich bin Beamtin im gehobenen Dienst, es geht mir verdammt gut, habe mein 13. Gehalt und hoffe, dass ich jetzt mindestens Einen zum Platzen bringe.
Übrigens: ich habe gleich, um 14:30 Uhr FEIERABEND!!!!

Diese Beamtin meldete sich in einem Internetforum des Westdeutschen Rundfunks zu Wort. In Nordrhein-Westfalen hatte die so genannte Bull-Kommission nach zwei Jahren Arbeit die Ergebnisse ihrer Studie »Zukunft des Öffentlichen Dienstes, Öffentlicher Dienst der Zukunft« vorgelegt und eine weitgehende Abschaffung des Beamtentums gefordert. Darauf stellte der Westdeutsche Rundfunk die Frage ins Netz: Sollen Beamte abgeschafft werden?

Wieder einmal geht es den Beamten an den Kragen. Genau genommen wird schon seit mehr als einem halben Jahrhundert über die Abschaffung des Beamtentums geredet. Seit die Alliierten das Potsdamer Abkommen unterzeichnet und viele der Beamten als »Belastet« eingestuft haben, ist die Diskussion niemals versiegt. Nur blieb es bislang immer bei Worten. Seit der Verabschiedung des Grundgesetzes, wo in Artikel 33 das Beamtentum fest im Fundament der Bundesrepublik verankert wird, sind diese Bestrebungen kaum vorangekommen. Ein Stück weit hat sich der Staat inzwischen bei Post und Bahn verabschiedet, wobei dem Steuerzahler für den kostspieligen Ausstieg noch bis zum Ende des Jahrhunderts kräftig in die Tasche gegriffen wird. Auf der anderen Seite wurde 45 Jahre nach dem Krieg mit der Restauration des Beamtentums in Ostdeutschland begonnen. Ein Problem ist noch lange nicht gelöst und schon wird ein neues geschaffen. Vorerst gibt es in den neuen Ländern etwa 200 000 Beamte und 3000 aus dem früheren Bundesgebiet stammende Pensionäre, aber es werden schnell mehr.

Bei seinen Beamten geht der Staat einen Schritt vor und gleich wieder zwei Schritte zurück. Es kann auch gar nicht anders sein, denn an allen wichtigen Schalthebeln der öffentlichen Verwaltungen sitzen Beamte. Sie werden für ihren Berufsstand auch in Zukunft ein freundliches Umfeld schaffen. Alle von den ungezählten Kommissionen erarbeiteten Vorschläge haben so wenig bewirkt, dass an der Ernsthaftigkeit solcher Bemühungen gezweifelt werden muss. Die Beamtenschaft sitzt in der Bundesrepublik ebenso sicher im Sattel wie hundert Jahre zuvor im Deutschen Kaiserreich.

Wer weiß, womöglich werden sich in Nordrhein-Westfalen tatsächlich ein paar Dinge ändern. Es könnte ja sein, dass Lehrer irgendwann einmal keine Beamten mehr werden. Unter Umständen zieht das die Landesregierung in Nordrhein-Westfalen ein paar Jahre im Alleingang durch. Nur bedeutet das nicht, dass andere Länder dem Beispiel folgen, und letzten Endes kann niemand sagen, ob eine künftige Landesregierung in Nordrhein-Westfahren nicht doch wieder zur Verbeamtung von Lehrern zurückkehrt. Dagegen lässt sich verbindlich vorhersagen, dass sich schon bald eine weitere Reform des Öffentlichen Dienstes ankündigt. Und getreu dem Föderalismusgedanken werden Bund und Länder bei diesen Reformen ihre eigenen Schwerpunkte setzen.

Jeder Beamte erlebt das alles viele Male während seines Berufslebens. Mit den Jahren reagiert er gelassen darauf. Der wirkliche Ärger kommt aus einer ganz anderen Richtung. Der moderne Beamte hat ein furchtbares Imageproblem. Er ist ein hässliches Entlein und wird sich niemals in einen Schwan verwandeln. Das Nachrichtenmagazin ›Der Spiegel‹ hat 2003 bei NFO-Infratest eine Umfrage zum Thema Beamtentum in Auftrag gegeben. »Würden Sie eine Abschaffung des Beamtentums begrüßen?«, erkundigten sich die Infratest-Mitarbeiter bei 1000 Personen – 720 antworteten mit Ja.

In Österreich, wo die Verhältnisse mit denen in deutschen Verwaltungen vergleichbar sind, wollte das Institut für Markt- und Sozialanalysen (IMAS-International) herausfinden, welche Begriffe bei der österreichischen Bevölkerung einen eher sympathischen und welche einen unsympathischen Klang haben. »Ziel der Studie war es, den emotionalen Gehalt von 35 Begriffen zu überprüfen, die für die politische, wirtschaftliche und gesellschaftliche Entwicklung eine zentrale Bedeutung haben.«

Die Ergebnisse zeigen, dass »die Vorstellung von heiler Welt« bei den Österreichern vor allem mit Worten wie Sicherheit, Ordnung und Heimat verbunden wird. Sehr beliebt sind auch Worte wie Arbeit, Selbständigkeit und Sparen. Starke Unlustgefühle lösen hingegen Genforschung und Streikmaßnahmen aus. Noch mehr Unbehagen kommt bei dem Wort Beamtentum auf. Es rangiert auf der österreichischen Beliebtheitsskala an vorletzter Stelle. Weniger Sympathien als das Beamtentum weckt nur noch der Begriff Kernenergie.

Das hässliche Entlein

Auf den Internetseiten von verwaltungstreff.de schildert ein Beamter seine Nöte.

»Ich glaubte einen anständigen Beruf zu erlernen, der mich und meine zukünftige Familie ernähren würde, mir ein Auskommen im Alter sichert und auf dessen Ausübung ich mit gewissem Stolz verweisen könnte. Aber irgendwie ist da was falsch gelaufen. Alleine unserem Berufsstand anzugehören, bringt mittlerweile Probleme mit sich. Werden Sie gezwungen auf die Frage: ›Was machen Sie beruflich?‹, zu antworten, fangen die Probleme schon an. Besonders schlimm trifft es die Kolleginnen und Kollegen des mittleren und gehobenen nichttechnischen Verwaltungsdienstes, kein Dipl. Ing., kein Jurist, kein Dr. jur. schützt vor der Preisgabe der Berufsbezeichnung. Erwähnen Sie, liebe Kollegin, lieber Kollege, zumindest nicht bei Beginn eines Gespräches, dass Sie beamtet sind. Nutzen Sie die dadurch entstehende Chance, durch Ihre fundierte Allgemeinbildung den Eindruck zu erwecken, ein fleißiger, zielstrebiger und beruflich engagierter Mensch zu sein. Sollte Ihnen dies tatsächlich gelingen, so können Sie es wagen, mit der Wahrheit herauszurücken und sich durch das Geständnis – ich bin Beamtin, ich bin Beamter – zu outen. Die nun unter Umständen folgende Gesprächspause sollten Sie nicht, ich betone nicht, mit persönlichen Rechtfertigungen zu füllen versuchen. Nein, gehen Sie zum Angriff über. Erzählen Sie von Ihren alltäglichen Problemen. Das ständige Verschlafen der Mittagspause. Erzählen Sie, dass Sie beim Beamtenmikado letzte Woche drei Mal gewonnen haben. Und wenn es Ihnen nicht gelingt, auf diese Art mit sich und Ihrem Beruf zurechtzukommen, nutzen Sie die noch bestehenden Möglichkeiten Ihrer privaten Krankenversicherung und gehen Sie zum Therapeuten.«

Lebensaltersstufen

In Zeiten, wo sich jeder bewegen muss, kann es nicht sein, dass der Berufsweg eines Beamten bereits mit Beginn seiner Ausbildung vorgezeichnet wird. Schon am ersten Tag seiner Laufbahn steht das »Endamt« fest, und wenn er sich nichts zuschulden kommen lässt, muss der Beamte nur noch warten, bis er das vorgeschriebene Alter erreicht. Das ist langweilig. Und es ist nicht gut für die Motivation.

Das Aufstiegsprozedere läuft unter der Bezeichnung Lebensaltersstufen. Dieses unter Beamten gängige Wort beschreibt eine Treppe, die ein Beamter während seines Berufslebens hinaufsteigt. Die regelmäßige und vorhersehbare Einkommensverbesserung steht jedem Beamten zu, und zwar unabhängig von seinen Leistungen. Selbst wenn er durch mangelnde Fähigkeiten und geringen Einsatz auffallen sollte, kann ihm der finanzielle Aufstieg in den Lebensaltersstufen nicht verwehrt werden. Wenn das entsprechende Alter erreicht ist, kommt die nächste Besoldungsstufe und macht den Beamtengeburtstag zu einem besonderen Fest.

Seit der Verabschiedung des neuen Besoldungsgesetzes ist der Aufstieg ein bisschen ins Stocken geraten. Bis zum neuen Gesetz ging es alle zwei Jahre eine Besoldungsstufe nach oben. Nun hat sich die Schrittfolge verändert. Nur noch in den ersten Berufsjahren bekommt der Lebenszeitbeamte alle zwei Jahre mehr Geld, dann verlängert sich diese Spanne auf drei Jahre, und schließlich muss der Beamte vier Geburtstage abwarten, ehe er in die nächste Besoldungsstufe aufsteigt.

Auf diese Weise wird Geld gespart. Allerdings steht das Geld nicht für die Verbesserung der desolaten Haushaltslage zur Verfügung. Mit dem Gesparten haben die Dienstherren etwas ganz Besonderes vor. Das Beamtentum soll modernisiert werden. Bei der Besoldung, die sich Jahrhunderte lang einzig und allein nach dem Amt, ferner dem Lebensalter und den Familienverhältnissen des Amtsinhabers richtete, sollen nun auch die Leistungen des Beamten berücksichtigt werden.

Leistungsgerechte Besoldung

Was kostet eine Regierungserklärung? Diese Frage ist ein echter Klassiker, wenn verdeutlicht werden soll, dass sich die Beurteilung staatlicher Verwaltungstätigkeit klaren Leistungskriterien entzieht. Behörden haben eine Monopolstellung, und da

Ämter untereinander nicht konkurrieren, fehlt der das Arbeitstempo belebende Vergleich.

Der Mensch neigt dazu, sich nicht mehr Arbeit aufzuhalsen als unbedingt erforderlich. In diesem Umfeld wird das Aufbrühen einer Tasse Kaffee und das Gespräch über einen nicht anwesenden Kollegen schnell zur tragenden Beschäftigung. Kontrollen würden den Verwaltungsaufwand nur noch erhöhen und nicht das gewünschte Ergebnis erzielen. Beamte entscheiden in vielen Fällen selbst, wie viel und wie intensiv sie arbeiten.

Nun aber ist es vorbei mit der Gemütlichkeit. Das Beamtentum soll modernisiert werden. Es kommt wieder Farbe auf das preußische Stillleben – so stellen es sich die Restauratoren jedenfalls vor. Die Neuerung, mit der Beamte künftig auf Trab gebracht werden sollen, trägt die Überschrift: Leistungsgerechte Besoldung. Der Beamtenbund spricht von einer »Modernisierung des Berufsbeamtentums« und fordert die »Festigung des Leistungsprinzips bei der Ausgestaltung von Berufsweg, Personalsteuerung und Einkommenslage«.

Diese Forderung wird nun Schritt für Schritt umgesetzt. Für Beamte, die sich durch besondere Leistungen hervortun, gibt es seit kurzem drei Möglichkeiten der leistungsgerechten Besoldung. Das sind die Leistungsstufe, die Leistungsprämie und die Leistungszulage.

Bei »dauerhaft herausragenden Leistungen« kann einem Beamten die Leistungsstufe zuerkannt werden. Er steigt schon vor Erreichen des normalerweise erforderlichen Alters in die nächst höhere Lebensaltersstufe auf. Dies ist der attraktivste Anreiz. Die anderen beiden Leistungselemente lassen sich nur schwer auseinander halten, wobei der größte Unterschied offenbar darin besteht, dass die Leistungsprämie auf einen Schlag gezahlt wird, die Leistungszulage aber monatlich, bis zu maximal einem Jahr. Die Leistungsprämie kann dabei »bis zur Höhe des Anfangsgehalts der Besoldungsgruppe zum Zeitpunkt der Entscheidung« gezahlt werden. Die Zulage kann »je nach Leistung bis zu 7 Prozent des Anfangsgrundgehalts der Besoldungsgruppe zum Zeitpunkt der Entscheidung« betragen. Bei einem 40 Jahre alten Oberregierungsrat, verheiratet, zwei Kinder, Besoldungsgruppe A14, Steuerklasse 4 (Stand vor dem Tarifabschluss 2003) macht das monatlich 107 Euro netto. Die einmal zu zahlende Leistungsprämie summiert bei diesem Oberregierungsrat sich auf maximal 1392 Euro.

Während Bund, Länder und Kommunen bei der Bezahlung der öffentlichen Bediensteten weitgehend gleichgeschaltet sind und aus dem Berliner Innenministerium gesteuert werden, wird die Leistungsbesoldung föderalistisch geregelt. Der Bund und jedes Bundesland verabschieden dazu eigene Gesetze und übernehmen alle drei, zwei oder auch nur einen der Leistungs-anreize, und einige Länder haben die Leistungsbesoldung noch gar nicht umgesetzt.

Dort, wo schon entsprechende Richtlinien geschaffen wur-den, dürfen jährlich bis zu 15 Prozent der Beamten eine Prämie bekommen. Die Entscheidung, wer sich über ein zusätzliches Monatsgehalt freuen darf, trifft üblicherweise der Ableitungs-leiter. Er allein wählt aus seinen Untergebenen jene Beamten aus, die sich seiner Meinung nach eine Leistungszulage ver-dient haben.

Hoheitliche Aufgaben

Es ist nie ganz klar, welche staatlichen Aufgaben nur von Be-amten ausgeführt werden dürfen und welche ebenso gut von Arbeitern und Angestellten geleistet werden können. In Kom-munen beispielsweise besteht immer wieder diese Unsicher-heit, ob eine Stelle mit einem Angestellten besetzt werden kann oder ob nicht doch ein Beamter eingestellt werden muss. Nach dem Grundgesetz müssen »hoheitsrechtliche Befugnisse«, wie es dort wörtlich heißt, oder hoheitliche Aufgaben in der Regel Beamten übertragen werden. Das Grundgesetz spricht an dieser Stelle noch nicht einmal von Beamten, sondern von »Angehörigen des Öffentlichen Dienstes, die in einem öffentlich-rechtlichen Dienst- und Treueverhältnis stehen«. Juristen ziehen daraus die Schlussfolgerung, dass hoheitliche Aufgaben grundsätzlich von Beamten erfüllt werden müssen. Doch niemand kann mit Sicherheit sagen, welche staatlichen Aufgaben hoheitlichen Charakter haben und welche nicht. Das ist erstaunlich. Denn normalerweise nehmen Staatsrechtler jede Herausforderung an und geben ausführliche Erklärungen für jeden noch so speziellen juristischen Sachverhalt. Doch ausgerechnet für dieses bedeutsame Problem – Was eigentlich sind denn nun genau die hoheitlichen Aufgaben des Staates? – gibt es bis heute keine verbindliche Aussage.

So sind die öffentlichen Verwaltungen ein rechtliches Notstandsgebiet. Inzwischen gibt es wohl kaum noch eine Beamten zugedachte Verwaltungstätigkeit, die an anderer Stelle nicht auch von Angestellten erledigt wird. In den öffentlichen Verwaltungen ist es an der Tagesordnung, dass sich Beamte und Angestellte an ihren Schreibtischen gegenübersitzen und genau die gleichen Arbeiten erledigen. Ist dieser Zustand womöglich verfassungswidrig?

Ein paar verbindliche Aussagen lassen sich schon treffen. Sicher ist, hoheitsrechtliche Befugnisse sind zunächst einmal staatliche Aufgaben, die nicht von jeder beliebigen Person ausgeführt werden dürfen. Dies ist sozusagen der kleinste gemeinsame Nenner, auf den sich alle Staatsrechtler einigen können. Auch lässt sich sagen, dass hoheitliche Aufgaben meist dann vorliegen, wenn es um typische Polizeiarbeit wie den Schutz von Leib, Leben und Gesundheit geht. Die Landesverteidigung gehört dazu, wie sie in die Verantwortung der Bundeswehr fällt. Auch in den Fällen, wo der Staat dem Bürger mit Geboten, Verboten und Erlaubnissen gegenübertritt, handelt es sich wohl um hoheitliche Aufgaben. Schlüpfrig wird das Terrain bei Lehrern, der für sich genommen größten Gruppe unter den Beamten. Verkörpern sie womöglich die Autorität des Staates, wenn sie unseren Kindern gegenübertreten, und müssen deshalb in einem »öffentlichen-rechtlichen Dienst- und Treueverhältnis« stehen?

Zumindest hat sich inzwischen herausgestellt, dass der Briefträger keine hoheitlichen Aufgaben erfüllt und ebenso wenig der Schaffner und der Bahnwärter. Dagegen erfüllt der Hausmeister in der Universität offenbar hoheitliche Aufgaben, wenn er im Lesesaal die Leuchtstoffröhren auswechselt, denn er ist ein Beamter.

So gehen die Meinungen über diesen Begriff weit auseinander. Einige meinen, sämtliche vom Staat zu erledigenden Aufgaben sollten Beamte übernehmen, andere sind der Auffassung, der Einsatz von Beamten sollte sich auf Justiz, Polizei, Bundeswehr und die Finanzverwaltung beschränken. Wieder andere meinen, der Begriff ist so weit gefasst, dass sämtliche Staatsaufgaben ebenso gut von Angestellten erledigt werden können. Unzweifelhaft werden aber Beamte auch für Tätigkeiten eingesetzt, die schwerlich unter dem Begriff hoheitlich zu fassen sind, beispielsweise, wenn sich Beamte mit Bildung, Forschung und Daseinsfürsorge beschäftigen.

Beamte werden aus Tradition, aus Gewohnheit und nach dem Gutdünken des jeweiligen Dienstherren alimentiert. Es fehlt ein Gesetz oder zumindest eine allgemein anerkannte Regelung, welche Aufgaben genau unter die »hoheitsrechtlichen Befugnisse« fallen, von denen im Grundgesetz die Rede ist. Da dies lediglich einer Festlegung bedarf, liegt nahe, dass eine Klärung dieser Frage bewusst vermieden wird.

Der Beamte und sein Klon

Den 1,8 Millionen Beamten stehen im Öffentlichen Dienst mittlerweile 3 Millionen Angestellte und Arbeiter gegenüber. Das Verhältnis beider Berufsgruppen ist von Misstrauen geprägt. Beamte und Angestellte belauern sich gegenseitig. Besonders, wenn sie vergleichbare Arbeiten verrichten und sich womöglich sogar an den Schreibtischen gegenübersitzen, verbirgt sich hinter der freundlichen Fassade ein tief sitzender Argwohn. Beamte hegen den Verdacht – viele sind sogar fest davon überzeugt, dass Angestellte mit vergleichbarer Tätigkeitsbeschreibung mittlerweile mehr verdienen als sie selbst.

Diese Befürchtungen kann den Beamten niemand nehmen. Unter bestimmten Voraussetzungen kann es durchaus sein, dass der Angestellte den Beamten links überholt hat und ihm das gewerkschaftlich abgesicherte Arbeitsverhältnis ebensoviel Schutz und höhere Einkünfte sichert als dem Beamten das besondere Dienst- und Treueverhältnis. Immer mehr Beamte meinen sogar, es wäre besser, ein Angestellter zu sein. Und dass die Angestellten den Beamten ihren Sonderstatus durchaus nicht neiden, verstärkt noch ihr Unbehagen.

Ein Wechsel vom Beamten- in das Angestelltenverhältnis ist nicht ohne weiteres möglich und wird offenbar auch nicht praktiziert – es sei denn, die Beamten können sich, wie bei Post und Bahn, in sich beurlauben lassen. Es ist das preußische Allgemeine Landrecht, das Dienstherren auch heute noch zur Fürsorge verpflichtet, ihnen im Gegenzug aber auch Rechte gegenüber den Beamten einräumt, gegen die sich Angestellte im Öffentlichen Dienst verwahren würden. »Beamte«, heißt es in den öffentlichen Verwaltungen, »sind eine gefügige Masse.« So können Beamte bei der Verwaltungsarbeit flexibler eingesetzt werden als Angestellte. Zwar ist der Dienstherr gehalten, den Beamten so zu beschäftigen, wie es seiner Laufbahn und seiner Besoldungsstufe entspricht, doch wenn es erforderlich ist, muss der Beamte auch Tätigkeiten ausüben, die über oder unter seinem Status liegen. Wird der Beamte für Arbeiten eingesetzt, die normalerweise besser bezahlt werden, heißt das noch lange nicht, dass er auch entsprechend besoldet wird. Es ist üblich, dass Beamte höher eingestufte Arbeiten ausführen und trotzdem auf die Einkommensverbesserung warten müssen, bis sie die nächste Lebensaltersstufe erreichen.

Da muss der öffentliche Arbeitgeber bei Angestellten ganz vorsichtig sein. Angestellte haben in ihrem Arbeitsvertrag eine sehr detaillierte Tätigkeitsbeschreibung und genau so müssen sie eingesetzt werden. Natürlich können Angestellte auch mit höher eingestuften Tätigkeiten beschäftigt werden, doch in diesem Fall haben sie schon nach kurzer Zeit einen Rechtsanspruch auf die höhere Vergütungsgruppe.

Obwohl die öffentlichen Arbeitgeber um die Eingruppierungsprobleme wissen und keinen Angestellten beschäftigen, ohne zuvor einen Juristen zu konsultieren, kommt es immer wieder zu Missverständnissen. Allein die Beschreibung der Tätigkeitsmerkmale von Angestellten im Öffentlichen Dienst umfasst 399 eng beschriebene Buchseiten. Dazu gibt es noch zwei weitere dicke Bände mit Kommentaren zur Allgemeinen Vergütungsordnung, zusammen knapp 2000 Seiten. Dann ist es für öffentliche Arbeitgeber immer von Vorteil, wenn sie zumindest um die wichtigsten Präzedenzfälle wissen, in denen die Arbeitnehmer und ihre von den Gewerkschaften bezahlten Anwälte obsiegten. All das macht die Beschäftigung eines Angestellten für den öffentlichen Arbeitgeber zu einem schwer kalkulierbaren Risiko.

Zeit der Bewährung

Die Angestellten haben mit Hilfe ihrer Gewerkschaften ein Regime von Einkommensverbesserungen durchgesetzt, das der Beamtenbesoldung zumindest ebenbürtig ist. Neben den laufenden Tariferhöhungen bekommen Angestellte im Öffentlichen Dienst regelmäßig mehr Geld durch den Zeitaufstieg, vergleichbar den Lebensaltersstufen bei den Beamten, und noch einmal durch den Bewährungsaufstieg. »Der Unterschied zwischen den beiden Aufstiegsmöglichkeiten«, heißt es im Eingruppierungsrecht der Angestellten, »besteht darin, dass beim Zeitaufstieg das Aufrücken in eine höhere Vergütungsgruppe allein an den Ablauf eines festgelegten Zeitraumes gebunden ist, während beim Bewährungsaufstieg der Angestellte zusätzlich seine Bewährung nachweisen muss.«

In der Praxis gibt es allerdings kaum einen Unterschied zwischen Zeit- und Bewährungsaufstieg. Der Angestellte profitiert mit schöner Regelmäßigkeit von beiden Einkommensverbesserungen. Im Übrigen ist der öffentliche Arbeitgeber gut beraten, »den Bewährungsaufstieg seines Angestellten nicht aufzuhalten«. Anderenfalls bekommt er ganz schnell eine Vorladung vom Arbeitsgericht. Es gibt dicke Sammlungen von Gerichtsfällen, in denen sich der Bewährungsaufstieg von Angestellten nicht aufhalten ließ. Eine Abmahnung könnte unter Umständen ein triftiger Grund sein. Ansonsten gilt allgemein der Grundsatz: Ein öffentlicher Angestellter hat sich bewährt, wenn er nicht negativ auffällt.

Selbst für die im Vergleich zu den Renten deutlich höheren Pensionen wird ein Ausgleich geschaffen. Die Angestellten im Öffentlichen Dienst erhalten eine Zusatzrente. Die Versorgungsanstalt des Bundes und der Länder (VBL) und die Arbeitsgemeinschaft kommunale und kirchliche Altersversorgung (AKA) sorgen dafür, dass der »Rentenanspruch von Angestellten mit den Pensionen der Beamten gleichzieht«. Es gibt Beamte, die behaupten, dass »Angestellte sogar mehr kriegen«, was sich allerdings wegen der komplizierten und ganz unterschiedlichen Berechnungsgrundlagen nur schwer nachweisen lässt. Ausgeschlossen ist es aber nicht.

Sogar mit dem Privileg der Unkündbarkeit stehen die Beamten nicht mehr allein. »Nach einer Beschäftigungszeit von 15 Jahren«, heißt es im Bundesangestelltentarifvertrag, »frühestens jedoch nach Vollendung des 40. Lebensjahres ist der Angestellte unkündbar.«

Die Zusatzrente

Ende des zurückliegenden Jahrzehnts lag die monatliche Zusatzrente eines Angestellten oder Arbeiters im Öffentlichen Dienst im Durchschnitt bei 724 Mark. »Ziel der Zusatzversorgung ist es«, heißt es im Bundesinnenministerium, »Arbeitnehmerinnen und Arbeitnehmern, die bis zum Eintritt des Versicherungsfalls im Öffentlichen Dienst verbleiben, eine an den Grundsätzen der Beamtenversorgung ausgerichtete Gesamtversorgung zu gewährleisten.«

Die beiden großen Anstalten, die Arbeitsgemeinschaft kommunale und kirchliche Altersversorgung und die Versorgungsanstalt des Bundes und der Länder, haben heute knapp 5 Millionen versicherte Angestellte und Arbeiter. Gut 1,7 Millionen der Versicherten erhalten derzeit eine Zusatzrente. Die Kosten beliefen sich im Jahr 2000 auf 6,31 Milliarden Euro und steigen in Zukunft deutlich schneller als die Pensionslasten. Nach den Berechnungen des Bundesinnenministeriums wird die Zahl der Rentner mit Anspruch auf eine Zusatzrente in den kommenden 30 Jahren auf 4 Millionen hochschnellen. Nach den Modellrechnungen sollen sich die Kosten dann jährlich auf 36,9 Milliarden Euro belaufen. Diese Hochrechnung setzt allerdings voraus, dass die Einkommen im Öffentlichen Dienst bis zu diesem Zeitpunkt nur moderat steigen.

Das ist schon wieder unvorstellbar viel Geld. Deutlicher wird die Größenordnung, wenn die Zusatzrente ins Verhältnis zu den Pensionslasten gesetzt wird. Danach wird die finanzielle Belastung, die dem Staat durch die Zahlung der Zusatzrente entsteht, auf etwa ein Drittel der Pensionskosten anwachsen.

Natürlich wissen alle, die sich ernsthaft mit dem Problem beschäftigen, das ist Wahnsinn! Auch durch Reformbemühungen ist das Problem nicht in den Griff zu bekommen. Die gesamte Zusatzversorgung der Angestellten und Arbeiter im Öffentlichen Dienst steht auf wackeligen Füßen.

Der Staat ist Versicherungsnehmer

Die Zusatzrente ist nicht etwa eine freiwillige Leistung des Arbeitgebers. Sämtliche Angestellten und Arbeiter im Öffentlichen Dienst sind pflichtversichert. Der öffentliche Arbeitgeber steht in der Pflicht, seine Arbeiter und Angestellten bei einer Zusatzversorgungskasse anzumelden. Das bedeutet, der Arbeitgeber und nicht der Beschäftigte schließt diese Versicherung ab. Der Staat ist der Versicherungsnehmer.

Die Höhe der Zusatzrente ist genau wie die Einkommen im Öffentlichen Dienst Verhandlungssache zwischen den Tarifparteien. Bei dem Ungleichgewicht zwischen Arbeitgebern und Gewerkschaften können die öffentlichen Bediensteten sicher sein, dass die Gewerkschaftsfunktionäre für sie im Laufe der Zeit eine üppige Zusatzrente ausgehandelt haben. Im früheren Bundesgebiet liegt der Beitrag für die Beschäftigten bei Bund und Ländern derzeit bei 9,86 Prozent vom Bruttogehalt. Lediglich 1,41 Prozent davon trägt der Arbeitnehmer, den weit größeren Teil zahlt der Staat. Bei einem Bruttoeinkommen von 2500 Euro legt der Staat noch einmal 211,25 Euro obendrauf. Das ist sozusagen ein für die zusätzliche Altersversorgung bestimmter Aufschlag auf das eigentliche Arbeitnehmerbruttogehalt. Der Arbeitnehmer selbst gibt 35,25 Euro dazu.

In Ostdeutschland hat die Zusatzrente derzeit noch eine deutlich kleinere Dimension, weil es im neuen Bundesgebiet, wie die Mitarbeiter in den Zusatzversorgungskassen sagen, »noch keine Altlasten gibt«. Die Zusatzrente wurde erst 1997 in Ostdeutschland eingeführt, vorerst gibt es noch sehr viele Beitragszahler und wenige Versicherungsfälle. Deshalb liegen die Kosten im Moment bei nur 1,2 Prozent des Bruttogehalts, 0,2 Prozent davon trägt der Beschäftigte.

Finanziert werden die »Versicherungsfälle« über das so genannte Abschnittsdeckungsverfahren. Anders als bei der gesetzlichen Rentenversicherung, wo alles Geld, so wie es hereinkommt, sofort wieder ausgegeben wird, sehen die Zusatzversorgungskassen nicht nur das laufende Jahr, sondern behalten einen Zehnjahreszeitraum im Blick. Nach Möglichkeit soll ein kleines Finanzpolster geschaffen werden. Die Beitragshöhe oder – wie es bei den Zusatzversorgungskassen heißt – der Umlagesatz wird mit Blick auf die kommenden zehn Jahre kalkuliert.

Doch auch wenn die Versorgungskassen versuchen, sich einen kleinen Puffer zuzulegen, so täuscht das nicht darüber hinweg, dass es sich bei der Zusatzrente um ein weiteres umlagefinanziertes Sozialversicherungssystem handelt. Auch hier sollen die Kinder für Ansprüche gerade stehen, die ihre Eltern und die vielen kinderlosen Arbeitnehmer im Laufe ihres Berufslebens erworben haben. Es wird kein Geld in Fonds angelegt, aus dem die Ansprüche künftiger Rentner beglichen werden könnten. Wenn die Kosten in den kommenden Jahren ins Gigantische steigen, muss irgendwie frisches Geld herbeigeschafft werden. Die Zusatzrente für die Angestellten und Arbeiter im Öffentlichen Dienst wird aus den laufenden Steuereinnahmen bezahlt.

Die Ausbildung

Jugendliche aus Ländern, die bei der PISA-Studie besser abgeschnitten haben als Deutschland – und das sind fast alle –, haben etwas gemeinsam. Die Schüler mit den besseren schulischen Leistungen lernen länger im selben Klassenverbund. Kinder, die zusammen eingeschult wurden, bleiben mitunter 10 Jahre lang in einer Klasse.

Hierzulande wird auf strenge Selektion gesetzt. Mit kleinen, dem Föderalismus geschuldeten Unterschieden werden Kinder bereits in der 4. Klasse, im Alter von 10 bis 11 Jahren, auseinandersortiert und in eine von drei Schullaufbahnen gedrängt. In diesem Alter sind Kinder noch unselbstständig, bei der Beurteilung für die Schullaufbahn ist demnach das Elternhaus von entscheidender Bedeutung. Ist ein Kind erst einmal auf Haupt- oder Realschule oder auf das Gymnasium festgelegt, ist sein Lebensweg vorgezeichnet. Die wichtigste Erkenntnis der PISA-Studie ist folglich, dass in keinem anderen Land, ausgenommen Brasilien, der schulische Abschluss und der berufliche Werdegang eines Menschen derart durch die soziale Herkunft vorherbestimmt ist wie in Deutschland.

Offensichtlich wird das deutsche Schulsystem nicht nach rationalen Erkenntnissen, sondern nach weit zurückreichenden Verwaltungstraditionen organisiert. Der Hang zur Selektion hat seinen Ursprung im preußischen Ordnungssinn. Das Bedürfnis, alles mit einem Etikett zu versehen und in der dazugehörigen Schublade zu verstauen, ist durch und durch preußisch. Leider beschränkt sich der Ordnungssinn nicht nur auf die Ablage. Das deutsche Schulsystem ist eines der traurigen Kapitel. Dort erhalten sich bis heute Strukturen, die sich vor allem an den Bedürfnissen staatlicher Verwaltungstätigkeit und nicht an denen der Kinder orientieren.

Die Schule ist nur der Anfang. In der Beamtenausbildung wird das Sortieren auf die Spitze getrieben. Es beginnt damit, dass Angestellte und Beamte, auch wenn sie in den Behörden die gleichen Arbeiten ausführen, getrennt ausgebildet werden. Es wird zwischen »Internen« und »Externen« unterschieden, wobei die Externen, typischerweise Angestellte, von außen kommen. Die Externen werden üblicherweise an öffentlichen Ausbildungsstätten und nicht an behördeneigenen Schulen unterrichtet. Ansonsten ziehen sich die staatlichen Institutionen ihren Nachwuchs selbst heran, und dabei folgt jede Behörde ihren eigenen Ambitionen. Die Bundesagentur für Arbeit hat eigene Ausbildungsstätten, die Polizei macht sowieso ihr eigenes Ding, die Bundesbeamten werden an anderen Schulen ausgebildet als Beamte für die Landesverwaltungen und die Kommunen, auch das Auswärtige Amt kümmert sich in Eigenregie um den Nachwuchs. Dann gibt es auch noch Unterscheidungen zwischen nichttechnischem und technischem Dienst, zwischen mittlerem und gehobenem Dienst, und für all die Richtungen noch wieder getrennte Ausbildungsstätten, und selbst die Deutsche Bundesbank unterhält in Schloss Hachenberg eine eigene Schule.

Der Einstieg ins Beamtenverhältnis erfolgt über die Bewerbung beim künftigen Dienstherren. Der Bewerber muss im Regelfall einen Test bestehen. Hat ihn der Dienstherr daraufhin aber erst einmal unter den Bewerbern ausgewählt, kann kaum noch etwas schief gehen. Das lebenslange Dienst- und Treueverhältnis ist praktisch besiegelt.

Das Studium für den gehobenen Dienst, für mehr als die Hälfte aller Beamten, erfolgt an einer der Fachhochschulen für Verwaltung und Rechtspflege. Diese Bildungseinrichtungen bilden ausschließlich Beamte für die öffentlichen Verwaltungen aus. Die AnwärterInnen sind keine normalen Studierenden, sondern Beamte auf Widerruf. Sie haben einen Anspruch auf Anwärterbezüge. Einer der wichtigsten Studiengänge ist Innenverwaltung. »Dazu zählen insbesondere die Gemeinde- und Stadtverwaltungen, Landkreisverwaltungen, die Verwaltung des Landes, aber auch eine Vielzahl weiterer Einrichtungen und Institutionen des öffentlichen Bereichs einschließlich der beiden großen Kirchen.«

Dann stehen noch die Studiengänge Rentenversicherung und Allgemeine Finanzverwaltung zur Auswahl. Die Ausbildung in Fragen der Rentenversicherung führt üblicherweise in eine der Landesversicherungsanstalten oder die Bundesanstalt für Angestellte. Im Studiengang Allgemeine Finanzverwaltung ausgebildete Beamte werden in den Oberfinanzdirektionen und in den Landesämtern für Besoldung und Versorgung eingesetzt.

Etwas Besonderes ist der Studiengang Steuerverwaltung. Hier werden die künftigen Betriebsprüfer ausgebildet. »Das breit angelegte Generalistenstudium«, heißt es im Prospekt einer Beamtenschule, »eröffnet den Absolventen häufig auch breite Berufschancen in der Wirtschaft.« Aus diesem Studiengang rekrutieren nicht nur die Finanzämter ihren Nachwuchs, sondern auch die Steuerabteilungen privatwirtschaftlicher Unternehmen.

Von diesen Studienrichtungen im »nichttechnischen Dienst« (Innenverwaltung, Rentenversicherung, Allgemeine Finanzverwaltung, Steuerverwaltung) wird wiederum der »technische Dienst« unterschieden. Die Ausbildung erfolgt meist an gesonderten Bildungseinrichtungen. Typische Ausbildungsberufe für den gehobenen technischen Dienst auf Bundesebene sind beispielsweise Beamter/Beamtin im bautechnischen Verwaltungsdienst, Beamter/Beamtin in der Wasser- und Schifffahrtsverwaltung, Beamter/Beamtin im technischen Dienst für Umwelt-, Naturschutz und Reaktorsicherheit.

Alle an den behördeneigenen Schulen ausgebildeten Beamten sind die »Internen«. Es sind sozusagen die Nachwuchskräfte, die öffentliche Verwaltungen aus sich selbst gebären. Eine Befruchtung findet nicht statt. Aus diesen Schulen kommen jene preußischen Staatsdiener, wie sie schon das Allgemeine Landrecht beschreibt. Der Rahmen ist so eng gesteckt, dass jeder, der auch nur versucht, sich ein kleines Stück frei zu bewegen, sofort wieder auf seinen Platz verwiesen wird.

Die Bundesagentur

Die Ausbildung zur Beratungsanwärterin/zum Beratungsanwärter bei der Bundesagentur für Arbeit dauert drei Jahre. Der spätere Einsatz in der Berufs- und Arbeitsberatung erfolgt in einem der bundesweit 840 Arbeitsämter. Unterrichtet wird in einer der beiden anstaltseigenen Fachhochschulen in Mannheim oder Schwerin. Wer die Abschlussprüfung besteht, erwirbt »unter bestimmten Voraussetzungen auch die Möglichkeit der Übernahme in das Beamtenverhältnis (gehobener Dienst)«. Die Ausbildungsvergütung als Anwärterin/Anwärter »beträgt in der Regel 85 Prozent der späteren Anfangsgrundvergütung und des Ortzuschlages (Stufe 1)«. Das sind beispielsweise bei einem ledigen Beratungsanwärter/einer ledigen Beratungsanwärterin, 25 Jahre alt, monatlich 1842,82 Euro (Stand Januar 2002). Anstelle der üblichen Semesterferien besteht der tarifliche Urlaubsanspruch, es wird Trennungsgeld und eine Reisekostenvergütung gezalt, ebenso die Kosten für eine am Studienort gemietete Unterkunft.

Die Bundesagentur für Arbeit hat heute mehr als 90 000 Mitarbeiter, davon sind knapp 20 000 Beamte, 54 000 Angestellte und die übrigen Arbeiter. Grundsätzlich gilt, »im einfachen und mittleren Dienst werden nur Arbeiter und Angestellte beschäftigt«. Beamten bleibt der gehobene und der höhere Dienst vorbehalten, sie besetzen nahezu alle wichtigen Führungspositionen. Ansonsten erledigen Beamte die gleichen Aufgaben wie Angestellte, »es gibt keine fachlichen Unterschiede«.

Die »Externen«, all jene, die nicht an einer der beiden Anstaltsschulen ausgebildet wurden, müssen zumindest einen Lehrgang absolvieren. Allerdings gibt es unter den Arbeits- und Berufsberatern offenbar nur »Interne«. Jenen, die von außen hinzukommen, bleibt in der Regel nur eine vergleichsweise nicht so gut bezahlte Stelle als Arbeitsvermittler.

Über die Arbeitsvermittler hinaus gibt es kaum Verbindungen zu Berufen der freien Wirtschaft. Dabei steht heute genug fähiges Personal auf der Straße, aus dem sich die Bundesagentur bedienen könnte. Darunter sind gestandene Führungskräfte, die auf dem angespannten Arbeitsmarkt schon mit Mitte vierzig kaum noch eine Anstellung bekommen. Aber nicht nur in der freien Wirtschaft, auch seitens der Bundesagentur besteht kein Interesse. Der Personalchef eines Konzerns beispielsweise könnte niemals ein Arbeitsamt leiten.

Déprussiation oder die misslungene Entpreußung

Keiner der Alliierten konnte sich besser in die Lage der Deutschen hineinversetzen als Frankreich – zumindest in den ersten Jahren nach dem Ende des Krieges. Auch Frankreich hatte mit seinen Staatsdienern üble Erfahrungen gemacht. Nur allzu bereitwillig diente sich die französische Beamtenschaft dem Vichy-Regime an, das die deutschen Kriegsbemühungen unterstützte, Nazi-Gegner verfolgte und Juden zur Deportation auslieferte. Seine Ehrenrettung verdankt Frankreich General de Gaulle, der im Exil die Provisorische Regierung der Französischen Republik gründete. Nur die Résistance in der Person von General de Gaulle konnte Briten, Amerikaner und Sowjets später davon überzeugen, dass Frankreich auf ihrer Seite stand und nicht ebenso wie Deutschland besetzt werden musste.

In der Folge war Frankreich nicht besonders gut auf seine Beamtenschaft zu sprechen und strebte eine Erneuerung an. Noch 1945 wurde in Paris die Eliteschule École Nationale d'Administration gegründet. Bis heute ist die ENA ihrem Ruf treu geblieben. Die meisten Führungskräfte in den französischen Verwaltungen haben eine 27-monatige Ausbildung an der ENA absolviert und lernen im Unterricht und in den Praktika die »Arbeitstechniken der Verwaltung, die Abfassung von Rechtstexten, Vorgehensweisen in den Bereichen Haushalt und Steuerwesen, Personal-Management, Verhandlungstechniken, Fremdsprachen, Beherrschung von Informations- und Kommunikationstechnologien«. Und schließlich soll bei den Studierenden »Reflexions- und Innovationsfähigkeit« entwickelt werden, indem »durch Forschungsarbeit in Kleingruppen Problemlösungsvorschläge ausgearbeitet werden, die für die Verwaltung direkt von Nutzen sein können«.

Die École Nationale d'Administration hat heute einen internationalen Ruf. Seit der Gründung wurden Studenten aus über hundert Ländern ausgebildet, »immer mit dem Ziel, der französischen Verwaltung in der Welt einen vorteilhaften Platz einzuräumen«. Weniger bekannt ist, dass die ENA in Deutschland »eine kleine Schwester« hat. Im Jahre 1947 gründeten die Franzosen in ihrem Besatzungsgebiet, in Speyer, die Staatliche Akademie für Verwaltungswissenschaften, heute Deutsche Hochschule für Verwaltungswissenschaften. Zum damaligen Zeitpunkt lagen die deutschen Verwaltungsschulen in der sowjetischen Besatzungszone oder im früheren Preußen, es musste etwas Neues her, und genau das hatten die Franzosen mit der verwaltungswissenschaftlichen Schule im Sinn. Auftrag und Ziel der Akademie war die Déprussiation, die Entpreußung der deutschen Verwaltungen.

Das Experiment hat nur kurz gedauert. Die Entpreußung ist nicht gelungen. Das preußische Stillleben wurde wieder restauriert und hängt wie eh und je in den deutschen Amtsstuben. Die Bonner Republik hat die französische Gründung schnell vereinnahmt und die Ausbildung »den hergebrachten Grundsätzen des Berufsbeamtentums« unterworfen. Der Schulbau zeigt eine enge stilistische Verbindung zum Bonner Kanzleramt. Beide Bauwerke haben denselben Architekten. Etwa 500 Studierende sollen hier auf Führungsaufgaben in den öffentlichen Verwaltungen vorbereitet werden. Der größte Teil absolviert ein dreimonatiges Studienprogramm, der kleinere Teil bleibt für ein Jahr und einige wenige schreiben in einem Zeitraum von zwei bis drei Jahren ihre Doktorarbeit. Dann gibt es noch das so genannte Führungskolleg Speyer, in dem »Spitzenbeamte auf die Übernahme noch höherer Ämter vorbereitet werden«. Und in den Semesterferien schicken Bund, Länder und Kommunen jährlich etwa 1200 Beamte zu dreitägigen Weiterbildungsveranstaltungen in die pfälzische Kleinstadt.

Die Bedingungen für die Studierenden sind einzigartig. Es gibt 18 Lehrstühle in Speyer, zusätzlich unterrichten zehn Honorarprofessoren und noch einmal 90 Lehrbeauftragte, in der Regel Spitzenbeamte mit Praxiswissen. In den Vorlesungen sitzen höchstens 80 Teilnehmer, Seminargruppen setzen sich aus maximal 20 Studenten zusammen, im Schnitt kommt auf 22 Studenten ein Professor.

Das Umfeld und die technische Ausstattung lassen nichts zu wünschen übrig. »Die Infrastruktur ist fast nicht mehr verbesserungsfähig«, wirbt die Pressestelle der Hochschule. »Es ist wirklich alles perfekt!« Die Schule unterhält die größte verwaltungswissenschaftliche Bibliothek in Deutschland. In fast jedem Raum lässt sich ein Notebook anschließen, der gesamte Campus ist vernetzt. Und auch ein Wohnheim mit 300 Plätzen steht auf dem Campus, ausschließlich Einzel- und Doppelzimmer.

Finanziert wird die Verwaltungshochschule von den Bundesländern. Die Höhe ihres Anteils bemisst sich an den Einwohnerzahlen. Danach richtet sich auch, wie viele Beamte und Referendare die Länder nach Speyer schicken dürfen, am meisten Nordrhein-Westfalen, entsprechend weniger Beamte entsendet ein kleines Bundesland wie Bremen. Der Lehrkörper ist stark an einer Bestenauswahl interessiert, doch letztlich hat die Schule auf die Auswahl der Studierenden keinen Einfluss und ist auf die Beamten und Referendare angewiesen, die Bund und Länder nach Speyer schicken. »Und das«, heißt es in Speyer, »sind leider nicht immer die Besten.« Das drückt das Niveau, denn die Lehrkräfte müssen auf die Vorbildung und die Fähigkeiten der Studierenden Rücksicht nehmen. Eine Eliteschule wie die École Nationale d'Administration ist Speyer nicht geworden, aber wenigstens »das Kompetenzzentrum für Verwaltungswissenschaften in Deutschland«.

Reförmchen und Sandkuchen

»Moderner Staat – Moderne Verwaltung«, heißt ein Reformprojekt der Bundesregierung. Ein aufwendiger Internetauftritt (www.staat-modern.de) erteilt Auskunft über »ein anspruchsvolles Programm mit einer Fülle von Maßnahmen«. Es gibt

Links bis in die hintersten Kellerräume der Ministeriumsgebäude, und wer nicht strikt den Notausgangschildern folgt, findet dort nie wieder hinaus.

»Die Bundesregierung«, ist dort zu lesen, »konzentriert sich auf vier wichtige Reformbereiche:

1. Höhere Wirksamkeit und Akzeptanz von Recht
2. Der Bund als Partner
3. Leistungsstarke, kostengünstige und transparente Verwaltung
4. Motivierte Beschäftigte

In diesen Bereichen stellt die Bundesregierung die Weichen mit insgesamt 15 Leitprojekten. Ergänzt werden die Leitprojekte durch weitere 23 Projekte.«

Weiter heißt es unter 3. Leistungsstarke, kostengünstige und transparente Verwaltung:

»Dazu werden gängige betriebswirtschaftliche Instrumente wie Kosten- und Leistungsrechnung und Controlling eingeführt. Mit Leistungsvergleichen soll ein Wettbewerb in Gang gesetzt werden, der sich als Motor für ein besseres Preis-Leistungs-Verhältnis und steigende Qualität in der Verwaltung erweisen soll. Neue Kommunikations- und Informationstechnologien in der Verwaltung sollen eine schnellere Verwaltungsarbeit ermöglichen. Auf diese Weise wird Verwaltung nicht nur leistungsfähiger, sondern auch für Bürger nachvollziehbarer und verständlicher.«

Unter Punkt 4. Motivierte Beschäftigte heißt es:

»Jede Verwaltung ist nur so gut wie ihre Mitarbeiter. Das gilt für Unternehmen und auch für den Staat. Die Bundesregierung versteht Verwaltungsmodernisierung nicht als Mittel zum Stellenabbau, sondern als Dialog und Prozess. Das Dienstrecht wird modernisiert und die Beschäftigten erhalten mehr Gestaltungsspielräume. So werden die Voraussetzungen für hohe Leistungsbereitschaft geschaffen.«

Beamte als Dienstleister

Der Deutsche Beamtenbund spricht von »einem neuen Selbstverständnis des Berufsbeamtentums: Loyalität, Treuepflicht und Streikverzicht stehen im Dienste der Bürgerinnen und Bürger, nicht eines Staatsphantoms.« Das Berufsbeamtentum ist nicht länger ein »obrigkeitsstaatliches Relikt«, vielmehr habe sich ein »historischer Wandel vollzogen vom Staatsdiener zum Dienstleister«.

Es wird nicht klar, wann sich dieser Wandel vollzogen haben soll. Dies muss geschehen sein, ohne dass die Bürgerinnen und Bürger etwas davon bemerkten. Wer das Berufsbeamtentum an seinen eigenen Ansprüchen misst, wird ernüchtert. Der Öffentliche Dienst wird seit Jahrzehnten unablässig reformiert, eine Gutachterkommission jagt die nächste, ungezählte Studien wurden erstellt und teuer bezahlt, aber herausgekommen ist dabei herzlich wenig. Die Bürokratie nimmt weiter zu, in jeder Legislaturperiode kommen viele Tausende Seiten neuer Gesetzestexte hinzu, die wiederum Zehntausende Seiten Nachfolgebestimmungen und Kommentare nach sich ziehen. Juristen, die sich ständig weiter spezialisieren müssen und Mühe haben, sich überhaupt noch auf dem neuesten Stand zu halten, beklagen eine mangelnde Rechtssicherheit.

Ein weiteres dunkles Kapitel, über das nun auch schon wieder seit Jahrzehnten geredet wird, ist die Abschaffung der so genannten kameralistischen Haushaltsführung und die Übernahme der kaufmännischen Buchführung. Ein Kameralist war im 17. Jahrhundert, in Zeiten deutscher Kleinstaaterei, der Beamte einer fürstlichen Kammer. Das damalige staatswirtschaftliche Rechnungswesen, die Kameralistik, wird auch heute noch in den öffentlichen Verwaltungen der Bundesrepublik angewandt. Dabei geht es darum, dass alle Ausgaben bereits ein Jahr im Voraus präzise festgelegt werden. Entscheidend ist nicht der wirtschaftliche Umgang mit den Staatsfinanzen, sondern die Planbarkeit. Das führt in der Regel dazu, dass eine

Behörde, die ihr Finanzbudget nicht aufbraucht, das Geld nicht ins nächste Haushaltsjahr übernehmen kann. Auch kann es passieren, dass der Behörde, da sie offenbar auch mit weniger auskommt, Finanzmittel gestrichen werden. Obwohl seit Jahrzehnten klar ist, dass die Staatsfinanzen nicht länger kameralistisch, sondern mit kaufmännischer Buchführung verwaltet werden müssen, ist die Umstellung des Rechnungswesens bis heute nicht über Modellversuche hinausgekommen.

Nicht weniger schwer tun sich Verwaltungen mit Computern. Solange PCs wie Schreibmaschinen genutzt werden, läuft alles einigermaßen problemlos, aber sobald es um die Vernetzung geht und um die Vereinfachung von Arbeitsabläufen, treten Probleme auf. Die Einführung einer neuen Software, wie gerade wieder in den Finanzverwaltungen, zieht sich derart hin, dass die Programme, wenn endlich damit gearbeitet wird, längst veraltet sind.

Die Beispiele lassen sich fortführen. Die Öffentlichen Verwaltungen der Bundesrepublik lassen sich nicht reformieren. Besonders deutlich wird dies bei den Finanzbehörden, wo nach zahllosen, seit Jahrzehnten andauernden Reformbestrebungen alles nur noch schlimmer geworden ist. »Die Steuergesetzgebung«, schreibt der ›Aktionskreis Leistungsträger‹, eine bundesweite Vereinigung von Führungskräften aus der Wirtschaft, »erfüllt seit Jahrzehnten noch nicht einmal mehr die elementarsten Kriterien.« Steuerzahler würden geplagt und entnervt ganze Wochenenden mit der Steuererklärung zubringen und könnten dennoch nicht sicher sein, ihre Gestaltungsmöglichkeiten erkannt zu haben. Ebenso wenig könnten sie darauf vertrauen, dass bei der Bearbeitung in den Finanzämtern Fehler erkannt werden. »Selbst Fachleute haben Schwierigkeiten, sich im Steuerdickicht zurechtzufinden.« Da niemand mehr den Überblick behält, führen die Finanzverwaltungen ein Eigenleben und setzen sich durch so genannte Nichtanwendungserlasse über höchstrichterliche Entscheidungen hinweg. »Dem können die Steuerzahler oftmals nur begegnen, indem sie aufwendige Einspruchsverfahren in Kauf nehmen.« Das alles »führt zu einem unerträglichen Rechtszustand und einer Unzufriedenheit im Umgang mit den Finanzbehörden«.

Ein Fisch beim Schwimmen

Professor Hans Georg Bartels denkt jetzt oft ans Angeln. Unlängst hat er die Angelscheinprüfung bestanden und bei einem Urlaub im Schwarzwald mit Köder und Rute den Bachforellen nachgestellt. Das hat ihm gefallen. So etwas kann er sich gut für den Ruhestand vorstellen, und bis dahin ist es nicht mehr lang. In jüngeren Jahren hätte er so etwas wohl nicht ernstlich erwogen, aber »mit dem Alter geht einem viel von der Aggressivität verloren«.

Und doch hat ihn der Stachel noch einmal gelöckt, womöglich ein letztes Mal, und das nicht nur wegen des nahen Pensionsalters. Es war ein Versuch, die Neugier des Wissenschaftlers, und natürlich eine Vermutung, für die der Beweis noch ausstand. Das Studienergebnis hat seine Befürchtungen allerdings weit übertroffen, und dennoch möchte er mit dieser Angelegenheit am liebsten nichts mehr zu tun haben. »Es sind sehr unangenehme Dinge passiert. Die Finanzrichterschaft hat sehr merkwürdig reagiert. Es gab Anfeindungen übers Internet.«

Wie konnte es so weit kommen? Wie konnte ein Wirtschaftsprofessor der Frankfurter Uni kurz vor seiner Pensionierung in eine derart missliche Lage geraten? »Eigentlich war es nur so eine Idee.« Kam sie ihm möglicherweise beim Angeln? Nein, eher nicht – obwohl einem unten am Fluss so einiges durch den Kopf geht. Professor Hans Georg Bartels, von Haus aus Mathematiker, liest auch Steuerrecht. Und wer sich so intensiv mit der Steuergesetzgebung auseinandersetzt, misst seine fachlichen Kenntnisse auch an der eigenen Steuererklärung und muss dabei fast zwangsläufig Ungerechtigkeiten entdecken.

»Es was schon so, dass ich mein Steuerverfahren verloren hatte und nun wirklich einmal wissen wollte, wie die Chancen vor dem Finanzgericht für den Steuerpflichtigen überhaupt stehen.«

Jeder Steuerzahler weiß intuitiv, dass er mit einer Klage gegen den Fiskus nicht so gute Karten hat. Aber was Hans Georg Bartels allein durch eine kluge Fragestellung und die Auswertung öffentlicher Statistiken herausgefunden hat, erschüttert das Vertrauen in den Rechtsstaat und die Unabhängigkeit seiner Richter. Gerade mal 3,7 Prozent der Steuerzahler, die vor einem Finanzgericht klagen, sind erfolgreich. Der Fiskus gewinnt fast immer.

Etwa 70 000 Steuerpflichtige erheben jährlich Klage vor einem Finanzgericht. Wegen des Prozesskostenrisikos werden sie nur dann ein Verfahren anstrengen, wenn sie sich – oder zumindest ihr Anwalt – gute Chancen ausrechnen. Dieser Klage geht üblicherweise ein Einigungsversuch zwischen Finanzamt und Steuerpflichtigem voraus. Wenn dieser Einigungsversuch scheitert und es zur Klage kommt, sind sich auch die Finanzamtsjuristen ziemlich sicher, dass sie das Verfahren gewinnen und sehen der Klage des Steuerpflichtigen gelassen entgegen. Diese Situation ist typisch für Verwaltungsstreitigkeiten. Beide Parteien, in diesem Fall Steuerpflichtiger und Fiskus, rechnen sich in einem Finanzgerichtsprozess gute Chancen aus. Und so ist – als statistisches Mittel – eigentlich zu erwarten, dass in den Prozessen etwa zur Hälfte die Steuerpflichtigen und zur anderen Hälfte die Finanzämter gewinnen.

Da aber nicht die zu erwartenden 50 Prozent, sondern nicht einmal vier von hundert Steuerpflichtigen mit ihrer Klage vor dem Finanzgericht Erfolg haben, »sind unter Berücksichtigung der Wahrscheinlichkeiten die zu zahlenden Prozesskosten höher als der Prozesserfolg. So gesehen sollte man also seinen Zorn über das Finanzamt lieber herunterschlucken.«

Andererseits ergeben sich hier nicht nur Folgen für die Steuerpflichtigen, sondern ebenso für die Juristen in den Finanzämtern. Die können selbstherrlich jeden Einspruch gegen eine Steuererklärung zurückweisen, denn der Steuerpflichtige wird, sollte er das Finanzgericht anrufen, den Prozess mit größter Wahrscheinlichkeit verlieren. Nur einmal angenommen, die Finanzämter würden ihre juristischen Abteilungen ähnlich wie Wirtschaftsunternehmen unter dem Kosten-Nutzenaspekt betrachten, müssten die Finanzamtsjuristen durch die Bank ihre Kündigung erhalten. Bei dieser Rechtslage kann die Ablehnung von Einsprüchen auch den Sachbearbeitern überlassen werden. Zumal es ohnehin zunächst die Sachbearbeiter und deren Vorgesetzte sind, die Steuerbescheide in Einspruchsverfahren auf ihre Richtigkeit prüfen.

Die extrem niedrige Erfolgsquote vor Finanzgerichten erscheint nur dadurch in etwas milderem Licht, dass lediglich bei einem Fünftel, genau sind es 22,6 Prozent, der Klagen überhaupt ein Urteil gesprochen wird. Bei einem weiteren Fünftel wird das Verfahren durch einen Beschluss erledigt, wobei dann nicht mehr »in der Sache«, sondern nur noch über die Kosten entschieden wird. Zu solchen Finanzgerichtsbeschlüssen kommt es, »wenn der zeitliche Ablauf die Sache gegenstandslos gemacht hat, wenn der Beklagte eingelenkt hat oder wenn Kläger und Beklagte aufeinander zugegangen sind« und einen Vergleich anstreben.

Der weitaus größte Teil der Klagen wird allerdings von den Steuerpflichtigen selbst wieder zurückgenommen. In diesen Fällen ist »dem Steuerpflichtigen in der ersten mündlichen Verhandlung von den Richtern klar gemacht worden, dass die Klage keinerlei Erfolgsaussichten hat«. Wenn der Betroffene die Klage noch rechtzeitig zurückzieht, spart er wenigstens die Gerichtskosten.

Die Rücknahmequote ist im Laufe der Zeit stark angestiegen, von etwa einem Fünftel Mitte der siebziger Jahre auf inzwischen die Hälfte all jener, die gegen ihren Steuerbescheid Einspruch erheben. »Die steigende Rücknahmequote geht einher mit der fallenden Erfolgsquote. Es sieht demnach so aus, dass man die Kläger zunehmend zur Klagerücknahme zu bewegen versucht, um die Anzahl der besonders arbeitsintensiven Urteile zu reduzieren (derzeit 27 Urteile pro Richter und Jahr). Dabei wird offensichtlich so manchem Kläger die Rücknahme nahe gelegt, obwohl die Klage bei intensivem Aktenstudium durchaus erfolgreich gewesen wäre.«

Bleibt noch nachzutragen, dass Mitte der 70er Jahre von den Finanzrichtern immerhin noch bei 16,1 Prozent der Klagen Urteile im Sinne der Steuerpflichtigen gesprochen wurden. Auch sind die Erfolge der Steuerzahler an den einzelnen Finanzgerichten sehr unterschiedlich. Am schlechtesten stehen die Chancen in Hessen (2,8 Prozent), am besten in Rheinland-Pfalz (11,7 Prozent). »Diese erheblichen Unterschiede können nicht etwa damit erklärt werden, dass die Steuerpflichtigen in Hessen die Rechtmäßigkeit eines Steuerbescheides deutlich weniger gut einschätzen können als in Rheinland-Pfalz.«

Die Ursachen dieser Entwicklung sieht Hans Georg Bartels in »der Sozialisation der Finanzrichter«. Nach Schätzungen des Bundes der Steuerzahler werden die Finanzrichter zu 95 Prozent aus Finanzamtsjuristen rekrutiert, deren Arbeitsalltag über viele Jahre dadurch geprägt wurde, dass sie »Einsprüche von Steuerbescheiden abschmettern«.

Die Frage, warum die Erfolgsquote am Finanzgericht in Rheinland-Pfalz so deutlich über dem Bundesdurchschnitt liegt, entzieht sich einer wissenschaftlichen Deutung. Hans Georg Bartels hat dafür allenfalls eine persönliche Erklärung. Sein Eindruck ist, dass viele Finanzrichter in Rheinland-Pfalz schon ein recht hohes Alter erreicht haben und kurz vor der Pensionierung stehen. Er hegt den Verdacht, »das diese Finanzrichter der letzten Generation angehören, in der Moral und Anstand noch etwas bedeuten«.

Die Zweiklassenverwaltung

Als Nordrhein-Westfalens Ministerpräsident Peer Steinbrück (SPD) am 9. April 2003 seine Regierungserklärung zum Bericht der Bull-Kommission verlas und ein »Stärkungsprogramm für einen effizienten Staat« ankündigte, dachten viele Menschen, jetzt würde sich endlich etwas bewegen. Die 23 Mitglieder starke Regierungskommission unter Leitung des Hamburger Universitätsprofessors Hans Peter Bull hatte eine ganze Reihe von Maßnahmen herausgearbeitet, und die nordrhein-westfälische Regierung schien entschlossen, die auch umzusetzen. Peer Steinbrück kündigte die Abschaffung des Beamtenstatus an. »Das Dienstrecht soll so weit wie möglich vereinheitlicht und an das allgemeine Arbeitsrecht angeglichen werden. Es wäre Schluss mit dem Nebeneinander von Angestellten und Beamten auf identischen Dienstposten. Und: Der Wechsel in Wirtschaftsunternehmen würde erheblich erleichtert.« Darüber hinaus soll in Nordrhein-Westfalen ein »neues Entgeltsystem durch eine Aufteilung des Gehaltes in einen fixen Grundbestandteil und einen variablen leistungsabhängigen Bestandteil geschaffen werden«.

Solche Worte waren im Frühjahr 2003, wie es Hans Peter Bull ausdrückte, »eine kleine Revolution«. Aber das liegt nun auch schon wieder eine Weile zurück. Passiert ist seitdem nur wenig. Bevor in Nordrhein-Westfalen der Beamtenstatus abgeschafft werden kann, muss erst einmal das Grundgesetz, Artikel 33, der die »hergebrachten Grundsätze des Berufsbeamtentums« garantiert, geändert werden. Für diese Änderung müsste sich im Bundestag eine Zweidrittelmehrheit finden, und daran war im Frühjahr 2003 überhaupt nicht zu denken. Auch sonst war die Regierungserklärung alles andere als revolutionär. Die Angleichung der Dienstverhältnisse von Beamten und Angestellten ist eine Urforderung der SPD und wurde bereits zu Zeiten des Deutschen Kaiserreichs erhoben.

Seitdem sind einige Jahre ins Land gegangen. Die SPD gibt

nicht auf. Trotz aller guten Vorsätze: Nordrhein-Westfalen muss sich gedulden, bis der Bundestag das Grundgesetz geändert hat. Aber es ist nicht auszuschließen, dass die Not schließlich so groß wird, dass die Volksvertreter die Bestandsgarantie für das Berufsbeamtentum aufheben. Zumal es sie selbst nicht unmittelbar betrifft. »Man kann«, meint der Rechtswissenschaftler Hans Peter Bull, »nicht vorhandene Beamte ihrer Rechte berauben. Jedes Verwaltungsgericht würde derartige Bestrebungen sofort unterbinden.«

Wegen der heutigen Rechtslage kann jedwede Reform des Dienstrechts nur die Neueinstellungen betreffen. Die Folge wäre eine Stichtagsregelung. Für die kommende Generation wird »ein neues Entgeltsystem geschaffen« und »das Arbeitsverhältnis an die Privatwirtschaft angeglichen«. Das bedeutet zwangsläufig weniger Geld. Die Einkünfte sind bei vergleichbaren Tätigkeiten in der freien Wirtschaft deutlich niedriger. Sonst müsste ein Wechsel öffentlicher Angestellter in Wirtschaftsunternehmen, wie in der Regierungserklärung gefordert, allein am Einkommensgefälle scheitern. Junge öffentliche Bedienstete werden dann zu schlechteren Konditionen beschäftigt als die älteren Kollegen. Die Folge wäre eine Zweiklassenverwaltung, besser bezahlte alte und schlechter entlohnte junge Beschäftigte. Nach zwei Jahrzehnten wäre die Zahl der nach altem und neuem Dienstrecht Beschäftigten etwa gleich. Sollte das tatsächlich wahr werden, wird der Generationenkonflikt nicht mehr nur herbeigeredet, sondern bittere Realität unter Millionen Beschäftigten in den öffentlichen Verwaltungen. Dies wäre eine weitere Lastenverschiebung in die kommenden Generationen. Alle seriösen Berechnungen zeigen eindringlich, dass der Staat seine Finanzprobleme nur in den Griff bekommt, wenn massiv in die Besitzstände der heutigen Staatsbediensteten und Pensionäre eingegriffen wird. Was passiert, wenn der Wandel mit kostspieligen finanziellen Anreizen und großzügigen Vorruhestandregelungen bewältigt wird, zeigen die Beispiele bei Post und Bahn. Wollte der Staat dieses Sanierungsmodell auf den gesamten Öffentlichen Dienst übertragen, muss ihn das endgültig ruinieren. Nur einmal angenommen, der Wandel würde heute in Angriff genommen, dann wäre die Reform, bis der Staat alle seine Verpflichtungen gegenüber den Beamten, den Angehörigen und Hinterbliebenen und gegenüber den Zusatzrentnern erfüllt hat, gegen Ende des Jahrhunderts abgeschlossen.

TEIL VIER

Staatsdienerfreie Parlamente

Die angelsächsische Demokratie

Als der amerikanische Rechtsgelehrte und spätere Präsident Woodrow Wilson (1856–1924) im Juni des Jahres 1887 seinen Aufsatz ›The Study of Administration‹ veröffentlichte, herrschten in den öffentlichen Verwaltungen der Vereinigten Staaten unmögliche Zustände. Die politische Kaste und die Staatsverwaltungen waren derart voneinander durchdrungen, dass ein Regierungswechsel bis auf den letzten Briefträger durchschlug. Nach einem Regierungswechsel konnte das dazu führen, dass die Stelle des Briefträgers mit einem Regierungstreuen besetzt wurde. Derartige Zustände sind als spoils system oder Beutesystem in die Demokratiegeschichte eingegangen. In seinem Aufsatz forderte Woodrow Wilson ein unpolitisches Fachbeamtentum, das unter jeder Regierung arbeiten konnte. Staatliche Verwaltungstätigkeit sollte nicht länger den Zumutungen eines politischen Richtungswechsels ausgesetzt sein. Zwar garantierte die Verfassung der Vereinigten Staaten in Artikel 1 die Unvereinbarkeit von staatlicher Anstellung und politischem Mandat, Staatsbedienstete dürfen grundsätzlich kein politisches Amt bekleiden, doch welchen Wert hatte der Verfassungsgrundsatz, wenn sich jede neue Regierung die staatlichen Verwaltungen durch Ämterpatronage untertan machte und bei der Besetzung der Staatsämter nicht Fachkenntnis, sondern Loyalität entschied.

Heute regelt ein umfangreiches Gesetzeswerk, der so genannte Hatch Act, die politischen Aktivitäten staatlicher Bediensteter. Bis ins kleinste Detail ist dort niedergelegt, was ihnen erlaubt ist und was verboten. Die öffentlichen Beschäftigten dürfen nicht bei Parteiwahlen und ebenso wenig für den Kongress kandidieren. Im Regelfall ist es ihnen erlaubt, in ihrer Freizeit politische Parteien zu unterstützen, sie dürfen sich auch finanziell engagieren, allerdings nicht als Sponsoren auf Parteiveranstaltungen auftreten. Beschäftigte des Staates können unter bestimmten Umständen auf Parteiveranstaltungen eine Rede halten, müssen dabei aber politische Themen vermeiden. Einem ausgewählten Kreis ist selbst dies untersagt. Diese Beamten dürfen sich grundsätzlich nicht für politische Parteien engagieren und noch weniger an politischen Kampagnen teilnehmen. Für alle Mitarbeiter liegt in den Behörden Informationsmaterial aus. Verstöße gegen den Hatch Act werden streng geahndet. Bei unerlaubten politischen Aktivitäten werden Staatsbedienstete aus dem Amt entfernt, ohne dass sie eine Entschädigung fordern können. Selbst anonymen Anzeigen müssen die Behörden nachgehen. In diesem Fall muss der Beamte hinnehmen, dass er während der Untersuchungen bis zu 30 Tage vom Dienst suspendiert wird, ohne dass er für diese Zeit – sollten sich die Anwürfe als unbegründet erweisen – eine Bezahlung fordern kann.

Entspannter wird dieses Thema in Großbritannien gehandhabt. Die älteste Demokratie, in der es noch nicht einmal eine vollständig niedergeschriebene Verfassung gibt, gründet sich auf jahrhundertelang erprobte Verhaltensregeln. Es heißt, das Land befinde sich in einer durch Gewohnheit für gut befundenen Verfassung. Keine andere Nation genießt eine solche Kontinuität ihrer politischen Institutionen. Das »Westminster Modell« hat selbst wirtschaftliche und gesellschaftliche Umbrüche wie die Industrielle Revolution überdauert. Die Briten legen allergrößten Wert auf die Unabhängigkeit ihres Parlaments. Was das Unterhaus sagt, wird gemacht. Das Oberhaus besitzt zwar ein Vetorecht, aber das hat nur aufschiebende Wirkung. Wenn es das Unterhaus für erforderlich hält, kann es sich über die Bedenken des House of Lords hinwegsetzen. Das Königshaus ist ohnehin an die Gesetzgebung des Parlaments gebunden. Auch in Großbritannien gilt die Trennung von Staatsamt und politischem Mandat. Staatsbedienstete dürfen nicht für das Unterhaus kandidieren. Das gilt im Übrigen auch für die Erblords und die so genannten life peers des Oberhauses, und für die Mitglieder des Klerus.

Diese strikte Gewaltenteilung entspricht dem Selbstverständnis beider angelsächsischer Demokratien. In Großbritannien wie den USA herrscht traditionell ein ausgeprägtes Misstrauen gegenüber dem Staat. Das Parlament wird als volkseigene Institution begriffen, als der Gesellschaft zugehörig und nicht dem Staat. Schon deshalb gehören staatliche Bedienstete nicht in die Parlamente. Es versteht sich von allein, dass die gewählten Abgeordneten die Interessen des Volkes vertreten müssen und nicht die der staatlichen Verwaltungen.

Die Situation in England und in den USA soll nicht idealisiert werden. Insbesondere die Demokratie in ihrer amerikanischen Ausprägung kennt Eigenarten, die sehr befremdlich wirken auf die europäische Gemütslage. Hier geht es ausschließlich um das angelsächsische Prinzip der Gewaltenteilung, ein erprobtes und wirkungsvolles Verfahren. Es sei nur daran erinnert, mit welcher Konsequenz die Regierung unter Bill Clinton binnen kurzer Zeit die weitere Staatsverschuldung stoppte und im Jahr 2000 mit der Tilgung des Schuldenberges begann. Unter dem Nachfolger George Bush wurden die Anstrengungen zwar wieder zunichte gemacht, aber es ist deutlich geworden, dass dem politischen System die Kraft zur Umkehr innewohnt.

Ganz anders ist die Situation in Deutschland. Das Verhältnis zwischen Staat und Bevölkerung ist traditionell von Autoritätsgläubigkeit geprägt. Es herrscht eine passive Grundhaltung: Der Staat wird es schon richten, die da oben wissen schon, was sie tun. Der Bürger arrangiert sich mit den Verhältnissen, denn es wird auch nicht erkennbar, wie sich etwas ändern ließe. Der Bundestag und die Landesparlamente werden eindeutig dem

Staat und nicht dem Volke zugeordnet. Es ist nicht anzunehmen, dass dieses hörige oder zumindest sehr nachsichtige Verhältnis zur Obrigkeit eine Mentalitätsfrage ist. Die Ursachen liegen im Staatsaufbau und in den preußischen Traditionen des Berufsbeamtentums. Schon die Kinder werden von Beamten unterrichtet.

Der Geburtsfehler

Die Alliierten nahmen Einfluss auf die Entstehung des Grundgesetzes. Großbritannien und die USA drängten den Parlamentarischen Rat Ende der vierziger Jahre, eine strikte Gewaltenteilung nach angloamerikanischem Vorbild in der Verfassung zu verankern. Die Folge, dass Beamte nicht in die Parlamente gewählt werden dürfen, sollte als unumstößlicher Grundsatz den Werdegang der bundesdeutschen Demokratie begleiten.

Die Alliierten hatten keinen Erfolg mit ihren Bestrebungen. Dem von alten Beamten dominierten Parlamentarischen Rat lagen vor allen zwei Dinge am Herzen: Die Menschenrechte und die hergebrachten Grundsätze des Berufsbeamtentums. Beides verkörpert das Grundgesetz in bester Manier. Die Formulierungen zu den Grundrechten gelten selbst heute als beispielhaft. Und was das Berufsbeamtentum betrifft, so sicherten die Beamten im Parlamentarischen Rat nicht nur dessen unveränderten Fortbestand, sie sorgten obendrein dafür, dass öffentliche Bedienstete in den Bundestag gewählt werden können und dort Lobbyarbeit für den eigenen Berufsstand leisten. Wie aber wäre es heute um die staatlichen und politischen Institutionen der Bundesrepublik bestellt, wenn sich die Alliierten damals durchgesetzt hätten und öffentliche Bedienstete nicht auf den Wahllisten der Parteien kandidieren dürften? Es ist anzunehmen, dass in einem staatsdienerfreien Bundestag die Interessen des Öffentlichen Dienstes weit weniger Gewicht erhalten. Volksvertreter, die in keinem unmittelbaren Abhängigkeitsverhältnis zum Öffentlichen Dienst stehen, könnten eine Reihe längst überfälliger Reformen in Angriff nehmen, die heute an der Interessenlage von Regierung und Abgeordneten scheitern. Dies sind Reformen, die nicht nur dem Kleinen Mann in die Tasche greifen, sondern den Öffentlichen Dienst so umgestalten, dass er künftig bezahlbar bleibt. Wenn der Interessenkonflikt zwischen Politik und Verwaltung beendet wird, kann das Parlament die Staatsausgaben weit wirkungsvoller kontrollieren, als dies heute der Fall ist. Es kann den Staatsanteil durch wirkliche Sparmaßnahmen eindämmen, wenn es sein muss, von derzeit mehr als die Hälfte auf ein Drittel. Erst Volksvertreter, die nicht mehr der Öffentliche Dienst aus den eigenen Reihen rekrutiert, sind in der Lage, das aus Preußens Zeiten überkommene, lebenslange Dienst- und Treueverhältnis in ein neues öffentliches Beschäftigungsverhältnis umzuwandeln, das den Beamten nicht mehr alimentiert, sondern sich auf einen Arbeitsvertrag gründet. In einem Bundestag, im dem nicht länger öffentliche Bedienstete den Ton angeben, findet sich möglicherweise die Zwei-Drittel-Mehrheit für die erforderliche Grundgesetzänderung.

Einmal Beamter, immer Beamter

Ein lebenslanges Dienst- und Treueverhältnis verströmt eine wohlige soziale Wärme. Reduziert sich die Bindung an den öffentlichen Arbeitgeber erst auf das gewohnte Arbeitsrechtsverhältnis, weht auch in den staatlichen Verwaltungen ein anderer Wind. Aber das muss sich nicht negativ, sondern kann sich ganz im Gegenteil belebend auf den Berufsalltag in staatlichen Behörden auswirken.

Das heutige Beamtenverhältnis fördert eine einspurige Erwerbsbiografie. Wer erst einmal mit Beginn seiner Ausbildung zum Beamten auf Widerruf ernannt wird, dessen Entwicklungsweg ist meist genau vorgezeichnet. Wird ihm das Korsett, in das ihn die Verwaltungsarbeit zwängt, irgendwann zu eng, kann er sich nur schwer Luft verschaffen. Die staatliche Alimentation zieht ein System sozialer Absicherung nach sich, das mit den Sozialversicherungen der Angestellten unverträglich ist. Obendrein werden Beamte auch noch vom Bund, von einem Land, einer Stadt oder Gemeinde verbeamtet, sie sind im Prinzip während ihres gesamten Erwerbslebens an einen Dienstherren gebunden. Ein Umzug, wenn sich beispielsweise der Ehepartner beruflich verändern muss, wird für den Beamten zum Problem. Oft ist das schwierig, mitunter auch gar nicht möglich. Im Internet werden Tauschbörsen unterhalten, damit Beamte an ihrem neuen Wohnort etwas Geeignetes finden. Kein anderes Beschäftigungsverhältnis ist derart resistent gegen Veränderungen. Beamte sind durch ihre Laufbahn und durch ihre speziell auf bestimmte Behörden zugeschnittene Ausbildung absolut festgelegt. Der Wechsel in ein Angestelltenverhältnis kommt für den Beamten so gut wie nicht infrage. In diesem Fall müsste sich das Einkommen schon sehr stark erhöhen, denn der Beamte würde nicht nur die private Beihilfeversicherung verlieren, sondern müsste auch einen erheblichen Teil seines Arbeitnehmereinkommens für die Alterssicherung aufbringen. Folglich wird sich jeder sehr genau überlegen, ob er sein Beamtendasein aufgibt. Es ist unvernünftig, es grenzt schon an Dummheit, wenn jemand eine lebenslange Einkommensgarantie in den Wind schlägt. Beamte bleiben am Gängelband des Staates, auch wenn manchem die Freiheit noch so verlockend erscheint. Lebenslange Einkommensgarantie und die Unverträglichkeit der sozialen Sicherungssysteme führen dazu, dass sich der gesamte Berufsstand vom Arbeitsmarkt abschottet.

Dieser Konflikt, das Gefangensein in einer schoßhundähnlichen Beziehung zum Dienstherrn, ist für jeden Menschen eine Zumutung. Ein neues öffentliches Beschäftigungsverhältnis ist die Erlösung. Es eröffnet dem Staatsbediensteten völlig neue Berufsfelder. Nicht nur der Wechsel zwischen unterschiedlichen Behörden und verschiedenen Wohnorten wird leichter,

Angestellte können ebenso in der freien Wirtschaft arbeiten und danach, wenn es sich anbietet, in den Staatsdienst zurückkehren. Ohne die lebenslange Bindung an den Dienstherrn gewinnen öffentliche Bedienstete ein Maß an Flexibilität und beruflicher Freiheit, das ihr Leben bereichern kann.

Unparteiliche Verwaltungen

Wenn die öffentlichen Verwaltungen erst den Grundsatz der Unparteilichkeit befolgen, haben politische Beamte dort keinen Platz mehr. Nie wieder werden Staatssekretäre bei einem Regierungswechsel mit hohen Bezügen in den einstweiligen Ruhestand versetzt. Eine unparteiliche Verwaltung kann für jede Regierung arbeiten, ganz gleich, welche politische Farbe in den wechselnden Koalitionen überwiegt.

Aber der Weg dorthin ist mit Steinen gepflastert. Zumindest die Hälfte der heutigen Volksvertreter dürfte sich nicht mehr zur Wahl stellen. Beamte und Angestellte würde reihenweise aus den so genannten Volksparteien austreten, sobald ihnen die Parteimitgliedschaft keine politischen Karrierechancen mehr eröffnet und ihre Beförderungschancen verbessert. Eine in Jahrzehnten eingespielte Ordnung würde zusammenbrechen, die Parteien müssten sich praktisch neu erschaffen. Sie könnten ihre Organisationsstrukturen nicht länger im Öffentlichen Dienst verankern und müssten Kandidaten aufbauen, die – anders als Beamte heute – in der heißen Wahlkampfphase kein gesetzlich verbrieftes Recht auf Sonderurlaub haben. Und dabei wären die Parteifunktionäre zum großen Teil auf ehrenamtlich arbeitende Mitglieder angewiesen, die ihr politisches Engagement tatsächlich in die Freizeit legen müssen und dies nicht, wie so häufig im Öffentlichen Dienst, mit der Arbeit verbinden können.

Andererseits wird Parteiarbeit wieder für Bevölkerungsschichten interessant, die heute enttäuscht abwinken. Wer es unter diesen Voraussetzungen bis in den Bundestag schafft, hat einen ganz anderen gesellschaftlichen Hintergrund. Es wird denkbar, dass die Bürger eines Wahlkreises hinter dieser Frau oder diesem Mann tatsächlich ihre Kandidatin oder ihren Kandidaten erkennen und nicht nur eines von den lächelnden Gesichtern, die in den Wahlkampfwochen an den Laternenpfählen hängen und sich oft nur noch durch die fett aufgedruckten Parteilogos unterscheiden lassen.

Familienaffären

Minister sind heute allzu oft Marionetten, die an den Fäden der Regierungsbeamten tanzen. Außenstehenden fällt das kaum auf, denn so etwas wird im Hause geregelt. Kaum jemand ahnt etwas von den Familienaffären, die sich unter den Dächern von Ministerien abspielen. Minister, denen es an Format mangelt, bleiben im Amt. Der Preis ist, dass sie all jene Entscheidungen, um derentwillen sie eigentlich als Minister angetreten sind, den Beamten überlassen. Der Staatssekretär als höchster Verwaltungsbeamter leitet das Ministerium, der Minister konzentriert sich auf repräsentative Aufgaben. Aus Sicht der Regierungsbeamten machen schwache, aber einsichtige Minister die wenigsten Probleme. Deshalb wird in den Ministerien für gewöhnlich einiges getan, damit den Mitarbeitern pflegeleichte Minister erhalten bleiben. Weit schwieriger zu beherrschen sind Minister, die Format beweisen und tatsächlich etwas verändern wollen.

Es ist anzunehmen, dass diese Harmonie gestört wird, sobald sich Verwaltungsarbeit und politische Tätigkeit auseinander halten lassen. Minister lösen sich von der Verwaltungsfamilie und wenden sich stärker dem Wähler zu. Sie können die Kontrolle über ihr Ministerium ausüben, doch kein Beamter wird sich schützend vor sie stellen, wenn es ihnen an Persönlichkeit und an Fähigkeiten mangelt. Lassen sich Politiker und Beamte erst wieder auseinander halten, entstehen Reibungsflächen, ein spürbares Knistern zwischen Verwaltungsfachleuten und solchen Mandatsträgern, die ihren Wählerauftrag, die Kontrolle der Staatsfinanzen, ernst nehmen. Für Außenstehende wird endlich erkennbar, wer eigentlich wofür die Verantwortung trägt. Die Verwaltung ist tatsächlich nur dem Gesetz verpflichtet und kann weitgehend unparteilich agieren, und Politiker erhalten jenen Entscheidungsspielraum, der sie in den Augen ihrer Wähler glaubwürdig erscheinen lässt.

Die Gesetzgebungsfalle

Alle drei Wochen reisen zwischen drei und sechs Vertreter jeder Landesregierung nach Berlin und treffen sich dort im Plenarsaal des Preußischen Herrenhauses. Unter den Mitgliedern des Bundesrates sind die Ministerpräsidenten der Länder, Minister aus den verschiedenen Ressorts, aber auch Staatssekretäre. Die Herren und Damen befinden darüber, welche im Deutschen Bundestag beschlossenen Gesetze in Kraft treten können und welchen sie ihre Zustimmung versagen. Das Parlament kann kein wichtiges Gesetz verabschieden, ohne dabei die Regierungsinteressen von 16 Bundesländern zu berücksichtigen!

Der Einfluss des Bundesrates erstreckt sich auf jedes im Parlament beschlossene Gesetz. Dabei wird zwischen zustimmungsbedürftigen Gesetzen und Einspruchsgesetzen unterschieden. Der Einspruch ist sozusagen die leichtere Form, es geht um Gesetze, die Länderinteressen nicht unmittelbar betreffen. Hier tritt der Bundesrat als Mahner gegenüber dem Parlament auf, das den Einspruch zwar berücksichtigen muss, sich aber, wenn es sein muss, darüber hinwegsetzen kann. Lehnt die Länderkammer ein Einspruchsgesetz mit einer Zweidrittelmehrheit ab, dann muss auch der Bundestag eine Zweidrittelmehrheit auf die Beine bringen, ansonsten ist das Gesetz endgültig gescheitert.

Sehr viel härter werden die Volksvertreter bei den zustimmungsbedürftigen Gesetzen an die Kandare genommen. Das betrifft Gesetze, »die die Verfassung ändern. Sie benötigen eine mit Zweidrittelmehrheit beschlossene Zustimmung des Bundesrates.« Außerdem fallen darunter Gesetze, »die das Finanzaufkommen der Länder berühren«, und solche »die in die Verwaltungshoheit der Länder eingreifen«. Zustimmungsbedürftig sind insgesamt gut die Hälfte aller im Berliner Parlament beschlossenen Gesetzesvorhaben. Bei jedem zweiten von den Volksvertretern erlassenen Gesetz geht nichts ohne die Zustimmung der Landesregierungen. Dabei kann der Bundesrat durch sein »Nein« immer nur etwas Neues verhindern, nie aber selbst einen Sachverhalt aktiv gestalten.

Dieses deutsche föderale System ist einzigartig auf der Welt. Die Idee stammt von ebenjenem Parlamentarischen Rat, der auch das Grundgesetz geschrieben hat. Sie ist beeinflusst von den verheerenden Erfahrungen des Zweiten Weltkrieges. Die staatliche Macht sollte nicht nur zwischen Legislative, Exekutive und Judikative, sondern noch ein weiteres Mal zwischen Bund und Ländern aufgeteilt werden, damit »einem Machtmissbrauch wirksam vorgebeugt wird«. Aber was hier als Gewaltenteilung beschrieben wird, ist in Wirklichkeit eine noch stärkere Machtkonzentration bei staatlichen Behörden. Ein reines Regierungsorgan wie die Länderkammer kann nicht nur den Gesetzgebungswillen der Abgeordneten aushebeln, es kann das missliebige Gesetz im Vermittlungsausschuss umgestalten oder auch völlig zu Fall bringen. Ein weiteres, rein exekutives Organ hat nahezu uneingeschränkten Zugriff auf die Bundesgesetzgebung. Das schwächt die Macht der Volksvertreter. Ein Parlament, das derart unter staatlicher Aufsicht steht, ist nicht souverän. In der gesamten Bundesrepublik gibt es nicht eine politische Institution, die nicht völlig vom Staat unterwandert ist. Ein wirklicher Einfluss des Volkes, den es in erster Linie über seine gewählten Vertreter wahrnehmen muss, wird in dieser Gemengelage kaum noch erkennbar. Wenn das

Bundesparlament ein Gesetz verabschiedet – na und, was bedeutet das schon. Der Bundesrat muss erst zustimmen. Gegen Kontrolle ist nichts einzuwenden, nur fragt sich, wer darf hier eigentlich hineinreden? Das schon stereotyp wiederholte Argument, die Landesregierungen seien doch auch vom Volke gewählt, ist mehr als dürftig. Im Bundesrat auftretende Ministerpräsidenten und Minister stehen den staatlichen Verwaltungen vor. Wer dann noch um den Einfluss der Staatssekretäre weiß, der bekommt eine Vorstellung von der Interessenlage. Der Bundesrat ist beherrscht von parteipolitischem Kalkül und Beamteninteressen.

Wer kontrolliert eigentlich die Länderparlamente? Wollte man dieses Prinzip auf die Bundesländer übertragen, müssten doch, dem Bundesrat vergleichbar, 16 Landesräte aus Bürgermeistern und Verwaltungsbeamten der Städte und Gemeinden gebildet werden, damit diese die Gesetzgebung ihrer Landesparlamente kontrollieren. Das föderale System ist das süßeste Tabu im deutschen Staatsaufbau. Die Kosten sind ungeheuerlich. Der Steuerzahler unterhält 16 komplette Gesetzgebungsbürokratien samt Zehntausenden Ministerialbeamten, Regierungen und hoch bezahlten Landtagsabgeordneten, die alle wichtigen Entscheidungen eines Vierjahreszeitraums in eine Sitzungsperiode legen und ihr Mandat leicht im Ehrenamt ausüben könnten. Die Landesregierungen haben nahezu gleichberechtigten Einfluss auf die Gesetzgebung der Bundestagsabgeordneten. Sie können, wenn auch nur in Maßen, gestalten, doch jedes wichtige Gesetz endgültig zu Fall bringen. Der Bundesrat ist ein Joch für jedes ernsthafte Reformbestreben. Nur zwei Wege führen aus dieser Gesetzgebungsfalle, entweder das Volk erlässt selbst Gesetze oder es gibt sich eine eigene Verfassung.

Der sprachlose Souverän

Mit der Demokratie ist es hierzulande nicht so weit her, wie die Schulbücher Glauben machen wollen. Das Grundgesetz ist noch nicht einmal vom Volk legitimiert, eine Volksabstimmung hat nie stattgefunden, es ist »in der Woche vom 16.–22. Mai 1949 durch die Volksvertretungen der beteiligten deutschen Länder von mehr als Zweidritteln angenommen worden«.

Daran hat sich bis heute nichts geändert. Den 61 Vätern und 4 Müttern des Grundgesetzes war dieser Mangel an Mitbestimmung durchaus bewusst. Sie nannten ihr Werk deshalb auch Grundgesetz und nicht Verfassung. »Dieses Grundgesetz«, heißt es in Artikel 146, »verliert seine Gültigkeit an dem Tage, an dem eine Verfassung in Kraft tritt, die von dem deutschen Volke in freier Entscheidung beschlossen worden ist.«

Vierzig Jahre später, »nach Vollendung der Einheit und Freiheit Deutschlands für das gesamte deutsche Volk«, lag das Problem wieder auf dem Tisch. Mitte der 90er Jahre startete die Verfassungskommission einen jämmerlichen Legitimationsversuch, keines der drängenden verfassungsrechtlichen Probleme wurde angepackt. In dieser Verfassungskommission führten wiederum Beamte das Wort, und da ihnen Änderungen nicht notwendig erschienen, gab es auch keine Volksabstimmung. Damit das Volk in freier Entscheidung über seine Verfassung beschließen kann, müssten zunächst einmal Beteiligungsrechte für den Bürger ins Grundgesetz geschrieben werden, und dazu konnte sich die Verfassungskommission nicht durchringen.

Der große Wurf

Die verfassunggebende Gewalt sollte vom Volke ausgehen und nicht von einem Parlamentarischen Rat und den unterzeichnenden Regierungsmitgliedern. Da dieser grundlegende demokratische Mangel nun schon Jahrzehnte überdauert, liegt der

Schluss nahe, dass die deutsche Bevölkerung ihrer Verfassung nicht die erforderliche Aufmerksamkeit entgegenbringt. Das Volk überlässt Beamten und Regierungsvertretern, was ihm gebührt. Diese Gleichgültigkeit hat Folgen, die jeder zu spüren bekommt – sei es bei den Wahlen der Volksvertreter, bei den Kosten des föderalen Systems und bei der Steuererklärung: Grundsätzliches regelt die Verfassung.

Die Möglichkeit, sich selbst eine Verfassung zu geben, steht dem deutschen Volk nach wie vor offen. Das Volk, erklärt Hans Herbert von Arnim, »ist auf Bundesebene keineswegs völlig aus dem Spiel. Es besitzt vielmehr die Befugnis, sich jederzeit eine neue Verfassung zu geben, die dann an die Stelle des Grundgesetzes tritt.« Obwohl das Grundgesetz in den zurückliegenden Jahrzehnten über 40 Mal geändert worden ist, hat sich bei den Staatsrechtlern eine lange Liste mit weiteren Änderungswünschen angesammelt. Dabei geht es unter anderem um die Beteiligungsrechte, um die Kompetenzaufteilung zwischen Bund und Ländern und in besonderem Maße auch um Bestimmungen zu den Parteien und zum Wahlrecht – alles Probleme, die sich bei der heutigen Interessenlage im Bundestag nur schwer oder gar nicht ändern lassen.

Für das Prozedere gibt es keine verbindlichen Vorschriften. Zunächst muss eine verfassunggebende Versammlung gewählt werden, die einen Entwurf erarbeitet. Über den Entwurf findet eine Volksabstimmung statt, so dass, wenn sich eine Mehrheit findet, die neue Verfassung in Kraft tritt. Das Grundgesetz enthält nicht einmal Aussagen, wer die Initiative ergreifen kann und wie die Wahl der verfassunggebenden Versammlung und die spätere Volksabstimmung erfolgen können. Für Hans Herbert von Arnim kommt in diesem Versäumnis »der Wunsch der politischen Klasse zum Ausdruck, am eigenen Besitzstand und am verfassungsrechtlichen Status möglichst nicht zu rühren«. Es ist unausweichlich, dass nur der Staat die organisatorischen Vorkehrungen für das Entstehen einer neuen Verfassung treffen kann. Und sofort tritt wieder das ursprüngliche Problem auf, ob sich dann tatsächlich das Volk eine Verfassung geben kann oder ob sie ihm nicht wieder vom Staat gegeben wird. Deshalb ist es für Hans Herbert von Arnim unerlässlich, dass auch »Initiativen aus der Mitte des Volkes« zugelassen werden. Denn es ist zu befürchten, »dass Initiativen der Staatsorgane von vornherein Verzerrungen im Sinne der politischen Klasse enthalten würden«.

Die Volksgesetzgebung

So wie die Dinge in Deutschland nun mal liegen, geht nicht alle Macht vom Volke aus, sondern vom Öffentlichen Dienst. Wer daran etwas ändern will, muss hoch springen. Aus sich selbst heraus wird sich dieses System nicht erneuern. Kein Beamter regt eine Gesetzesinitiative an, die in letzter Konsequenz seine Privilegien beschneidet. In den heutigen Parlamenten haben Gesetzesvorlagen gegen die Interessen des Öffentlichen Dienstes kaum eine Chance. Es bedarf eines Anstoßes von außen. Das kann nur funktionieren, wenn der Bürger die Initiative nicht nur Parlamentariern und Regierungsbeamten überlässt, sondern über deren Köpfe hinweg selbst Gesetze erlässt.

Das hört sich für hiesige Verhältnisse etwas ungewöhnlich an, ist aber in anderen demokratischen Gesellschaften ein tausendfach erprobtes Verfahren. Die Bürger nehmen das Gesetzgebungsverfahren selbst in die Hände. Dies ist die reinste, die ursprüngliche Form der Demokratie. Vom Volk erlassene Gesetze kommen sozusagen aus erster Hand und genießen sogar einen höheren Stellenwert als solche, die ein Parlament beschließt.

Allerdings hatte das Volk auf Bundesebene in all den Jahrzehnten keine Möglichkeit, das Gesetzgebungsverfahren an sich zu ziehen. Bundesweite Gesetze konnten ausschließlich die Bundestagsabgeordneten beschließen. Der Bürger drückt sich die Nase an den Scheiben des Reichstages platt, doch zu sagen hat er nichts. Alle vier Jahre kann er seinen Volksvertreter unter den Kandidaten auswählen, die ihm die Parteien vorsetzen, damit haben sich seine Einflussmöglichkeiten erschöpft.

Hierzulande herrscht eine vertrackte Situation. Solange sich das Volk nicht selbst eine Verfassung gibt und dort die Frage der Beteiligungsrechte regelt, ist es darauf angewiesen, dass ihm diese Rechte von seinen Parlamentariern eingeräumt werden. Weil dafür das Grundgesetz geändert werden muss, reicht nicht die übliche Regierungsmehrheit, auch ein großer Teil der Opposition muss sich für die Volksgesetzgebung aussprechen, damit eine Zweidrittelmehrheit zustande kommt. Doch ausgerechnet die Volksvertreter misstrauen dem Volk. In allen Parteien gibt es Gegner der Volksgesetzgebung. Sie fürchten, dass die Bürger überfordert sein könnten, wie es die CDU einmal ausdrückte, »mit dem Überblicken der immer komplexer werdenden gesellschaftlichen und globalen Zusammenhänge«. Möglicherweise, fürchten diese Politiker, könnte das Volk am Ende Gesetze erlassen, die nicht in ihrem eigenen und noch weniger im Interesse des Staates liegen.

Alle westlichen Demokratien, in denen es eine lange Tradition der Volksgesetzgebung gibt, haben positive Erfahrungen mit Beteiligungsrechten gemacht. Selbst wenn, wie im Falle von Schweden, eine Volksabstimmung die Einführung des Euro verhindert und sich möglicherweise wirtschaftliche Nachteile daraus ergeben sollten, dann wird sie das Volk mit Fassung tragen, denn es hat selbst entschieden.

Das deutsche demokratische Paradoxon

Im Herbst 2003 forderten die Bundestagsfraktionen von FDP und PDS, dass in Deutschland eine Volksabstimmung über die Europäische Verfassung stattfinden sollte. Der Antrag kam im Bundestag auf die Tagesordnung. Das Ergebnis ist bekannt, der

Bundestag lehnte die Initiative von FDP und PDS ab. Das deutsche Volk sollte nicht über die Europäische Verfassung abstimmen. Außenminister Joschka Fischer sagte vor den Abgeordneten, dass eine Volksabstimmung nur Sinn mache, wenn es auch eine Entscheidungsalternative gebe, und die könne nur heißen: »Ja zum Fortschritt oder Nein zur Europäischen Union«. Er sprach von einer »populistischen Falle« und fürchtete im Falle einer Volksabstimmung »die Beschädigung des europäischen Projekts«.

Deutlicher kann kein Politiker zum Ausdruck bringen, dass er seinem Volk misstraut. Das ist schon ein starkes Stück Populismus, wenn der Außenminister einer westlichen Demokratie den Austritt aus der Europäischen Union zur Alternative einer Volksabstimmung über die gemeinsame Verfassung erhebt. Das ist ja gerade das Besondere an der Verfassung, dass sie vom Volk selbst kommt und folglich erst eine Volksabstimmung diesem allem vorangestellten Gesetz seine Legitimation erteilt. Die Europäische Verfassung ist sicherlich ein Sonderfall, weil 25 Staaten oder Völker zustimmen müssen. Bei den mitunter sehr unterschiedlichen Interessenlagen besteht die Gefahr, dass alles zerredet wird. Und so ist es dann auch gekommen, es gab Unstimmigkeiten. Allerdings scheiterte das Vorhaben nicht an den Völkern, die in Umfragen überwiegend Zustimmung signalisiert hatten, sondern an den Regierungschefs, die sich nicht auf einen gemeinsamen Verfassungsentwurf verständigen konnten.

Hierzulande bleibt ein schaler Nachgeschmack. Der Bundestag debattierte über eine Volksabstimmung, ohne dass dies überhaupt möglich gewesen wäre. In Deutschland fehlten die rechtlichen Voraussetzungen für eine Bürgerbeteiligung. Damit das Volk über die Verfassung abstimmen konnte, hätte zunächst das Grundgesetz geändert werden müssen. Aber selbst wenn die Regierung im Herbst 2003 einen Gesetzentwurf aus der Schublade gezogen, in aller Eile den Bundestag zusammengerufen hätte und die Zweidrittelmehrheit für die Änderung des Grundgesetzes zustande gekommen wäre, ergäbe sich eine geradezu paradoxe Situation. Das hätte doch bedeutet, das deutsche Volk stimmt über die Europäische Verfassung ab, obwohl noch nicht einmal das eigene Grundgesetz, wie es dort heißt, »von dem deutschen Volke in freier Entscheidung beschlossen worden ist«.

Auch wenn das Verfassungsprojekt vorerst gescheitert ist, so hat die Debatte deutlich gemacht, wo Deutschland mit seinem Demokratieverständnis steht. Einige der Mitgliedstaaten hatten sich für eine Volksabstimmung zur Europäischen Verfassung entschieden, andere legten fest, dass die Unterschrift des Regierungschefs ausreicht, aber alle, sei es Lettland, Griechenland oder Österreich, hatten in ihren Verfassungen die rechtlichen Voraussetzungen für einen Volksentscheid – bis auf Deutschland und Zypern.

Gerald und Joschka

Der Kampf um die Volksgesetzgebung, wie sie in anderen westlichen Demokratien lange selbstverständlich ist, verbindet sich in Deutschland vor allem mit einem Mann. Sein Name ist Gerald Häfner, Gründungsmitglied der Grünen und Gründer des Vereins ›Mehr Demokratie‹. Seit mehr als zwei Jahrzehnten engagiert er sich für eine bundesweite Volksgesetzgebung, weil er möchte, dass »die Bürger endlich aus ihrer Zuschauerrolle herauskommen« und weil für ihn »eine aktive Bürgergesellschaft die Schlüsselfrage der Demokratie« ist. Als Bundestagsabgeordneter der Grünen hat er zwischen 1987 und 2002 mehrere Gesetzesentwürfe in den Bundestag gebracht, hat mit Bundestagsabgeordneten aller Fraktionen geredet und sich mit den absurdesten Bedenken auseinandergesetzt. Den Gesetzentwurf hat er selbst verfasst, denn »diese Arbeit kann man nicht Regierungsbeamten überlassen«. Es ist die übliche Praxis, dass Gesetzesinitiativen an die Regierungsbeamten weitergereicht werden, damit die einen Entwurf formulieren. »Viele Abgeordnete wissen nicht einmal, dass Gesetze auch im Parlament geschrieben werden können.«

Als der Gesetzentwurf fertig war, fing die Arbeit erst richtig an. »Man muss mit den Abgeordneten reden, ihnen erklären, worum es bei der Volksgesetzgebung geht, sie überzeugen und für das Gesetz gewinnen.« Und weil für die Grundgesetzänderung eine Zweidrittelmehrheit erforderlich ist, hat er, quer durch die Fraktionen, mit Hunderten Abgeordneten persönliche Gespräche geführt. Und doch konnte er nie genug Stimmen für das Gesetz gewinnen.

Aber dann, 1998, bekam Bündnis 90/Die Grünen zum ersten Mal eine Regierungsbeteiligung. Die Partei machte das Gesetz über demokratische Mitbestimmungsrechte zum Gegenstand der Koalitionsverhandlungen mit der SPD. Und da kam es zu jenen Kamingesprächen, wo Gerhard Schröder, Oskar Lafontaine, Jürgen Trittin und Joschka Fischer noch einmal das Koalitionspapier durchgingen. Und in dieser kleinen Runde wurden demokratische Beteiligungsrechte auf Bundesebene, eine Urforderung der Grünen und einer der zentralen Verhandlungspunkte in den Koalitionsvereinbarungen, fallen gelassen.

Als Joschka Fischer wenig später seiner Fraktion die Ergebnisse der Kamingespräche vortrug, meldete sich Gerald Häfner und fragte, was aus den Beteiligungsrechten geworden sei? Joschka Fischer räumte ein, dass dieser Punkt von der Liste gestrichen wurde. Unter den Fraktionsmitgliedern machte sich Verärgerung breit. Augenblicklich kam es zu einer neuerlichen Abstimmung, wo sich wiederum die große Mehrheit für demokratische Beteiligungsrechte aussprach – und Joschka Fischer aufgebracht den Raum verließ.

Gerald Häfner, der Idealist, hatte dem Machtpolitiker Joschka Fischer eine Niederlage zugefügt. Die beiden konnten sich nie besonders gut leiden, jeder war sozusagen der Gegenentwurf des anderen. Häfner, der nie aufgehört hatte, für seine Ideale einzutreten, Fischer, der von machtpolitischem Kalkül getrieben ist. Es gab eine persönliche Auseinandersetzung. Fischer ließ es nicht an Drohungen fehlen. Es liegt in der Natur der Dinge, dass im harten politischen Tagesgeschäft Ideale auf der Strecke bleiben und oft auch jene Politiker, die sie vertreten. Häfner sollte später sagen: »Je höher man in der Hierarchie kommt, desto wahrscheinlicher ist es, auf erbitterte Gegner der direkten Demokratie zu treffen. Das hängt meines Erachtens vor allem mit dem Lebensumfeld und dem Selbstbild dieser Leute zusammen. Wenn man ein bestimmtes Niveau in der Hierarchie erreicht hat, entwickelt man ein immer exklusiveres Selbstverständnis. Man lebt in dem Bewusstsein, man sei doch Politiker, um alle Angelegenheiten anstelle der Menschen zu entscheiden. Und man erlebt es tendenziell als bedrohlich, wenn plötzlich diese Menschen Angelegenheiten der Politik selbst entscheiden wollen.«

Zwar waren die lange schwelenden Missliebigkeiten zwischen Fischer und Häfner eskaliert, aber die Beteiligungsrechte waren nun Gegenstand des Koalitionsvertrages zwischen den Grünen und der SPD. Trotzdem passierte lange Zeit nichts. Erst als ein Fraktionsmitglied der Grünen ausschied und Häfner über seinen Listenplatz in den Bundestag nachrückte, brachte er das Thema wieder ins Gespräch. Ohne ihn, das wird aus mehreren Quellen bestätigt, wäre es aller Wahrscheinlichkeit nach nicht mehr auf die Tagesordnung gekommen. Es herrschte eine stille Übereinkunft zwischen SPD und Grünen, nicht mehr an dieses Thema zu rühren. Am 7. Juni 2002, unmittelbar vor der Sommerpause und kurz vor Ende der Legislaturperiode, gab es im Bundestag dann doch noch eine namentliche Abstimmung über das »Gesetz zur Einführung von Volksinitiative, Volksbegehren und Volksentscheid in das Grundgesetz«. Am Ende fehlten 96 Stimmen an der erforderlichen Zweidrittelmehrheit. Das Gesetz scheiterte an der CDU/CSU und an einem Teil der FDP-Fraktion.

Georg Häfner sorgte dafür, dass der Gesetzentwurf auch in der zweiten rot-grünen Wahlperiode im Koalitionsvertrag blieb. Wie es diesmal ausgeht, ist zu diesem Zeitpunkt noch offen. Es ist eine Hoffnung, dass die Wirklichkeit das hier Geschriebene einholt und der Deutsche Bundestag dem Volk nicht länger selbstverständliche demokratische Beteiligungsrechte vorenthält.

Die Einführung der Todesstrafe

In der Öffentlichkeit kursieren regelrechte Schreckensbilder, was alles passieren könnte, wenn das Volk demokratische Beteiligungsrechte erhält und selbst Gesetze erlässt. Dieses Misstrauen gegenüber der Volksgesetzgebung muss wohl mit dem allgemeinen gesellschaftlichen Klima zusammenhängen, wo kaum noch jemand seinem Nächsten traut. Hierzulande hält sich hartnäckig das Gerücht, das Volk könnte seine Beteiligungsrechte zur Einführung der Todesstrafe nutzen. Wer auch immer derartige Befürchtungen in Umlauf bringt, muss ein erklärter Gegner der Volksgesetzgebung sein. Durch die Praxis und die Erfahrungen in anderen Demokratien lassen sich solche Ansichten jedenfalls nicht stützen. Die Schweiz beispielsweise, deren lange Tradition mit Beteiligungsrechten im Jahre 1891 beginnt, hat bereits 1935 die Todesstrafe für im Frieden begangene Straftaten abgeschafft. Seitdem gab es sehr wohl Versuche von Parlamentariern, aber auch Volksbegehren zur Wiedereinführung, die alle scheiterten. Vielmehr hat die Schweiz 1992 die Todesstrafe auch für den Kriegsfall abgeschafft und dies in der neuen Bundesverfassung verankert, die am 18. April 1999 vom Volk angenommen wurde.

Nicht so freundlich ist das Bild in den USA, wo die Todesstrafe in den Südstaaten traditionell einen besonderen Stellenwert besitzt. Vor allem bei den Volkswahlen von Richtern und Staatsanwälten wurde die Todesstrafe immer wieder zum Wahlkampfthema stilisiert. Zwischen 1972 und 1984 gab es in vier Bundesstaaten Volksgesetzgebungsverfahren zur Wiedereinführung und Beibehaltung der Todesstrafe. In einer weiteren

Volksinitiative, 1978 in Kalifornien, ging es um die Verschärfung einer bereits vom Parlament geschaffenen Gesetzeslage. Den Initiativen waren Gerichtsentscheidungen vorausgegangen, in denen die Todesstrafe ganz oder in ihrer jeweiligen Ausprägung für verfassungswidrig erklärt worden war. Die Volksinitiativen richteten sich gegen Rechtsprechungen, die eine jahrzehntelang angewandte und in der Bevölkerung allgemein für gut befundene Strafgesetzgebung aufheben wollten. Immer waren auch die Parlamente beteiligt. Die Auffassungen des Volkes unterschieden sich nicht grundsätzlich von denen seiner Parlamentarier. Diese weitgehende Übereinstimmung von Bevölkerung und Parlament zeigt sich ebenso in Bundesstaaten, in denen die Todesstrafe abgeschafft wurde. In Alaska, Maine, Michigan und Washington D.C. hatten sich die Parlamente gegen die Todesstrafe entschieden, bevor die Volksgesetzgebung zugelassen wurde. In allen diesen Staaten hat es bis heute keine Volksinitiative zur Wiedereinführung der Todesstrafe gegeben.

In Deutschland hat dieses Thema seit Jahrzehnten keine ernsthaften Diskussion ausgelöst. Umfragen zeigen, dass nur noch eine Minderheit die Todesstrafe befürwortet. Allerdings gab es eine Ausnahmesituation. Als 1977 der damalige Arbeitgeberpräsident Hans-Martin Schleyer ermordet worden war, überstieg bei einer Umfrage die Zahl der Befürworter (44 Prozent) die der Gegner (39 Prozent). Solche Situationen können wieder entstehen. Auch lässt sich für die Zukunft nicht ausschließen, dass eine zunehmende soziale Kälte und die damit einhergehende Armut das gesellschaftliche Klima verändern. Doch selbst in solch widrigem Umfeld ist es sehr unwahrscheinlich, Bürger würden die Mühen eines Volksgesetzgebungsverfahrens auf sich nehmen, um jemanden hängen zu sehen. Das geht nicht ohne eine Änderung des Grundgesetzes. Bei einem Volksentscheid müssten sich mindestens zwei Drittel der Abstimmenden für die Todesstrafe aussprechen. Und bis dahin ist es ein weiter Weg. Zwischen der Initiative für ein Volksgesetz und dem Ergebnis liegen Jahre. Das erfordert ungeheuren organisatorischen Aufwand, jeder Bürger bekommt Informationsmaterial zugeschickt, der Gesetzentwurf und mögliche Gegenentwürfe werden öffentlich diskutiert, und schließlich müssen am Tag der Entscheidung viele Millionen Menschen ihre Stimme abgeben, ansonsten scheitert das Gesetz allein schon wegen zu geringer Beteiligung.

Besonders ins Gewicht fällt, dass die Todesstrafe gegen einen elementaren Grundsatz unserer Rechtsauffassung verstößt, die Unantastbarkeit der Menschenwürde. Der Rechtsprofessor Hermann K. Heußner schreibt dazu: »Die Menschwürde verbietet grausame, unmenschliche und erniedrigende Strafen. Sämtliche moderne Hinrichtungsarten weisen jedoch ein solch unerträgliches Maß an Grausamkeit auf und lassen insbesondere im unmittelbaren Zeitpunkt vor der Vollstreckung das Ausgeliefertsein in dermaßen drastischer Weise spüren, dass damit in die Würde des Betroffenen eingegriffen wird. Die Menschenwürde verlangt außerdem, dass staatliche Strafen stets die Chance künftiger Freiheit belassen. Der Tod schließt dies aber aus.«

Häfners Gesetz

Das Gesetz zur Stärkung demokratischer Beteiligungsrechte sieht für die Volksgesetzgebung drei Schritte vor, die Volksinitiative, das Volksbegehren und den Volksentscheid. Bei der Volksinitiative können Bürger dem Bundestag einen Gesetzentwurf vorlegen, sobald ihn 400 000 stimmberechtigte Bürger unterschrieben haben. Das Parlament kann dem Entwurf zustimmen und ihm dadurch Gesetzeskraft verleihen, es kann ihn aber auch ablehnen. Möglich ist auch, dass die Abgeordneten die Volksinitiative aufgreifen und ein eigenes, möglicherweise verändertes Gesetz verabschieden. Der Bundestag hat acht Monate Zeit, um sich eine Meinung zu bilden. Wird der Gesetzentwurf abgelehnt, können die Initiatoren den zweiten Schritt gehen und ein Volksbegehren einleiten.

Jetzt sind nicht mehr nur 400 000 Stimmen erforderlich, die Gesetzesinitiatoren müssen für ihren Entwurf fünf Prozent der Stimmberechtigten überzeugen – das sind rund drei Millionen Bürger. Die Gesetzesinitiatoren haben dafür sechs Monate Zeit. Nur wenn drei Millionen Menschen innerhalb von sechs Monaten durch ihre Unterschrift das Volksbegehren unterstützen, erreicht das Volksgesetzgebungsverfahren die dritte Stufe, den eigentlichen Volksentscheid.

Jetzt hat der Bundestag wiederum sechs Monate Zeit, um den Volksgesetzentwurf möglicherweise doch noch zu verabschieden. Andernfalls wird in einem Volksentscheid darüber abgestimmt. Damit das Gesetz zustande kommt, ist eine Mindestbeteiligung von 20 Prozent der Stimmberechtigten erforderlich. Bei einer Grundgesetzänderung sind es sogar 40 Prozent, wobei mindestens zwei Drittel dafür stimmen müssen, damit ein Volksentscheid über das Grundgesetz erfolgreich ist.

Das ist noch nicht alles. Obendrein wird auch das föderale System berücksichtigt. Nur wenn es sich um ein Gesetz handelt, das keine Länderinteressen berührt, entscheidet die einfache Mehrheit. Geht es dagegen um eine Grundgesetzänderung oder um ein Gesetz, dem normalerweise auch die Länder zustimmen müssen, wird sozusagen zusätzlich das Abstimmungsprozedere im Bundesrat auf den Volksentscheid übertragen. Bei den Auszählungen wird zusätzlich geschaut, ob sich in mehr als der Hälfte der Länder eine Mehrheit für das Gesetz findet. Noch schwieriger wird es bei einer Grundgesetzänderung. Da müssen sich sogar, neben der ohnehin schon sehr hohen Wahlbeteiligung, auch noch bei zwei Dritteln der Bundesländer, also mindestens bei 11 von 16 Ländern, Mehrheiten für die Grundgesetzänderung finden.

Selbst das ist noch nicht alles. Das Gesetz sieht zwischen Volksinitiative und Volksentscheid einen Abstand von mindestens zwei Jahren vor. »Die langen Fristen«, heißt es in der Koalitionsvereinbarung zwischen SPD und Grünen, »ermöglichen einen gründlichen Diskussionsprozess.« Kommen Zweifel an der Rechtmäßigkeit, entscheidet das Bundesverfassungsgericht über die Zulässigkeit des Gesetzentwurfes. Schließlich steht es dem Bundestag frei, einen konkurrierenden Gesetzentwurf einzubringen, so dass es beim Volksentscheid nicht um die Annahme oder die Ablehnung der Volksinitiative, sondern um die Wahl zwischen zwei unterschiedlichen Gesetzentwürfen geht. Und zu guter Letzt gibt es einen langen Ausnahmekatalog. »Das Haushaltsgesetz selbst, Abgabengesetze, Dienst- und Versorgungsbezüge, Besoldungsrecht, die Rechtsverhältnisse der Mitglieder des Deutschen Bundestages und die Wiedereinführung der Todesstrafe sind von der Volksgesetzgebung ausgenommen.«

Dies alles ist das Ergebnis langer Koalitionsgespräche zwischen Grünen und SPD, und da für die Grundgesetzänderung auch ein Teil der Opposition stimmen muss, wurden auch die Bedenken der CDU und CSU berücksichtigt. »Dieser Kompromiss«, sagt Gerald Häfner, »liegt gerade an der äußersten Grenze, wo die Volksgesetzgebung zur Makulatur wird.« Die für Grundgesetzänderungen geforderte Stimmbeteiligung von 40 Prozent bewegt sich gerade im internationalen Durchschnitt. Die Erfahrungen zeigen, dass die Beteiligung an Volksabstimmungen meist um etwa ein Drittel geringer ausfällt als bei Wahlen, bei denen es nicht nur um ein Gesetz, sondern um die politische Weichenstellung für eine Legislaturperiode geht. Bei Volksentscheiden, die das Grundgesetz betreffen, wird es schon von daher immer äußerst knapp. Etwa 24 Millionen Stimmberechtigte müssen für den Volksentscheid in die Wahllokale. Zielt diese Gesetzesinitiative womöglich auf strukturelle Veränderungen im Öffentlichen Dienst, müssen noch sehr viel mehr Stimmen zusammenkommen, weil anzunehmen ist, dass viele der sechs Millionen öffentlichen Bediensteten und weitere Millionen Pensionärinnen und Pensionäre und noch dazu Millionen Angehörige dagegen stimmen werden. Am

Tage des Volksentscheids über eine den Öffentlichen Dienst betreffende Grundgesetzänderung muss beinahe ganz Deutschland auf den Beinen sein, damit die Initiative überhaupt eine Chance hat.

Aber auch, wenn es nicht um eine Änderung im Grundgesetz geht, stellt der Gesetzeskompromiss extrem hohe Anforderungen an die Volksgesetzgebung. Das Volk wird zu Leistungen herausgefordert, die es auch bei Aufbietung aller Kräfte nur schwer erbringen kann. Es muss auf der Marathondistanz unter drei Stunden bleiben. Wenn man sich einmal überlegt, dass im Bundestag mitunter nicht mal ein Dutzend Abgeordnete sitzen und diese Handvoll Leute mit einfacher Mehrheit ein wichtiges Gesetz verabschieden, dann wird deutlich, welch übles Spiel hier getrieben wird.

Direkte Demokratie macht glücklich

»Das Vertrauen in die politischen Institutionen hat einen dramatischen Tiefstand erreicht. Bundestag und Parteien haben kaum noch Rückhalt in der Bevölkerung: Nur drei Prozent der Bundesbürger vertrauen den politischen Parteien. Die Arbeit des Bundestages wird von nur sieben Prozent der Bürger als gut bewertet.« Dies sind die Ergebnisse einer zwischen Oktober und Dezember 2002 unter der Regie der Unternehmensberatung McKinsey, dem Magazin ›stern‹ und dem ZDF durchgeführten Online-Umfrage, an der sich 365 000 Menschen beteiligt haben. Während das Urteil über die Parteien niemanden überraschen kann, war nicht unbedingt damit zu rechnen, dass die Bürger ihrem Parlament, der entscheidenden demokratischen Institution, ein derart schlechtes Zeugnis ausstellen. Lediglich neun Prozent der Bürger vertrauen ihrem Parlament. Gerade mal drei Prozent empfinden die Arbeit der Volksvertreter als bürgernah. Die übergroße Mehrheit der Bürger attestiert dem Bundestag dringenden Verbesserungsbedarf.

Trotz dieser verheerenden Beurteilung sind die politischen Vertreter unbeeindruckt zur Tagesordnung übergegangen. Die Meinung des Volkes, in dessen Diensten sie eigentlich stehen und von dem das Geld für ihre Bezahlung aufgebracht wird, interessiert sie nicht sonderlich. Die ist eine geradezu groteske Verkehrung des demokratischen Prinzips: Das politische System ignoriert seinen Souverän. Dies ist nicht nur eine Entfremdung zwischen dem Volk und seinen politischen Institutionen, es herrscht Desinteresse, und zwar auf beiden Seiten.

In anderen europäischen Demokratien sind derartige Entfremdungen von den eigenen politischen Institutionen undenkbar. Dort gibt es, ganz im Gegenteil, eine große Zufriedenheit mit dem eigenen Gemeinwesen. Die Ursachen liegen erwiesenermaßen in demokratischen Beteiligungsrechten und den Möglichkeiten der Volksgesetzgebung. Das Volk bringt sich ein, es beteiligt sich an politischen Entscheidungen. Der Bürger darf nicht einfach nur mitreden, es geht um nicht weniger als die Gleichstellung von Volk und Parlament. Der Züricher Ökonom Bruno S. Frey hat herausgefunden, dass die Zufriedenheit der Menschen steigt, je stärker sie an politischen Entscheidungen mitwirken. Seine These lautet: »Direkte Demokratie macht glücklich.« Natürlich geht es um mehr als um eine glückliche Beziehung zum eigenen Staatswesen. Was Demokratie von anderen Gesellschaftsentwürfen unterscheidet, ist ja gerade die stärkere Einbeziehung des Volkes und eine sich daraus ergebende Offenheit für Veränderungen.

Erlebte Demokratie

Während das Volk auf Bundesebene mehr als ein halbes Jahrhundert von allen Beteiligungsrechten ausgeschlossen wurde, sieht es in den Ländern anders aus. Mittlerweile kennen alle 16 Landesverfassungen Beteiligungsmöglichkeiten, und auch auf kommunaler Ebene ist es möglich, dass sich Bürger einmischen und selbst Gesetze erlassen. Diese Entwicklung, die erst in den 90er Jahren ihren Anfang nahm, geht in erster Linie auf das Engagement von ›Mehr Demokratie‹ zurück. Der Verein wurde 1988 in München gegründet, hat heute 20 hauptamtliche Mitarbeiter, Sitz ist Berlin, dazu gibt es Regionalbüros in sechs Landeshauptstädten. Mehr als 4000 Mitglieder und Sponsoren ermöglichen mit ihren Beiträgen und Spenden die Vereinsarbeit.

Trotz erster Erfolge steht die Entwicklung erst am Anfang. Auch wenn es in allen Ländern Beteiligungsmöglichkeiten gibt, sind die Chancen gering, dass eine Volksinitiative erfolgreich ist und den langen Weg bis zur Abstimmung und dem Inkrafttreten des Gesetzes übersteht. Zu hoch sind die Hürden in den Landesverfassungen und Durchführungsbestimmungen. In einigen Ländern werden die Bürger durch die geforderte, zum Teil unrealistisch hohe Stimmbeteiligung und durch sehr kurze Fristen entmutigt. Dann gibt es in allen Bundesländern Themen, die für das Volk tabu sind. Das gilt üblicherweise für Besoldungsfragen, Abgabenverordnungen, und vor allem für den Haushalt. Gesetzesinitiativen, die Auswirkungen auf die Landesfinanzen haben, werden meist schon im Vorfeld abgewehrt oder durch das jeweilige Verfassungsgericht gestoppt. Diese Praxis muss sehr kritisch gesehen werden. Angesichts der fast schon ausweglosen Schuldensituation hat es die öffentliche Hand gerade bei diesem sensiblen Thema an Augenmaß fehlen lassen. Das macht eine Einmischung von außen geradezu erforderlich. Wie sich in Staaten mit einer Volksgesetzgebung zeigt, erweisen sich gerade die Bürger als weitsichtige Sparer mit einem ausgeprägten Interesse an stabilen Staatsfinanzen.

Von inzwischen gut 150 Volksinitiativen auf Landesebene brachten es lediglich zehn Gesetzentwürfe bis zum Volksentscheid. Die Spitze hält Bayern mit fünf Volksabstimmungen, gefolgt von Hamburg und Schleswig-Holstein mit jeweils zwei, und Sachsen mit einer Abstimmung. Die Themen der Volksinitiativen bewegen sich im engen Rahmen der Länderkompetenzen. Überwiegend geht es dabei um Bildung und Erziehung, hier besonders um die in vielen Ländern angestrebten Kürzungen bei der Kinderbetreuung. Dann entstehen immer wieder Gesetzesinitiativen zur Stärkung demokratischer Beteiligungsrechte, aber auch ein neues Wahlrecht und die Verkleinerung von Landesparlamenten stehen zur Debatte. In einzelnen Fällen passiert es sogar, dass eine Volksinitiative vom Parlament übernommen wird. Damit erübrigt sich der Volksentscheid.

Interessanter als auf Landesebene sind demokratische Beteiligungsrechte in Städten und Gemeinden, weil auf kommunaler Ebene Entscheidungen getroffen werden, die den Bürger oft sehr unmittelbar betreffen. In den bundesweit gut 14 000 Kommunen haben seit Beginn der 90er Jahre über 2500 Bürgerbegehren stattgefunden. In nahezu der Hälfte kam es bis zur Abstimmung, dem Bürgerentscheid. Bayern liegt an der Spitze mit über 1000 Bürgerbegehren. Am Ende der Skala rangieren die Städte und Gemeinden in Mecklenburg-Vorpommern, wo bislang lediglich 22 Bürgerbegehren auf den Weg gebracht wurden. Wird das Bürgerengagement ins Verhältnis zur Zahl der Städte und Gemeinden gesetzt, so kommt es, statistisch gesehen, in jeder mecklenburg-vorpommerschen Kommune alle 413 Jahre einmal zu einem Bürgerbegehren.

Problematisch für die Volksgesetzgebung erweisen sich vor allem so genannte Zustimmungsquoten oder die hohe gesetzlich geforderte Stimmbeteiligung. Wie so etwas funktioniert, zeigt das Beispiel Aachen, wo ein Bürgerbegehren den Verkauf der Gemeinnützigen Wohnungsbaugesellschaft verhindern sollte. Statt sich mit den Auffassungen der Bürger auseinanderzusetzen, behinderte der Stadtrat den Bürgerentscheid und verhinderte so den Erfolg der Initiative. Anders als bei Wahlen erhielten die Bürger keine Benachrichtigung. Eine Briefwahl, sonst üblich, wurde auch nicht zu gelassen. Die Stadtabgeordneten setzten den Termin für den Bürgerentscheid eine Woche vor den Bundestagswahlen 2002 fest. Es wurde nur ein Drittel der sonst üblichen Wahllokale geöffnet. Eine Zusammenlegung beider Termine hätte der Stadt Geld gespart und die Stimmbeteiligung erhöht. So sprach sich zwar eine Mehrheit von 84 Prozent gegen den Verkauf der Gemeinnützigen Wohnungsbaugesellschaft aus, aber die erforderliche Beteiligung von 20 Prozent der Stimmberechtigten wurde nicht erreicht. Damit stand dem Verkauf der Gemeinnützigen Wohnungsbaugesellschaft nichts mehr im Wege.

Bei dem bundesweiten Vergleich, wie demokratische Beteiligungsrechte von Bürgern genutzt werden, fällt auf, dass Bayern sowohl auf Landesebene als auch in den Kommunen mit Abstand an der Spitze liegt. In dem oft als erzkonservativ geschmähten Freistaat ist die Bevölkerung – für deutsche Verhältnisse – ausgesprochen aktiv beim Umgang mit ihren demokratischen Rechten und dem Erlassen von Volksgesetzen.

Ausgerechnet in Bayern

Im Frühsommer 1992 kam es in München zu mehreren Treffen des später offiziell gegründeten Vereins ›Mehr Demokratie in Bayern‹. Die sieben Gründungsmitglieder trafen sich zunächst in einer Privatwohnung, später auch im Café Freiraum in der Münchener Innenstadt. Auf ihren Zusammenkünften diskutierten sie einen eigenen Gesetzentwurf zur Einführung kommunaler Bürgerentscheide in die bayerische Landesverfassung. Künftig sollte es nicht nur auf Landesebene, sondern auch in den Städten und Gemeinden möglich sein, dass nicht nur Stadtverordnetenversammlungen und Gemeinderäte, sondern auch die Bürger Gesetze erlassen können.

Die Initiatoren sammelten für das Zulassungsverfahren die erforderlichen 25 000 Unterschriften und schickten ihren Gesetzentwurf »Bürgerentscheide in Kreisen und Gemeinden« an den Bayerischen Landtag. Die CSU war von Anfang an dagegen. Das Zulassungsverfahren zog sich in die Länge. In der Regierung und unter den Landtagsabgeordneten herrschte Ratlosigkeit, wie der Initiative begegnet werden sollte. Schließlich wurde das Bayerische Verfassungsgericht angerufen. Nach eingehender Prüfung stellte sich heraus, dass die Gesetzesinitiative »Bürgerentscheide in Kreisen und Gemeinden« rechtmäßig und ein Volksbegehren zulässig war.

Bayern hatte, was demokratische Beteiligungsrechte betrifft, jahrzehntelang eine Sonderstellung unter den Bundesländern. Keine andere Landesverfassung kannte derart fortschrittliche Formulierungen zur Volksgesetzgebung. Der frühere bayerische Ministerpräsident Wilhelm Hoegner (SPD) war während der Nazizeit im Exil in der Schweiz und lernte dort direkte Demokratie und die Volksgesetzgebung kennen. Das hatte ihn derart überzeugt, dass er Beteiligungsrechte auch in der bayerischen Verfassung durchsetzte. »Die Gesetzesvorlagen«, heißt es dort, »werden vom Ministerpräsidenten namens der Staatsregierung, aus der Mitte des Landtags oder vom Volk (Volksbegehren) eingebracht. Die Gesetze werden vom Landtag oder vom Volk (Volksentscheid) beschlossen.« Die Volksgesetzgebung kennt in der bayerischen Verfassung nur eine Einschränkung. »Über den Staatshaushalt findet kein Volksentscheid statt.« Ansonsten ist alles möglich, was sich im verfassungsrechtlichen Rahmen bewegt. Allerdings muss von den Initiatoren eines Volksentscheids zuvor eine Hürde genommen werden. »Ein Volksentscheid ist herbeizuführen, wenn ein Zehntel der stimmberechtigten Staatsbürger das Begehren nach Schaffung eines Gesetzes stellt.« Ein Zehntel der stimmberechtigten Staatsbürger bedeutet in Bayern, dass mindestens 880 000 Bürger in ihr Rathaus gehen und sich namentlich in eine der Unterschriftenlisten eintragen müssen. Die Durchführungsbestimmungen verlangen, dass dies innerhalb von nur zwei Wochen geschehen muss.

Der Aufwand ist enorm. Sieht man sich dagegen einmal an, mit welcher Selbstverständlichkeit die CSU im bayerischen Landtag Gesetze erlässt, wird der Bürger für das gleiche Verfahren vor ein schwer unüberwindbares Hindernis gestellt. Trotzdem nahm die bayerische Bevölkerung im Jahre 1969, über zwei Jahrzehnte nach Verabschiedung der Verfassung, seine Beteiligungsrechte zum ersten Mal in Anspruch. Die Entscheidung über die Christliche Gemeinschaftsschule war das erste Volksgesetzgebungsverfahren in der Bundesrepublik überhaupt. Der Volksentscheid war erfolgreich, ebenso der 1971, zwei Jahre später über die Einführung der Rundfunkfreiheit. Als 1997 zum ersten Mal ein anderes Bundesland, Schleswig-Holstein über den Buß- und Bettag als Feiertag abstimmte und dabei die erforderlich Stimmbeteiligung verfehlte, hatte die bayerische Bevölkerung bereits vier Volksgesetzgebungsverfahren zu Ende gebracht. Wobei der 1992 begonnenen Initiative zu Bürgerentscheiden in den Kommunen eine Sonderstellung zukommt. Zum ersten Mal nutzte das Volk seine Gesetzgebungsmöglichkeiten zur Einführung demokratischer Beteiligungsrechte. Denn was in Bayern auf Landesebene möglich war, dass Bürger selbst Gesetze erlassen konnten, blieb der Bevölkerung auf kommunaler Ebene versagt. Dabei stoßen Beteiligungsrechte gerade in den Städten und Gemeinden auf großes Interesse, weil die Entscheidungen in den Kommunen die Bürger sehr ummittelbar betreffen.

Nach bestandenem Zulassungsverfahren musste, so verlangt es die bayerische Verfassung, ein Zehntel der Stimmberechtigten den Gesetzentwurf unterschreiben. Mindestens 880 000 Bürger mussten in nur zwei Wochen, genau in der Zeit vom 6. bis zum 19. Februar 1995, in ihr Rathaus gehen und sich in die Unterschriftenlisten eintragen.

»Mehr Demokratie – ausgerechnet in Bayern!«, titelten die Gesetzesinitiatoren in jenen Tagen. Bis zum letzten Moment sah es sehr knapp aus, aber am Ende funktionierte es tatsächlich. In zwei Wochen waren nicht nur 10 Prozent, sondern 13,7 Prozent, mehr als 1,2 Millionen Bürger in die Rathäuser gegangen und hatten sich in die Unterschriftenlisten eingetragen. Damit war das Volksbegehren erfolgreich und dem eigentlichen Volksentscheid, der letzten Stufe der Volksgesetzgebung, stand nichts mehr im Wege. Doch auf einmal erarbeitete die CSU, die dem Ganzen so lange ablehnend gegenübergestanden hatte, einen eigenen, konkurrierenden Gesetzentwurf. Zwar wollte nun auch die CSU Bürgerentscheide in Kreisen und Gemeinden ermöglichen, aber anders als ›Mehr Demokratie in Bayern‹ ein Quorum von 25 Prozent einführen. Nach dem Gesetzentwurf der CSU sollte es nicht reichen, wenn sich die Mehrheit all jener, die am Entscheidungstag die Wahllokale aufsuchen, für das Gesetz ausspricht. Ein Bürgerentscheid sollte nur dann erfolgreich sein, wenn sich mindestens 25 Prozent aller Stimmberechtigten für das Gesetz aussprechen. So ein Quorum schränkt die Erfolgsmöglichkeiten einer Gesetzesinitiative stark ein. Damit die Vorgabe erfüllt wird, ist eine hohe Wahlbeteiligung erforderlich. Werden dem Bürger dann auch noch mehrere Gesetzesentwürfe vorgelegt, lässt sich mit so einem Quorum praktisch fast jedes Volksgesetzgebungsverfahren blockieren.

Am 1. Oktober 1995 wurden in Bayern die Wahllokale geöffnet. Die Stimmberechtigten hatten zwei Gesetzesentwürfe zur Einführung von Bürgerentscheiden zur Auswahl, den der CSU und den von ›Mehr Demokratie‹. Die Mehrheit gab dem ursprünglichen, von ›Mehr Demokratie‹ eingebrachten Gesetz die Zustimmung. Was Bayern vormacht, lässt sich nicht nur auf andere Länder übertragen, sondern ist ebenso beispielhaft für eine bundesweite Volksgesetzgebung. Es braucht Zeit, es erfordert Engagement, aber es ist möglich. Wir können etwas ändern.

Keine Beschränkung ohne Verzicht

Die Wählbarkeit von Beamten, Angestellten des Öffentlichen Dienstes, Berufssoldaten, freiwilligen Soldaten auf Zeit und Richtern im Bund, Ländern und Gemeinden kann gesetzlich beschränkt werden.

Artikel 137, Grundgesetz

Es lässt tief blicken, dass noch nicht einmal die Möglichkeiten des Grundgesetzes genutzt und die Anzahl öffentlicher Bediensteter im Bundestag wenigstens beschränkt wird. Auf den ersten Blick erscheint es plausibel, wenn für Beamte und Staatsangestellte Quoten eingeführt werden, die ihrem prozentualen Anteil an der Wahlbevölkerung entsprechen. Von einigen Politikwissenschaftlern wird auch in dieser Weise argumentiert. Der Anteil öffentlicher Bediensteter soll bereits auf den Wahllisten der Parteien begrenzt werden, entsprechend sinkt ihr Anteil im Bundestag und in den Landesparlamenten. Allerdings wird die Diskussion um die zunehmende Verbeamtung der Parlamente nun schon seit Jahrzehnten geführt, ohne dass daraus Konsequenzen gezogen worden wären. Mitte der 90er Jahre beispielsweise starteten zwei Politikwissenschaftler der Freien Universität Berlin eine Initiative, in der sie von einem Besorgnis erregenden Phänomen sprachen, weil Beamtenparlamente nicht mehr in der Lage seien, den Wucherungen der Staatsbürokratie Einhalt zu gebieten. Peter Grottian und Fritz Vilmar attestierten dem Staatsapparat die fatale Eigenschaft, dass er einen Großteil seiner Energie in die reine Selbsterhaltung investiere. Wenn aber die Hälfte der Parlamentarier unmittelbar dem Öffentlichen Dienst entstammen, kann sich daran unmöglich etwas ändern. Die Professoren forderten, dass bei Wahlen höchstens 25 Prozent der Listenplätze durch öffentliche Bedienstete besetzt werden dürften. Das Grundgesetz lässt einen solchen Schritt zu. Da die Parteien nicht von sich aus bereit sind, diesen Schritt zu gehen, müssen sie nach Auffassung der beiden Wissenschaftler durch das Bundesverfassungsgericht dazu gezwungen werden.

Wenn sich das so durchsetzen ließe, wäre das ein großer Fortschritt. Aber die Chancen sind äußerst gering. Es lässt sich nicht erkennen, weshalb das Bundesverfassungsgericht eine politische Entscheidung herbeiführen sollte. Das steht dem Bundestag zu. Nur die Volksvertreter können eine Initiative anregen und ein Gesetz beschließen, das den Zugang staatlicher Bediensteter zu politischen Ämtern begrenzt. Aber das wird nicht passieren. Niemand kann den Abgeordneten ernsthaft zumuten, dass sie ein Gesetz verabschieden, das bei den kommenden Wahlen möglicherweise den eigenen Listenplatz in Frage stellt.

Auch sonst lassen sich Zugangsbeschränkungen für öffentliche Bedienstete schwerlich durchsetzen. Da Kandidaten mehrerer Parteien um ein Mandat konkurrieren, kann nie sicher vorhergesagt werden, wie viele öffentliche Bedienstete sich letztlich durchsetzen können. Und wer soll eigentlich zum Öffentlichen Dienst gezählt werden – nur der unmittelbare öffentliche Dienst mit 4,3 Millionen Beschäftigten, oder muss auch der mittelbare Öffentliche Dienst mit seinen 545 000 Mitarbeitern bei der Bundesbank, den gesetzlichen Sozialkassen und der Bundesagentur für Arbeit hinzugerechnet werden, und möglicherweise sogar die 1,2 Millionen Beschäftigten in den Staatsbetrieben? Öffentliche Bedienstete geraten zwangsläufig in einen Interessenkonflikt, wenn sie aus der staatlichen Anstellung ins Parlament wechseln. Um so mehr, wenn ihnen, wie bei Beamten, die Rückkehr an den Behördenschreibtisch jederzeit offen steht. Sie können nicht, als Mandatsträger der politischen Instanz, auf einmal die Kontrolle über ihren früheren Arbeitsplatz ausüben. Im Übrigen kann jeder Beamte und Staatsangestellte durch sein Stimmrecht auf die politische Ausrichtung seines Abgeordneten Einfluss nehmen. Untersuchungen zeigen, dass öffentliche Bedienstete von ihrem Wahlrecht bewusster Gebrauch machen und dass es in ihren Reihen weit weniger frustrierte Wähler gibt als in der übrigen Bevölkerung. Der Öffentliche Dienst bringt es mit den Beschäftigten in Staatsbetrieben, den Pensionärinnen und Pensionären und den Zusatzrentenempfängern auf etwa neun Millionen Wähler, das sind 15 Prozent aller Stimmberechtigten. Angehörige sind dabei nicht noch nicht einmal berücksichtigt.

Den Vätern des Grundgesetzes war bewusst, dass sich die Wählbarkeit öffentlicher Bediensteter nicht wirksam beschränken lässt. Die in Gesetzesdingen erfahrenen Beamten wählten eine dieser juristischen Formulierungen, die nicht zur Klärung beitragen, sondern alles im Ungefähren lassen. Selbst Nachfolgebestimmungen müssen bei diesem Wortlaut zu endlosen Debatten führen. Richtig muss es im Grundgesetz, Artikel 137, heißen: »Beamte, Angestellte des Öffentlichen Dienstes, Berufssoldaten, freiwillige Soldaten auf Zeit und Richter im Bund, Ländern und Gemeinden können nicht für politische Wahlen kandidieren.«